ME

MEDAN MÖRKRET FALLER

Anna Lihammer

HISTORISKA MEDIA

Historiska Media
Box 1206
221 05 Lund
info@historiskamedia.se
www.historiskamedia.se

FSC
www.fsc.org
MIX
Papper från ansvarsfulla källor
FSC® C007584

© Historiska Media och Anna Lihammer 2014

Sättning: Åsa Björck
Omslag: Niklas Lindblad, Mystical Garden Design
Omslagsbilder: Shutterstock och Eva Lindblad, 1001bild.se
Tryck: ScandBook AB, Falun 2015
Tryckning 1 2 3 4 5 6 7 8 9
ISBN 978-91-7545-372-9

1934

måndagen den 26 november

ANATOMISKA INSTITUTIONEN, UPPSALA

PROLOG

Runtomkring honom var allt svart. Inte svart som mörker, utan bara svart och ogenomträngligt. Efter vad som kändes som en evighet bröts svärtan upp av ljusare fläckar. Ljuset och mörkret rörde sig allt fortare, sorterades och fixerades.

När blicken till slut klarnade och han kunde urskilja taket ovanför förstod han ögonblickligen var han befann sig. Han kände igen vartenda märke, varenda fläck, bjälke och färgflaga. Han kunde till och med historierna bakom de flesta av dem. Men ju fler detaljer han kände igen, desto mindre förstod han. Vad gjorde han här? Var det något slags dåligt skämt? Eller hade han svimmat och av någon anledning lyfts upp på ett av dissektionsborden? För det rådde ingen tvekan om *var* han befann sig. Han hade tillbringat nästan hela sitt vuxna liv i den här likkällaren och den var mer hemma för honom än någon annan plats.

Irriterat försökte han resa sig, men musklerna vägrade lyda. Han förstod inte varför, han hade aldrig varit med om något liknande. Paniken började sakta komma krypande, men han tryckte undan den. Det måste finnas en logisk förklaring, det fanns det alltid.

Huset var aldrig helt tomt på folk, inte ens på natten, och han försökte skrika på hjälp istället. Någon borde kunna höra honom. Men trots att han verkligen skrek, skrek rakt ut, kom det inget ljud. Hur var det möjligt? Han försökte igen, tog i med sina lungors fulla kraft, men fortfarande hördes ingenting.

Plötsligt uppfattade han någon annans närvaro. Skuggor som hastigt spelade över taket. Ett knappt hörbart rasslande mitt i tystnaden. Metall mot metall, men svagt. Ljudet visade att han i alla fall inte var ensam. I hopp om att få se vem det var försökte han vrida huvudet mot ljudet, men musklerna lydde inte nu heller. Men han visste att han inte misstagit sig, visste att hjälpen var nära. Fast han förstod inte varför personen inte visade sig. Varför fick han bara ligga här?

”Så bra att du har vaknat”, sa gestalten plötsligt.

Tonfallet var professionellt och rösten vagt bekant, vilket fick honom att känna sig tryggare. Kanske var det så enkelt som att han trillat omkull i källaren och slagit sig? Då var det inte så konstigt att de inte ville flytta honom på en gång. Ja, så måste det vara! Men vissheten försvann snabbt när rösten fortsatte, med samma neutrala tonläge:

”Det är så trist att vänta. Jag började tro att jag injicerat en för hög dos. Eller att slaget var för hårt.”

Nu kunde ingenting hindra paniken. Den vällde upp, forsade ut i varenda muskel, gjorde ont. Panik är bara kemi, brukade han säga till sina studenter. Kemi avsedd att ge kroppen övermänskliga krafter så att man kan bekämpa fiender och fly från vilddjur. Men för hans del gjorde den ingen nytta. Hur mycket han än försökte röra sig låg han hjälplös kvar.

Plötsligt glimmade något till i halvdunklet. Han kunde inte avgöra om det var en kniv eller något annat, han kunde inte rikta blicken åt något annat håll än rakt fram. Rakt upp i det välbekanta taket. Och han kunde lyssna till rösten.

”Jag vet att du förstår vad som händer, du är ju något av en expert. Förhoppningsvis har inte giftet slagit ut dina sinnen, det vore hemskt tråkigt om du gick miste om det, du som är så intresserad.”

Något runt, vasst och taggigt placerades mot hans vänstra tinning. Han visste omedelbart vad det var. Han hade själv hållit ett likadant instrument i handen många gånger, senast dagen innan. Och han visste precis vad man kunde göra med det. Skräckslagen försökte han slå sig fri och fly, men kunde fortfarande inte röra sig. Han skulle ha gjort vad som helst för att få musklerna att lyda. Bett på sina bara knän, gråtit eller förbannat för att komma undan. Han skulle villigt ha förnedrat sig på vilket sätt som än krävdes.

Men det var meningslöst. Gestalten behövde inte ens hålla fast hans huvud, trots att den lilla cylindern låg allt hårdare mot huden. Han önskade att han inte förstod, men det gjorde han. Visste redan innan den började rotera och de små vassa tänderna slet i hans hud. Slet och rev upp. Visste att inget hopp fanns, att ingen kunde hjälpa. Inte ens gestalten i mörkret om den mot förmodan skulle ångra sig. Det enda som väntade bortom skräcken och smärtan var mörker och död.

Han kunde inte göra något för att hindra skärhuvudet från att långsamt och skoningslöst äta sig in genom hud och ben. Inåt i en liten, liten cirkel. Smärtan var obeskrivlig, till och med värre än han föreställt sig. Smärtan och det fasansfulla ljudet av skelett som gav vika. Hans skelett den här gången, hans huvud, hans smärta. Han visste mer än kände hur borren avlöstes av något annat, en ny sorts smärta som skar genom medvetandet, vred och vände på tankarna. Det var som om delar av själva hans personlighet töjdes ut, böjdes fel, vreds ut och in och slets itu.

Andra gången reagerade han knappt. Sedan följde tystnad, stillhet. Det var över. Slutgiltigt över. Även om hjärtat fortfarande slog var han borta. Allt han kunde göra var att stirra rakt upp i taket, på den grova burliknande metallställning som sakta sänktes ned. Ställningen som han var så bekant med, som han använt så många gånger själv. Starka, målmedvetna händer lyfte upp honom i den, lade hans kropp till rätta, låste fast och så började den långsamt höjas. Stålskelettet gjorde ont, skar djupt in i ryggen som en smärtfylld omfamning. Den sista han någonsin skulle få. Tillsammans rörde de sig genom rummet, fram till väggen och sedan sänktes han ned igen. Allt medan rösten förklarade för honom varför det hände. Men det var försent. Han var långt bortom förståelse. Han hörde orden, men de betydde ingenting längre.

Han försökte inte ens slå sig fri när hans kropp sänktes ned i ett av likkaren. Lösgjord ur den smärtsamma ställningen sjönk han långsamt nedåt, kände den kalla, slemmiga vätskan mot sin nakna hud. Den bedövande lukten av död.

Medan han sjönk stötte hans ännu levande kropp mot andra kroppar, men de var sedan länge döda. Stela och kalla. Han hade själv fyllt på karen med nya lik dagen före. Men de hade inte varit tomma innan dess. Hur många människokroppar låg i just det här karet redan? Tre? Fem? Ännu fler? Någons långa hår smekte hans hals och ansikte. Stumma döda fingrar grep efter honom, kalla kroppar trycktes mot hans. De döda tycktes välkomna honom.

tisdagen den 27 november
STORGATAN 38, STOCKHOLM

1

"Spring", viskar rösten. "Spring!" Men han vet att det inte finns någonstans att springa, så han står stilla trots att det gör så ont i huvudet att han tror att han ska gå mitt itu. Han vågar inte ens lyfta armen och torka bort det som rinner nedför ansiktet och in i ögonen, öronen och munnen, vågar inte spotta ut smaken av salt och metall. Först när ljuden tystnar och det börjar brinna lättar mörkret, först då kan han se kropparna på marken.

Carl Hell vaknade av sin egen häftiga inandning när han satte sig upp i sängen. Han hade väckts av samma mardröm som vanligt, samma som alltid. Ett virrvarr av blod, flykt och mörker. Det var alltid samma ingredienser. Människor i panik, hästar, kaos och död.

Han låg stilla en stund och försökte få hjärtat att sluta rusa och lungorna att fungera. Andas, sa han till sig själv. Andas! Men inatt fungerade det inte. Hjärtslagen var alldeles för hårda och alldeles för snabba. Inget han gjorde verkade kunna få stopp på dem. Det skulle inte bli mer sömn den här natten, det visste han. Det blev det aldrig.

Så långt tillbaka han kunde minnas hade han inte kunnat sova mer än några timmar per natt. Inatt hade det blivit två. Sömnen avbröts alltid av samma dröm, samma mardröm. Och som alltid lämnade drömmen en dov smak av ångest efter sig, som rev, slet och förvrängde.

Carl gav upp och reste sig ur sängen. Pyjamasen var fortfarande våt av mardrömmens svett och klibbade obehagligt mot kroppen när han gick genom rummet. Den kalla luften som strömmade in igenom det öppna fönstret fick honom att frysa till. Huttrande drog han på sig morgonrocken och gick fram och stängde det.

Cigaretterna låg redo i fönsterkarmen. Han strök sakta eld på en tändsticka och tände en av dem, drog in den sträva röken i ett djupt andetag och kände den spridas ända ned i lungorna. Det var välgörande, men långt ifrån tillräckligt. Eventuell lindring krävde betydligt starkare droger.

Carl hade för längesedan tappat räkningen på hur många sömnlösa nätter han stått precis så här, klarvaken, rökande och till synes ensam i världen. Storgatan långt där nedanför låg tom och regnvåt i lyktornas svaga sken. Det skulle dröja flera timmar innan staden vaknade. Ibland trivdes han med händelselösheten, men inte inatt. Stillheten var inte bra för honom, egentligen visste han det. Den fick mörkret och ångesten att frodas. Mörkret inom honom, det mörker som mardrömmarna kom ifrån och som sådana här nätter hotade att välla fram och kväva honom. Rörelse var det enda som hjälpte, det enda som kunde hålla det borta.

Snabbt bytte han morgonrocken och den svettiga pyjamasen mot byxor, tröja och rock. En varm tröja, för natten var kall och man måste inte plåga sig själv bara för att man har ångest.

Ute på gatan hördes inget annat än det strilande regnet. Carl gick snabbt, han visste vart han skulle, han hade gått sträckan många gånger. Längs Storgatan, över Narvavägen och vidare genom de mindre gatorna där bakom och Nobelparken.

Hans mål var varken parken eller de ståtliga villorna längs

Djurgårdsbrunnsvikens svartglittrande vatten utan tomheten där bortom. Den ödsliga grässlätten, förr kallad *Det yttersta mörkret*. Men några sommarmånader under framtidsoptimismens 1930 hade den myllrat av liv, när den storslagna Stockholmsutställningen gett alla som ville en glimt av framtiden. Han mindes fyrverkerierna och musiken, den vackra fontänen med sitt ljusspel och de många färgglada flaggorna. Den enorma reklampelaren som i neon projicerat ut Mazettis stora, stirrande ögon och namnen på tidningarna *Veckojournalen*, *Allt för alla*, *Hela världen* och *Husmodern* samt *Läkerol* och *Philips* över hela huvudstaden. Det klotformade planetariet och den smäckra, nästan svävande restaurang Paradiset. Värmen, svetten och horderna av besökare som liksom han varit nyfikna på arkitekternas framtidsvisioner. De visioner som skulle bygga ett nytt samhälle.

Och vilken framtid det hade verkat vara! Det var omöjligt att glömma byggnaderna och den förföriska skönheten i deras raka linjer. Betongen, stålet, ljuset, renheten, de stora fönstren. Så vackert att man blev andlös och för en stund glömde hur långt visionerna sträckte sig. Den nya arkitekturen som skulle föda den nya livskänslan, det rena samhället och det goda folket. Den nya tiden, den moderna tiden. Han undrade hur många av besökarna som skulle passa in där. Och vad som skulle hända med dem som inte gjorde det, för visioner brukade förr eller senare leda till att de som inte kunde uppfylla dem sorterades bort. Ju storslagnare visioner, desto hårdare sortering.

Nu fanns bara fragment kvar av utställningen, utspridda över den mörka grässlätten. En mur här, ett trappfundament eller en terrass där. Hade han inte själv sett utställningens storslagenhet hade han inte kunnat ana att det någonsin funnits annat än gräs på platsen. Framför honom reste sig vad som skulle bli det nya Sjöhistoriska museet som ett hån mot de moderna visionerna. Ragnar Östbergs 1700-talspastisch låg på samma plats där restaurang Paradiset bara några år tidigare beundrats som funktionalismens kanske allra vackraste skapelse.

Men Carl visste att världen höll på att förändras och att ingenting kunde hindra det. Tankarna om renhet och hygien hade spridit sig med blixtens hastighet till alla delar av samhället. Alla ville ha en ny tid, en ren tid och inte påminnas om den miserabla period de nyss gått igenom. Ivar Kreugers självmord och börskraschen hade bara gjort människor än mer besatta av framtiden. Den nya Lumafabriken i Södra Hammarbyhamnen manifesterade den nya tiden, liksom steriliseringslagen som riksdagen beslutat om. Den avspeglades i stadsplaner, konst, politik, etik, sjukvård, debatter, industri. I det väldiga reningsverk som sprängdes fram i Henriksdalsberget och i Tranebergsbrons undersköna betongbåge. I de nya stadsdelarna som växte fram som svampar ur jorden, i tunnelbanan som med hjälp av hackor och dynamit åt sig fram djupt under stenstaden, och i Lubbe Nordströms radioprogram om hur smutsigt landet var. Överallt fanns den nu, tanken om renhet. Utopin om det rena, moderna samhället. Den rena framtiden. Den rena människan. Men vem var ren, egentligen? Carl var det knappast.

Ett stycke efter den stökiga byggplatsen vände han norrut samtidigt som blåsten tog i och regnet blev kraftigare och snöblandat. Det hade varit dumt att inte ta på halsduk och handskar, liksom att välja tunna låga skor. Orutinerat, vid det här laget borde han vara van vid promenader som denna. Fötterna var redan genomvåta och iskalla. Värre skulle det bli, för på andra sidan Djurgårdsbrunnsvägen fanns inga välordnade grusade gångar utan bara leriga och hjälpligt upptrampade stigar. Innan han hunnit hem skulle han bli rejält nedkyld. Men det var å andra sidan lite av poängen. Promenaden skulle hjälpa honom igenom den här natten också.

Han raskade på stegen. Snart välkomnade Valhallavägens gatlyktor honom tillbaka till stenstaden, till livet, kändes det som.

Den långa promenaden hade lugnat själen, för stunden. Den här gången också. Precis som han vetat att den skulle göra. Det snöblandade regnet som blästrade hans ansikte och tog sig rakt igenom både rock och tröjor, rakt in på skinnet. Kylan som åt sig ända in i märgen och nästan gjorde ont. En välgörande smärta, som på ett absurt sätt fick honom att känna sig levande. Det var nästan det enda som gjorde det nuförtiden. Carl undrade hur länge det skulle hålla i sig och vad som skulle komma därefter.

Men han var som sagt ingen självplågare, utan fick erkänna att det var skönt att komma in i värmen igen. Väl inne i lägenheten bytte han snabbt de våta kläderna mot torra, torkade håret och gjorde kaffe.

Innan han hann smaka på kaffet avbröts han av en gäll telefonsignal. Han såg på klockan: halv sex. Numera fanns det bara en enda person som ringde vid den tiden. Om han skulle vara ärlig bara en enda person som ringde överhuvudtaget. Han visste vad det betydde och det var välkommet, även det ett slags drog.

”Carl Hell”, svarade han kort medan han tog en stor klunk av den alldeles för varma drycken och fick bita ihop för att inte svära högt av smärta.

”Det är jag, Berglund. Kom hit. Omedelbart.”

Namnupplysningen var som alltid onödig. Ingen annan hade en röst som statspolisintendent Tage Berglund. Kanske berodde den raspiga hesheten på för många cigarrer, eller så hade han helt enkelt låtit så från början.

”Vad gäller det?” frågade Carl.

”Uppsala har begärt assistans. Något bestialiskt har skett i de finare delarna av staden och de vill väldigt gärna lämna det ifrån sig, verkar det som. Ta dig hit så fort du kan, och ta med packning för några dagar ifall det visar sig dra ut på tiden. Jag har redan skickat en bil för att hämta dig.”

Några minuter senare satt Carl i baksätet på en polisbil och färdades snabbt genom folktomma gator. De många lysande skyltarna längs Kungsgatan fick det att verka som om det börjat ljusna, men det var bara en illusion. Så snart de kommit över på Kungsholmen sänkte sig mörkret igen. Den nya moderna världen sträckte sig inte hit, här härskade ännu den gamla. Hela parken framför det stora slottsliknande polishuset vilade i skuggor, ljuset från de få lyktorna förmådde inte lysa upp den.

Statspolisintendent Berglund väntade på sitt tjänsterum. Hans yttre levde väl upp till rösten, han såg nästan ut som en karikatyr av sig själv. Han var stor som en jätte, både lång och bred. Allting på honom var på något sätt överdrivet och som kronan på verket hade han anlagt en buskig röd mustasch, som inte passade i hans ansikte överhuvudtaget. Det var lätt att låta lura sig och tro att han fått jobbet bara för sin förmåga att se farlig och ilsken ut. Men det fanns betydligt mer där bakom än vad som syntes vid första ögonkastet.

För egen del hade Carl mycket att tacka honom för. Berglund hade handplockat honom till statspolisen direkt när den grundades några år tidigare, och sedan sett till att han snabbt avancerade till kriminalkommissarie. Detta trots att Berglund visste så mycket om honom, även om han knappast visste allt. Carl funderade ibland över varför, och över när räkningen för den tjänsten skulle komma. Och hur hög den skulle bli.

”Ja, du måste som sagt till Uppsala. En framstående akademiker har mördats i en av universitetets byggnader, närmare bestämt i Anatomiska institutionens likkällare. Han var tydligen dumpad i något slags likkar”, sa Berglund.

”Uppsala? Varför vill de att vi ska komma?”

Under de få år som statspolisen varit verksam hade de för det mesta betraktats som inkräktare av den lokala polisen. Det vill säga de enstaka gånger som de faktiskt opererat utanför Stockholm. Visserligen var de tänkta som just en förstärkning av de lokala polisstyrkorna, både när det gällde ordningsärenden och komplicerade fall. De hade trots allt grundats för att se till att militären aldrig någonsin ställde till med ett nytt Ådalen. Aldrig mer skulle arméns soldater få gå loss på det egna folket, aldrig mer skulle lika besvärande tidningsrubriker skapas. Men i verkligheten ville de flesta lokalpoliser ha det som det alltid varit och slippa inblandning, och kanske framförallt insyn, utifrån.

”Som sagt, det är ett känsligt ärende”, raspade Berglund. ”Det handlar om en miljö med landets främsta forskare. En del av dem är till och med riksdagsledamöter, man vågar knappt föreställa sig hur högt upp deras kontaktnät går. Vi behöver någon som kan tala med dem. På rätt sätt, om du förstår. Som varken ställer till med något eller låter dem komma för lätt undan. Du kan ju miljön och du kan staden.”

”Jag och vem mer ska dit?” frågade Carl.

”Vem vill du ha? Larsson, Stark och Persson är alla lediga, ta vem du vill av dem.”

Carl suckade. Han avskydde sina manliga kollegor, alla utom Tage Berglund. Och det rådde ingen tvekan om att avskyn var ömsesidig, det hade de flesta av dem gjort tydligt många gånger. Uppsala var dessutom ingen plats som han längtade efter att besöka igen. Någonsin, egentligen. Särskilt inte tillsammans med dem. Kunde han inte komma undan Uppsala tänkte han i alla fall göra sitt bästa för att slippa dem.

”De är idioter allihop”, sa Carl. ”Att ta med någon av dem skulle vara som att släppa en bomb där. Jag vill ha någon annan, annars åker jag ensam.”

”Det finns ingen annan för tillfället. Alla andra är upptagna. Fast de hade väl ändå inte dugt åt dig.”

”Kan jag ta någon av polissystrarna? Den där nya långa, vad hon nu heter. Gustavsson?”

”Maria? Har du blivit tokig! Hur vill du att jag ska motivera att du tar med dig en kvinna, trots att flera av inspektörerna är lediga? Detta är inget för en polissyster och det vet du mycket väl. Detta är inget kvinnoärende utan det skulle snarare vara olämpligt! Dessutom har ingen av polissystrarna arbetat utanför stadsgränsen eller med en riktig utredning. Vad tror du akademikerna skulle tycka?”

Carl hörde hur Berglund ansträngde sig för att låta så syrlig som möjligt. Det var inget han hade talang för, han var bättre på direkt konfrontation. Och om avsikten med tonläget var att avskräcka honom var det dessutom dödfött. Han lät sig inte skrämmas så lätt. Det borde Berglund veta vid det här laget.

”De klarar det nog, jag tror att de har sett kvinnor förr. Nuförtiden finns det till och med kvinnliga akademiker, vet du”, sa Carl.

Berglunds naturligt högröda färg började skifta farligt i vitt och de isblå ögonen blixtrade till. Men det skrämde inte Carl. Han hade aldrig pratat med Maria Gustavsson, men hon verkade intelligent och arbetade hårt, vilket var betydligt mer än man kunde säga om hans manliga kollegor. Under våren hade hon ställt till rabalder när hon väckte kravet att polissystrarna skulle släppas in på polisskolan. Det hade inte lett någon vart, men det visade att hon var modig. Förhoppningsvis så modig att hon skulle våga säga vad hon tyckte till honom.

”Det finns säkert någon kvinna bland personalen som måste förhöras. Eller en familjemedlem. Använd det som argument. Eller att det behövs någon som är insatt i medicin eftersom vi ska undersöka Anatomen. Gustavsson läste en halv sjuksköterskeutbildning innan hon började hos oss, visst var det så? Säg vad du vill till dem. Säg att jag är galen och omöjlig, högfärdig och hotfull. Det spelar ingen roll. De kommer att tro på alltihop. Men jag vägrar att ta med mig någon av inspektörerna”, fortsatte han.

”Som du vill. Men var beredd på konsekvenserna. De andra kommer inte att ta milt på att du tar med dig ett av fruntimren. Du är ju inte precis deras favorit sedan tidigare heller, som du väl vet. Gustavsson kommer dessutom inte att gilla dig, hårdför socialist som hon är”, sa Tage Berglund med trött röst.

Carl hade fått som han velat, ungefär som han alltid fick på ett eller annat sätt. Tage Berglund också på sätt och vis, för Carl skulle ändå bli tvungen att resa till Uppsala, en av de sista platserna han ville besöka på jorden. Det visste Berglund, och han var en av de få som också visste varför.

Ingen av dem hade frågat vad Maria Gustavsson ville, och hon hade inte sagt det heller. Varken innan avfärden eller under bilresan. Hon hade bara suttit där tyst, med polisrocken knäppt ända upp i halsen för kylans skull, med armarna i kors och blicken riktad åt ett annat håll än åt Carls. Hade det inte varit för den svaga doften av parfym och regnvått ylle hade man kunnat tro att hon inte var där alls.

tisdagen den 27 november
ANATOMISKA INSTITUTIONEN, UPPSALA

2

Maria Gustavsson kände hur konstaplarna vid Uppsalapolisen granskade henne när hon steg ur bilen. Blickarna brände, men hon visade det inte. Hon visste vad som dolde sig bakom dem. Ilska. Besvikelse. Bestörtning. Chock. Vad gör hon här, tänkte de säkert. Vi bad om hjälp och Stockholm skickar en kvinna. Ett fruntimmer!

I ärlighetens namn visste hon inte själv vad hon gjorde här, annat än att hon beordrats åka med och vara beredd på några dagar på hotell. Men varför just hon var här förstod hon inte. Det fanns ingen logik i det. Ingen alls. Hon hade bara arbetat vid statspolisen ett knappt år och visste hur det gick till, det fanns inte någon som helst möjlighet att en kvinna skulle få följa med på ett sådant här uppdrag om inte kommissarien direkt begärt det. Och haft gott fog för sin begäran, tillräckligt gott för att statspolisintendent Tage Berglund skulle gå med på det. Speciellt som flera av polismännen hade alldeles för lite att göra. Hon undrade hur kommissarie Carl Hell motiverat det och varför han hade ansträngt sig. Polissystrarnas uppgift var att ta hand om kvinnor och barn, oavsett om de var offer eller förövare – det hade hon fått höra så många gånger att hon inte längre kunde räkna dem. Men ”riktigt polisarbete”, som männen kallade det, ingick inte. Det verkade inte som om det skulle komma att göra det inom den närmaste framtiden heller om man skulle döma efter hur de såg på henne och hennes kvinnliga kollegor.

Så kommissarie Hell måste ha haft goda argument. Hon var onekligen nyfiken, både på hur han lyckats och på honom själv. Han var inte vem som helst. Det fanns inte någon inom Stockholmspolisen som det skvallrades så mycket om, trots att ingen egentligen verkade veta något om honom. Annat än att han inte var särskilt intresserad av sina kollegor och hade ett arrogant sätt. Lite för generös med cynismerna och lite för snål med skratten. Och lite för van vid att säga vad han tyckte. En del hävdade att han var förmögen, eller att hans familj var det. Det skulle inte förvåna Maria om det verkligen var så, hon tyckte sig se en del later som pekade åt det hållet. Inget som man direkt kunde ta på. Men gester, ordval, kläder och hans iögonenfallande cigarettetui i silver. Små saker, visserligen, men många.

Andra viskade att han egentligen var en utländsk agent. Det verkade ganska idiotiskt och berodde nog bara på hans mörka utseende, det utseende som fått en del av de andra polissystrarna att förälska sig i honom. Hon hade sett dem rodna när han kom in i rummet, hört dem viska om hans svarta lockar. En effekt av för många Hollywoodfilmer och billiga veckotidningar. Men de flesta av kollegorna avfärdade honom bara som högfärdig och som någon som tyckte sig vara förmer än alla andra. Ett intryck som han inte gjorde särskilt mycket för att motbevisa, snarare tvärtom. Hon fick erkänna att hon tänkt så många gånger själv, fast hon visste att det var orättvist av henne att döma honom på förhand, hon hade aldrig talat med honom. Kanske var han bara tystlåten och tyckte om att hålla sig för sig själv. Oavsett vilket så hade de andra poliserna svårt att tolerera honom. Dessutom verkade han inte ha någon tanke på att anpassa sig, vilket nog gjorde det ännu svårare. Själv visste hon inte riktigt vad hon tyckte, annat än att han både irriterade och skrämde henne.

Men en sak var hon åtminstone klar över, Hell var inte särskilt talför. Trots att han måste ha ansträngt sig för att få henne med sig hade han knappt hälsat på henne när hon väl lyckats ta sig till polishuset med en sliten resväska hon i all hast lyckats låna av en granne. Och han hade nästan inte sagt ett enda ord till henne under hela resan. Istället hade han under tystnad kört den svarta Mercedesen hela vägen till Uppsala. Sagt nej till erbjudandet om chaufför, trots att Berglund muttrat att det var direkt opassande att en kommissarie körde själv. Kört snabbt, tyst och koncentrerat medan det ljusnade över landskapet utanför. För egen del hade hon knappast varit beredd att inleda och hålla igång något samtal, i ärlighetens namn hade hon inte vågat heller. Hell kändes inte som någon man småpratade med. Istället hade hon koncentrerat sig på vad som susade förbi utanför fönstret. Inte för att det funnits så mycket intressant att titta på. Monotona svarta granskogar som ett stycke norr om Stockholm glesnat och övergått i ett lika monotont slättlandskap med väldiga ödsliga åkrar. Bara här och där avbrutet av trädklädda höjder med klungor av små gårdar och stugor, knappt urskiljbara i dunklet.

Bodde folk verkligen så här? Hur stod de ut? Vad gjorde de? Stod de och tittade ut över de oändliga åkrarna hela dagarna? Plogfåra efter plogfåra, olika nyanser av brunt och grått. Stenar här och där. Utsikten hade varit så tråkig att hon knappt orkat titta på den, utan istället koncentrerat tankarna på den förestående utredningen. Vad var det Berglund sagt? En hög akademiker nedhuggen och dumpad i ett likkar. Det lät overkligt, hände sådant på riktigt? Och Hell fortsatte tiga. Inte någon gång under hela resan fick hon en förklaring till varför just hon befann sig på väg till Uppsala för ”riktigt polisarbete”. Den enda tänkbara förklaringen hade varit att det behövdes någon som kunde förhöra kvinnor, men hon hade inte hört ett ljud om att någon kvinna skulle vara inblandad i det här.

Men nu stod hon här, klockan nio på morgonen vid en bil mitt i ett kylslaget Uppsala. Den omtalade lärdomsstaden. Kroppen var stel och värkte efter den långa bilresan och hon försökte sträcka ut den så diskret som möjligt, väl medveten om att allt hon gjorde skulle värderas och dömas av polismännen. Tolkas som tecken på svaghet. Kvinnlig svaghet. Fast kvinnlig och svag var väl synonyma ord i deras värld, så ett av orden var nog alldeles tillräckligt. Men irritationen mot poliserna lyckades inte dämpa hennes nyfikenhet. Hon hade aldrig varit i Uppsala förut. Aldrig varit utanför Stockholm överhuvudtaget, om man inte räknade barndomens enstaka kolonisomrar någonstans i skärgården. Uppsala kändes exotiskt, det var som en främmande värld.

Gatan som Carl Hell parkerat bilen på hette Västra Ågatan. Längs ena sidan rann en å med kompakt svart vatten. Var det den som gjorde luften så fuktig och kylig? Mycket kallare än i Stockholm, tänkte hon och huttrade till. Liksom råkallt, på ett sätt som åt sig in genom kläderna. Särskilt om benen. Strumporna var inte av någon kvalitet som kunde stänga kylan ute, inte den ganska värdelösa polissysteruniformen heller. Hon ansträngde sig för att inte visa de föraktfulla polismännen och Carl Hell hur mycket hon frös.

Gatans andra sida kantades av stora imponerande institutionsbyggnader. Lärdomstempel. Ett av dem måste vara resans mål. Husen tycktes torna upp sig framför henne och det var förmodligen avsikten med deras ståtliga fasader, att få henne och andra som hon att känna sig små och obetydliga. Outbildade och lägre stående. Sämre, helt enkelt. Hon undrade om Hell kände samma sak, men förmodligen sa byggnaderna honom något annat. Det kändes ganska givet att han hörde hemma i den här miljön och inte som hon i slummen runt Tantolunden.

Anatomiska institutionens trädgård och det låga trästaketet som omgav byggnaderna passade inte alls samman med de ståtliga fasaderna, utan fick henne att tänka på äppelblomsdoft och kaffe i syrenbersåer. Sådant som överklassen sysslade med under varma sommardagar. Saft i smäckra glaskaraffer, småkakor eller jordgubbar. Kanske behövde anatomerna de associationerna för att orka med all död. Fast just den här dagen såg det inte så idylliskt ut. Flera polismän stod posterade i trädgården. Valet av posteringar tydde på att vägen till mordplatsen inte gick genom en av husets pampiga portar utan via en diskret källartrappa inne på gården. Den knappt synliga dörren till likkällaren, de dödas undanskymda ingång, de som inte längre behövde tryckas ned av den akademiska statusen. Som man inte behövde slösa någon prakt på för att markera deras plats på den sociala skalan, för alla visste att den var allra längst ned. På botten.

Två av konstaplarna stod precis framför trappan. Deras röda, frusna ansikten vittnade om att de stått där ett bra tag och om att inte ens deras uniformer var tillräckligt varma för novembervädret. Hell gick fram till dem. Han utstrålade allt det självförtroende som förväntades, som män i hans position självklart kunde kosta på sig. Förväntades kosta på sig. Uppenbarligen fungerade attityden, för poliskonstaplarna inordnade sig direkt i hierarkin och behandlade honom som en överordnad.

”Kommissarie Carl Hell, statspolisen. Kan ni berätta läget för oss och visa oss in?”

”Välkommen, kommissarien. Självklart! Vill ni att vi ska ordna lite kaffe på stationen åt ert biträde, er polissyster, medan vi går in till mordplatsen?”

Maria visste att det bakom de till synes välmenande orden dolde sig nedvärdering och kritik. De förväntade sig att hon inte skulle klara av synen av blod och död bara för att hon var kvinna. Förväntade sig att hon skulle bryta samman. Det var det de ville, knäcka henne och förpassa henne dit hon i deras värld hörde hemma. Vilket var så långt från polisarbete som möjligt. För trots att polissystrar funnits i flera decennier hade så vitt hon visste ingen kvinna följt med på ett sådant här uppdrag tidigare. Ingen hade varit lika nära ”riktigt polisarbete”. Det måste sticka i ögonen. Förmodligen ville de också markera för Hell hur opassande det var att hon var där överhuvudtaget. Medan han i sin tur nonchalerade deras fråga fullständigt, som om han inte ens hört den.

”Kom med nu, Gustavsson”, sa han bara, som om hon varit vilken manlig kollega som helst. Sedan gick han med snabba, bestämda steg före nedför den smala källartrappan. Ingen särbehandling av kvinnor där inte. Inga särskilda hänsyn eller silkesvantar eller påklistrad artighet. Lustigt att samma arroganta beteende som retade upp kollegorna på polishuset kunde kännas så förlösande skönt här.

När hon gick in genom källardörren blev hon bländad av det skarpa elektriska ljuset. Det var väl inte så väldigt ljust egentligen, men hon hade varit beredd på en mörk och dunkel källare. Fast det här var ingen vanlig källare. Det såg mer ut som en krypta. Men en krypta gjorde väl allt heligt, här rörde det sig om ett annat slags förvandling där kroppar omvandlades till utbildningsmaterial på väg in eller till avfall på väg ut. Från människa till föremål till skräp.

”Det här är alltså Anatomiska institutionens likkällare. Här tar anatomerna emot och förvarar liken som ska skäras upp i utbildningen. Det var här inne han hittades, prosektor Gustaf Eklund. Med två stora hack i huvudet och slängd i ett av likkaren, i ett av likförvaringskärlen”, sa Uppsalakonstapeln och rös av obehag, samtidigt som han torkade sin rinnande näsa på uniformsärmen.

”Det är alltså den här dörren rakt fram, bakom den andra dörren finns bara några tomma metallkar”, fortsatte han och verkade tveka om han skulle gå in eller inte. ”Det är ju inget roligt ärende det här precis. Mina mannar vägrar följa med in i källaren. Snart förstår ni varför. Och jag kanske borde informera er om att vi har haft problem med tillträdet nu på morgonen. En del av akademikerna är minst sagt inte särskilt samarbetsvilliga, ja, det har inte ens varit möjligt att hindra dem från att arbeta i delar av källaren.”

Dörren han pekat på ledde in till ett rum som var ungefär lika stort som det förra och lika väl upplyst. Men om det förra associerade svagt till något kyrkligt, förde detta tankarna i en annan riktning. Det var ett rum för de levandes behov. Praktiskt klätt i vitt kakel, för det är så lätt att hålla rent. De väggfasta karen längs ena kortsidan var klädda med samma kakel. Karen hade tunga lock av metall och hon försökte att inte tänka på vad som fanns under dem. Fast hon visste mycket väl vad det var för slags kar, det visste alla som hade någon form av medicinsk bakgrund även om den var så enkel som en halv sjuksköterskeutbildning. De var kar utformade för en enda sak: att förvara de döda så att deras kroppar inte ruttnade alltför mycket innan man hunnit skära upp dem. Hon hade besökt ett rum för likförvaring tidigare, på Karolinska institutet i Stockholm.

I rummet stod några män i långa vita rockar. Två av dem var inbegripna i ett lågmält samtal, de såg allvarliga och bekymrade ut. Den tredje staplade blodlösa kroppsdelar på en rullvagn. Mänskliga kroppsdelar. Mannen från Uppsalapolisen vände snabbt bort huvudet åt ett annat håll, men Maria var inte lika snabb. Eller förberedd. Hon hann se en grönblek arm, en hand och värst av allt ett avsågat huvud med stirrande glasartade ögon. Det gick inte att se om huvudet en gång tillhört en man eller en kvinna, en ung person eller en gammal. Men det spelade ingen roll längre. Nu var det utbildningsmaterial, inte mänskliga kvarlevor. Och med tanke på hur grundligt det var sönderskuret hade utbildningsmaterialet uppenbarligen fyllt sitt syfte. För att slippa se vände hon snabbt blicken mot andra sidan av rummet. Men om hon hoppats hitta något lugnande där så hade hon fel. Där fanns ingen tröst, utan bara en stor hissdörr med texten *Persontrafik förbjuden.* Genom den halvöppna hissdörren kunde hon skymta fler kroppsdelar.

Mannen från Uppsalapolisen följde hennes blick.

”Hissen tar liken rakt upp i undervisningssalen. Alldeles ovanför våra huvuden står de och skär sönder kropparna, alltså.”

Visserligen verkade han vara lika illa berörd som hon, men han tycktes ändå försöka testa henne. Skrämmas, visa henne och de andra att det här inte var en plats för en kvinna. Hon skulle inte ge honom den tillfredsställelsen.

Förtvivlat försökte hon koncentrera sig på de levande istället, männen i de vita rockarna. Den ene mannen, han som var sysselsatt med kroppsdelarna, nickade bara kort mot dem. Men de två andra männen kom fram. Den ene sträckte ut handen som för att hälsa och hann säga att han hette Viktor Rantzius innan han avbröts av den tredje mannen:

”Jag är professor Folke Sandstedt, chef här på institutionen. Det var jag som ringde inatt”, sa han snabbt och välartikulerat.

”Kommissarie Carl Hell, statspolisen”.

”Ja, detta är ju en ohygglig historia. Det går inte att förstå att det verkligen har hänt, fullständigt horribelt! Men som institutionsföreståndare är det tyvärr min plikt att också påminna om hur känslig miljön här är. Av respekt både för detta och för de döda hoppas jag att ni inte rör någonting, ingenting.”

”Professor Sandstedt, jag beklagar, men ett mord har begåtts i er likkällare. Ni förstår säkert att vi måste undersöka saken.”

”Givetvis, givetvis. Men jag hoppas ändå att ni har det i åtanke, hur lätt hänt det är att en oförsiktig konstapel råkar kontaminera något av liken eller preparaten och i ett slag förstör veckors arbete.”

”Jag förstår era farhågor”, sa Hell med ett tonfall som antydde att han både förstod och struntade i dem, ”men jag är rädd att ni inte kan hindra oss från att undersöka och dokumentera källaren. Och ni kan faktiskt inte bedriva någon verksamhet här innan vi är klara. Det är samma regler som gäller vid alla mordplatser och brottsplatsundersökningar.”

Professorn såg både blek och olycklig ut. Förmodligen var han också irriterad över Hells antydan om att deras verksamhet skulle lyda under samma lagar som alla andra, tänkte Maria. Att institutionen jämställdes med andra mordplatser. Att de jämställdes med andra i samhället. Med sådana som hon, till exempel. Arbetarklasspatrask. Slödder.

”Ni måste förstå vidden av verksamhetens betydelse”, envisades professor Sandstedt. ”Det handlar om den anatomiska undervisningen och forskningen, den moderna medicinens själva grundpelare. Om framtiden. Och om de döda, som sagt. Jag hoppas att ni förstår och anpassar er insats efter det.”

”Återigen”, sa Hell, ”så beklagar jag, men både ni och vi måste följa de regler som gäller. Givetvis ska vi arbeta så fort och försiktigt som möjligt. Ni är välkommen att låta någon från institutionen övervaka vårt arbete om ni inte litar på oss.”

Med de orden lämnade han professor Sandstedt och gick vidare in i ett inre rum. Uppenbarligen kände han inte större behov av att vara artig mot högt uppsatta professorer än mot sina kollegor, vilket återigen höjde honom i Marias ögon. Kanske var han inte så illa som alla påstod. Bara annorlunda.

Hon och Uppsalakonstapeln kunde inte göra annat än att följa efter, hur oartigt det än kändes. Vilket även den andre mannen gjorde, han som försökt hälsa på dem. Hon undrade vad han ville, kanske hade anatomerna tagit Hell på orden när han sa det där om övervakning. Men den här mannen såg varken bevakande eller högdragen ut, tvärtom verkade han intresserad och sympatisk.

Det första Maria tänkte på när hon kom in i det större källarrummet var lukten. Men inte den odör av förruttnelse som hon varit beredd på, utan en tung lukt av kemikalier. Tung, söt och definitivt obehaglig. Tillsammans med det aggressiva ljuset och väggarnas vita blänkande kakel gjorde den henne yr och illamående. Men inte så illamående som hon snart skulle bli, det förstod hon. Tage Berglund hade beskrivit mordet som bestialiskt när han informerade henne om uppdraget och det var nog inte ett uttryck som han använde i onödan.

Om hon tyckt att de tre karen i det förra rummet var obehagliga, så var de ingenting mot interiören i detta. Hur många kar fanns det här egentligen? Kanske ett tiotal. Stora och kaklade. Täckta av samma typ av metallock som de i det yttre rummet. Hur många döda människor låg det i alla dessa kar, sammanlagt? Förmodligen fler än hon ville veta. Var kom alla dessa döda ifrån?

”Det var här det hände”, sa polismannen från Uppsala. ”Vaktmästaren upptäckte att det lyste i likkällaren, alltså här där vi befinner oss just nu. Han bor tydligen i huset, det var väl därför han lade märke till det så fort. Det ska ju inte lysa på natten, självklart, så han gick ned för att kontrollera om det var något på tok. Och då hittade han prosektorn i ett av karen.”

”Fortsätt”, sa Hell.

”Ja, då ringde han professorn som i sin tur ringde polisen. Vi åkte hit direkt.”

”Såg det likadant ut när ni kom hit som det gör nu? ”

”Ja, vi har inte ändrat på någonting. Men som sagt, vi har inte lyckats hindra akademikerna från att vara i källaren. Och vi har haft problem med tillträdet. Men jag kan inte se någon skillnad i alla fall. Riktigt säker kan man förstås inte vara, inte här. Jag är inte den ende som inte gillar ärendet. Chefen tog direkt beslutet att det var för känsligt för oss. Därför kopplades ni in.”

Maria försökte hitta något förebrående i hans tonfall, men lyckades inte. Han verkade snarare lättad över att få överlämna just det här mordet i någon annans händer. Både han och de andra Uppsalapoliserna verkade skärrade och uppjagade av miljön. De andra hade inte ens velat följa med in. Kanske ville de ha så lite som möjligt att göra både med den otäcka källaren och med den akademiska världen i stort. Hon förstod dem i så fall.

”Förövaren måste ha gett prosektor Eklund det dödande hugget där borta”, sa mannen från Uppsalapolisen och pekade mot rummets andra ände där det låg en blodtäckt marmorskiva ovanpå ett av de väggfasta likkaren. Sedan har han forslat kroppen hit bort, till karet som han hittades i. Antagligen med hjälp av den där saken som hänger i taket, det är vad blodspåren tyder på”, fortsatte han och kunde uppenbarligen inte föreställa sig att mördaren var något annat än en man.

Längsmed hela taket gick en lång metallskena. I skenan löpte det som polismannen kallat ”den där saken”, en konstruktion som förde tankarna till medeltida tortyrredskap med en lyftanordning bestående av vev, krok och en metallställning som liknade en grov, rostig fågelbur. Maria visste att den var till för att föra de döda kropparna från en del av rummet till en annan, de var alldeles för tunga och otympliga för att bära. Det var lätt att föreställa sig en livlös kropp hängande i ställningen. Alldeles för lätt. Hon försökte förtvivlat få bort just den tanken ur huvudet, men den höll sig kvar.

”Han ligger alltså i det här karet”, sa mannen från Uppsalapolisen och ledde dem fram till ett av karen längst in i rummet.

Det var det enda av karen som hade locket uppfällt. Antagligen var det därifrån den kväljande lukten i rummet kom. När hon tittade ned i karet fick hon stålsätta sig för att inte omedelbart rygga tillbaka. Aldrig hade hon sett något så vidrigt. Aldrig. Likkaret var fyllt till brädden med vätska. Genomskinlig, gråaktig och med slemmiga klumpar som hon inte ville veta vad de bestod av, men tyvärr kunde föreställa sig. I vätskan simmade nakna, gråbleka kroppar. Tätt packade. Armar, ben och hår sammanflätade på ett sätt som gjorde det svårt att se vilka kroppsdelar som tillhörde vem. Ansiktsdrag frusna i döden, några fridfulla men långt ifrån alla. Hår som flöt ut i det grå vattnet. Skulle hon någonsin lyckas glömma de stirrande brustna ögonen, som tycktes vädja till henne om hjälp?

Men deras böner skulle förbli obesvarade. Hennes och kommissarie Hells ärende gällde bara den översta kroppen, en man med ett stort gapande hål i vardera tinningen. Prosektor Gustaf Eklund, nu död och sänkt i ett av sina egna likkar. Hans ögon för alltid fästa på något långt, långt borta. Blodet från såren i hans huvud hade färgat vätskan i karet ojämnt röd, som en illröd fällning i det färglösa slemmet. Det såg nästan ut som om långa röda tentakler spred sig ut från hans huvud och slingrade sig runt de andra kropparna, som om han även i döden hävdade sin äganderätt till dem.

Som om inte synen varit nog, var stanken från karet outhärdlig och fick hennes mage att knyta sig. Sötaktig förruttnelse blandades med kemikalier. Hell såg fullständigt oberörd ut, men mannen från Uppsalapolisen som följt med in var vit i ansiktet. Hon såg hur han sneglade åt hennes håll, antagligen i förhoppning om att hon skulle svimma eller kräkas före honom. För att hon var kvinna och han man. För att hon borde vara svag och han stark. Även om hon kände hur magen ville vända sig, ansträngde hon sig till det yttersta för att inte visa någonting. Aldrig visa svaghet, sa hon till sig själv. Aldrig inför dem. Aldrig inför männen. Någonsin. Det verkade otroligt nog fungera. Plötsligt kunde hon andas igen, trots den vidriga stanken. Trots blodet, döden och de halvt upplösta kropparna.

”Jag vill ha hit en fotograf”, sa Hell till polismannen utan att vare sig med en min eller ett ord kommentera den fruktansvärda synen. ”Och någon som kan ordna det rättsmedicinska. Har ni varit i kontakt med någon redan?”

”Ni får ursäkta mig, kommissarien och professorn, jag har ju alldeles glömt att presentera er för varandra”, sa polismannen. ”Detta är professor Viktor Rantzius från Patologiska institutionen, en av de största experterna på människokroppen som finns här vid Uppsala universitet. I särskilda fall, som detta, brukar vi använda oss av Patologiska institutionens rättsmedicinska kunskaper.”

Så den tredje mannen, han med den lite trevligare framtoningen, hörde inte hemma på den här institutionen. Det förklarade varför han verkade annorlunda, eller så var det bara så att han inte på samma sätt var berörd av det som hänt och inte behövde känna sig defensiv. Maria iakttog honom lite närmare. Han såg inte ut som hon föreställde sig en professor. Han var till exempel inte särskilt lik professor Sandstedt som hon just träffat, som uppförde sig precis som hon förväntade sig att professorer gjorde och med sitt prydliga, distingerade yttre såg ut som en också. Hade det inte varit för Rantzius lite rufsiga grå hår och glasögonen hade han sett ganska ung ut. Hans varma och vänliga sätt kunde tas för blyghet, men det var nog bara som det verkade för det fanns inga spår av osäkerhet i hans röst när han hälsade och inte heller i hans fasta handslag. Han var den förste som hälsade lika artigt på både Hell och henne själv.

”Jag blev uppringd av polisen tidigt i morse och har varit här hela morgonen. När helst ni känner er klara är vi redo att föra över kroppen till vår institution, den ligger i närheten, så ska vi försöka färdigställa en undersökning av kroppen så fort som möjligt”, sa professor Rantzius.

”Bra”, sa Hell. ”Då sätter vi igång.”

tisdagen den 27 november
ANATOMISKA INSTITUTIONEN, UPPSALA

3

”Det är verkligen en fruktansvärd historia det här, kommissarien. Verkligen fruktansvärd.”

Professor Folke Sandstedt såg hopsjunken ut och lät trött och uppgiven. Men han verkade inte riktigt ha tagit in vad som hänt, utan tycktes befinna sig i ett chocktillstånd.

Carl satt mittemot honom i hans tjänsterum på andra våningen i institutionshuset, ett rum som dignade av böcker och akademisk rekvisita. Här fanns alla de olika saker som framstående forskare förväntades visa upp. Carl hade träffat på det många gånger, både på bild och hos lärarna under sin egen studietid. Välfyllda bokhyllor, tjocka mattor, inramade utmärkelser och den obligatoriska jordgloben – en sådan verkade alla ha. Fast man kunde ju fundera över vad en anatom behövde en jordglob till. För att inte tala om tropikhjälmen som låg högst upp på en av hyllorna. Han undrade om alla de människor som han skickat Maria att prata med hade likadana rum.

Besöksstolarna var utformade så att den som satt i dem alltid skulle bli kortare än professorn själv. Kanske för att ingjuta vördnad, eller fruktan, i de studenter som vågade sig in för att tala med honom, eller tvingades in för tentamina eller reprimander. I vanliga fall fungerade det säkert alldeles utmärkt, men inte den här gången. Det fanns ingen stol som kunde få Carl att se kort ut.

”Nu är vi klara i likkällaren. Prosektor Gustaf Eklunds kropp är på rättsmedicinsk undersökning och vi har dokumenterat allting. Jag kan inte se att det finns något som hindrar att ni fortsätter med er ordinarie verksamhet i källaren.”

”Utmärkt!” utbrast professor Sandstedt.

Sandstedts röst lät aningen gladare, men ansiktet såg fortfarande lika askgrått ut och blicken tycktes frånvarande.

”Dock skulle vi behöva tala med alla som arbetar här i huset. Det skulle underlätta och naturligtvis påskynda arbetet om vi kunde få en förteckning över de anställda och andra som regelbundet vistas här”, fortsatte Carl.

”Självklart, jag ber min sekreterare ordna fram en omedelbart. Eller så kan ni be henne om en själv när vi är klara.”

Det var förmodligen ett artigt sätt för professor Sandstedt att säga att han tyckte att de var färdiga med varandra, men riktigt så fort skulle det inte gå.

”Jag har förstått att prosektor Eklund var ansvarig för likhanteringen, men sysslade han även med annat?” fortsatte Carl istället och såg hur professor Sandstedts blick bakom glasögonen nästan omärkligt skiftade från svagt hoppfull tillbaka till trött och uppgiven.

”Prosektorn är den andre i rang inom hela den anatomiska verksamheten. Gustaf Eklund var således direkt underställd mig, och bara mig. Han hade ansvaret för likkällaren, prepareringen, undervisningen i anatomi och dissektion samt dithörande forskning. Och naturligtvis för själva likhanteringen. Bokföring och liknande. Verksamheten medför tyvärr väldigt mycket pappersarbete. Det moderna samhället har byggt in oss i en byråkrati som är svår att tillfredsställa, minst sagt. Den tvingar både oss och andra att lägga energi på andra saker än kärnverksamheten, alldeles för mycket energi. Men prosektor Eklund lyckades ändå frigöra tid för sin egen forskning. Han var en framstående forskare, specialiserad på ärftlighet och hjärnans anatomi. Ganska berömd inom det fältet."

"Samarbetade han nära med någon särskild person här?"

"Inte inom anatomin per se, tror jag. Där höll han sig ganska mycket för sig själv, forskningsmässigt sett. Men jag tror att han hade en del kontakt med Herman Lundborg, professorn i rasbiologi, och framförallt med hans närmaste kollega, docent Nils Hansen. Prosektor Eklunds och docent Hansens forskning sammanföll, de angrep samma typ av frågor men från olika utgångspunkter. Eklund, oss emellan, från en mer vetenskaplig utgångspunkt. Rasbiologin är trots allt lite av en låtsasvetenskap vad de än säger själva, eller vad tycker ni? Men jag har fått för mig att de inte hade lika nära kontakter längre, varför vet jag inte. Hansen är lite originell, och det måste man säga om Eklund också, så det kan mycket väl ha skurit sig. Ingen av dem är särskilt enkel att ha att göra med. Annars tror jag snarare att Eklund hellre diskuterade med forskare på andra håll än med oss Uppsala-anatomer. Vaktade sitt revir så att säga, precis som så många andra gör. Såg till att det varken här i huset eller på universitetet i stort fanns så många som delade hans specifika intresse."

"Och intresset var?"

"Prosektor Eklund var som sagt anatom och specialiserad på vissa former av sinnessjukdomar utifrån deras anatomi, det vill säga hur de ser ut i hjärnan. Han hade ingenting med psykiatrin och dess gissningslekar att skaffa, utan det handlade om en anatomisk utgångspunkt. Särskilt intresserad var han av sinnessjukdomarnas ärftlighet. Det var väl där samröret med rasbiologerna kom in. Med ärftlighetsfrågorna, vill säga."

Nu lät professor Sandstedt gladare igen. Förmodligen trodde han än en gång att samtalet var slut, för han gjorde en ansats att resa sig.

"Prosektor Eklund hittades ju i ett av likkaren där han låg tillsammans med flera andra kroppar. Var kommer de övriga döda människorna ifrån?" frågade Carl.

Professor Sandstedt sjönk tillbaka ned på stolen och såg besvärad ut.

"Ja, det är ingenting som vi vanligen diskuterar. Prosektorn är den som handhar sådant", sa han med lägre röst än tidigare.

"Sådant?"

"Ja, han är, var, ju ansvarig för likhanteringen, det vill säga för att bokföra de lik som kom in och se till att de omhändertogs när vi var klara. Det förklarade jag väl ingående alldeles nyss?"

Carl svarade inte. Även om Sandstedts tonläge avslöjade att han visste att likhanteringen inte var lika lätt att acceptera som han ville ge sken av lät det som om han talade om föremål snarare än människor, men det var kanske en förutsättning för att klara av det arbete han hade. Eller var det något man lärde sig med tiden? Tvingades lära sig? Själv hade Carl inte lärt sig det, trots alla döda människor han sett genom åren, och tänkte inte lära sig det heller.

Han hade tvingat sig att se ned i alla likkaren i källaren, se alla de döda människorna. De tomma brustna ögonen. De slitna kropparna som vittnade om att livet inte varit enkelt. Alkoholism, sjukdom, undernäring, köld och alldeles för hårt arbete. Inte någonstans hade han sett ett namn eller något som på annat sätt kunde associeras med deras mänsklighet. De hade helt enkelt fråntagits den och blivit till föremål, objektifierats. Gjorts omänskliga. Liksom kroppsdelarna och organen i institutionens samling som han också sett, utställd på tredje våningen i huset. Allting prydligt insamlat, sorterat och etiketterat. Ungefär som insektssamlingen hans farfar tvingat honom att skapa som barn, fast i en mycket större skala. Pojkrumssamlande förklätt till vetenskap.

Carls tystnad verkade få professorn att känna sig tvungen att fortsätta. Rösten hade en något mer defensiv ton än tidigare, förmodligen var detta frågor han fått många gånger förut, kanske till och med frågor som han någonstans inom sig ställde själv.

"Ja, allt vi gör här är enligt lagen, jag kan inte se att det finns någonting i den delen av vår verksamhet som ni behöver fördjupa er i för er undersöknings skull. Det finns inga samband där. Allt är i sin ordning när det gäller liken, vi har uppsikt över vartenda ett. Det är säkert svårt för en lekman att förstå hur oerhört viktig, ja, helt avgörande, för medicinens framtid vår verksamhet är. Den är central! Ingenting kan ersätta kunskapen om den mänskliga kroppen. Den är grunden till allt vi vet idag, har gjort det möjligt att bekämpa sjukdomar och rädda liv. Jag vet faktiskt inte vad ni är ute efter, men om ni tror att här finns några konstigheter så har ni fel. Här är ett särtryck av det lagrum vi arbetar inom", sa han och räckte Carl ett litet häfte.

"Och var sa ni att de kom ifrån?" frågade Carl återigen.

"Vilka?"

"De döda i källaren."

Nu såg professor Sandstedt ännu tröttare ut. Han slöt ögonen och drog ena handen över ansiktet innan han svarade.

”Eftersom ni är så ihärdig, kommissarien. Jag utgår från att ni sköter den här utredningen med största diskretion. Vanliga människor brukar inte klara av att se hela bilden, utan reagerar så att säga med reptilhjärnan och blir rädda eller upprörda. Men dissektionsverksamheten handlar om nationella intressen och medicinens framtid, så det gagnar alla att den fungerar. Vi har av traditionen ett system där allting sköts på ett oantastligt sätt av Karolinska institutet i Stockholm. De fördelar kropparna mellan oss och sig själva. Behovet av människomaterial är ju stort hos oss båda. Många lik kommer från Stockholm, framförallt från Sankt Eriks sjukhus och Högalids vårdhem och ja, ganska många från er också, polisen alltså. Fängelsekunder och löst folk. Fattighjon, självmördare, sinnesslöa, gravt kriminella och alkoholiserade. Hade de vetat att de skulle bidra till medicinen och vetenskapen efter sin död, hade de kanske haft en tröst i all misär.”

Troligen inte, tänkte Carl för sig själv. Snarare var det väl kanske så att de på samhällets botten förmodligen i ren skräck skulle börja sköta sig om de visste att de istället för att få en hederlig begravning skulle kunna hamna i ett likkar i Uppsala och skäras upp inför publik. Till sist kanske få sina skallar utställda i en monter och sina kroppar dumpade i en anonym fattiggrav, eller hur det nu gick till. Men han sa ingenting, utan nickade bara. Professor Sandstedt hade uppenbarligen fått nog han också, för därefter blev Carl artigt men bestämt utvisad ur hans tjänsterum med uppmaningen att tala med docent Hansen om han ville veta mer om prosektor Eklunds forskning.

På väg nedför trapporna tänkte han på vilken ålderdomlig och samtidigt förödande modern byggnad Anatomiska institutionen var. Trappstegsgavlarna på utsidan, de väldiga fönstren, de många snirkliga ornamenten rimmade illa med den i det närmaste industriella likhanteringen som pågick i huset. Raderna av likkar i källaren, lyftanordningen längs sin skena och den moderna hissen som förde de döda rakt upp i dissektionssalen där de skulle skäras upp. Eller dissekeras, som anatomerna i huset säkert skulle insistera på att han skulle säga. Ännu värre var de väldiga karen som stått undanskymda i en särskild del av källaren. De som mannen från Uppsalapolisen trott var tomma harmlösa metalltankar. Carl undrade vad han skulle ha tänkt om han vetat vad de användes till. Professor Viktor Rantzius hade berättat för honom att karen var avsedda att förenkla för anatomerna att få bort köttet från de döda. Skelettera, skulle de ha rättat honom, skelettera heter det.

Och skelettering är väldigt viktigt, skulle de ha fortsatt. Annars skulle vi svårligen ha vetat hur skelettet såg ut och hur framtidens läkare ska kunna reparera det eller känna igen dess sjukdomar. För vissa saker kan man inte lära sig i böcker. Man måste se och känna och skära själv. Och visst var det så, det begrep vem som helst. Det vore bara barnsligt och naivt att ifrågasätta det. Men han hade sett deras samling. Han hade sett den för längesedan. För femton år sedan när han fortfarande bodde i Uppsala, och under förmiddagen hade han och Maria förevisats den igen där uppe på tredje våningen. Han hade låtsats att det var första gången för honom också. Rad på rad av skelett. Och av skallar. Skallar, skallar, skallar. Men det slutade inte där, med skeletten och kranierna. Nej, det fanns så mycket, mycket mer. Konserverade och utställda bitar av människor, blodomlopp, döda spädbarn, kroppsdelar, inälvor.

Och så var det de annorlunda. När de berättade om dem fick deras röster alltid en särskild ton, som om de fann dem extra kittlande. Sjukdomar som fått kropparna att vanställas, växa eller förtvina på förfärliga sätt. Eller människodelarna som färdats över haven. Plockats upp på vetenskapliga expeditioner, rövats eller köpts i andra delar av världen. Eldslandet, Japan, Grönland, Java, Kongo, Stillahavsöarna. Exotiska föremål och skelettdelar. Allt hade de tagit med sig. Och så mördarna, inte sällan uppstyckade och konserverade i femtio delar eller fler. Som om man verkligen velat krossa dem. Se till att ingen grav någonsin skulle kunna bli deras, ett evigt straff efter döden.

Allt det här och mycket mer fanns i samlingen. Och i många andra liknande samlingar på andra håll, antagligen rester efter tusentals människor, eller ännu fler. Men ingen kunde behöva alla dessa skelett, kroppsdelar och organ för att förstå hur människokroppen fungerar. 1800-talsanatomerna hade varit besatta av samlandet, omättliga. Numera hade samlandet lugnat ned sig, kanske till och med upphört, det visste han, det var knappast modernt längre. Den moderna döden utspelade sig i sterila likkällare och på dissektionsbord, inte i 1800-talets skräckkabinett. Men samlingarna stod kvar både här och på andra håll, som monument över gångna tiders anatomer.

Den döde prosektorn hade preparerat, lagt in och tömt liken på blod och kroppsvätskor i anatomisalen tillsammans med studenterna. Skurit upp, fläkt itu. Studerat in i minsta detalj och efteråt föst ihop resterna. Men prosektorns egen kropp hade räddats undan ödet att hamna som utställningsföremål i samlingen eller bli undervisningsmaterial. På Patologiska institutionen väntade hans kvarlevor på den rättsmedicinska undersökningen och sedan förmodligen på en vördad grav någonstans på Uppsalas fina kyrkogård några hundra meter bort. Han undrade vad för slags grav som väntade alla de andra döda kropparna i källaren.

Carl behövde verkligen komma ut ur huset. Äntligen var han nere vid porten. Den var tung att få upp, nästan som om den inte ville släppa ut honom. Det kändes som om hela atmosfären inne på institutionen ville åt honom, som om den försökte ta sig in under skinnet som maskar eller parasiter för att förgifta eller förgöra. Det tillsammans med hela den här förbannade staden fick ångesten att hugga efter honom, men han visste att han måste hålla den borta. Tobaken var det enda han hade att ta till för tillfället. Han rev upp cigaretterna och tändstickorna redan innan han kommit ut. Tände och drog in den sträva röken, kände hur den spred sig ända ned till lungorna. Även om den egentligen inte lindrade, så lindade den åtminstone in.

Trädgårdsgatan utanför såg ut som den alltid gjort, lika inbjudande och nästan idyllisk, trots att det var sen höst och dåligt väder. Men han visste att under den lugna ytan kunde vad som helst dölja sig, liksom det gjort i hans barndomshem inte många kvarter härifrån. Ett hus som hade lika vackra, fläckfria fasader som de andra. Han var ännu inte redo att återse det, så han valde att ta vägen längs ån upp mot domkyrkan och Gamla seminariet där Rasbiologiska institutet tydligen låg. Visserligen var det en omväg, men han hade gott om tid och inget behov av att konfrontera alla spöken genast.

Bakom det vackra Gamla seminariets vita väggar dolde sig alltså Rasbiologiska institutet. Mitt i universitetets hjärta låg det där som en varböld, och rasbiologerna gjorde vad de kunde för att sprida smittan. Professor Herman Lundborg, institutets chef, var kanske en av landets mest kända, eller ökända, akademiker. Efter alla hans föreläsningsturnéer, böcker och utställningar visste de flesta vem han var. Docent Hansen som professor Sandstedt talat om var däremot inte lika berömd och Carl undrade om han var likadan som sin läromästare.

På väg in genom dörren till institutet gick Carl nästan rakt in i professor Lundborg själv.

”Jag är på väg hem för lunch”, sa Lundborg och svepte irriterat med blicken över honom. ”Men docent Nils Hansen här kan hjälpa er med ert ärende, vad det nu är. Och se er för i fortsättningen!”

Sedan ryckte han till sig sin hatt från en krok innanför dörren och försvann nedför trappan så snabbt att Carl inte hann hindra honom. Han såg nästan precis ut som på de bilder Carl sett av honom genom åren, med vitt hår och isblå ögon. Även docent Hansen, den person som enligt professor Sandstedt var mest insatt i prosektor Eklunds forskning, var blond och blåögd. Nyheten om Eklunds död frambringade ingen större reaktion hos honom. Kanske hade de inte varit så nära bekanta som professor Sandstedt verkade tro, eller så hade bekantskapen fått ett djupare avbräck än han visste om. Eller, vilket kanske var den troligaste förklaringen, så kände Hansen redan till alltihop. Nyheten måste ha spridits med blixtens hastighet inom universitetet.

Däremot verkade docent Hansen intresserad av Carl själv. Mannens skarpa blick svepte över honom, kanske var det bara fördomsfull inbillning men det såg nästan ut som om han försökte mäta upp honom utan den där konstiga mätutrustningen som Carl hört talas om att rasbiologerna brukade använda. Idealtillståndet som alla jämfördes med var förmodligen rasforskarna själva, och Carl var deras raka motsats.

”Vilken intressant fysionomi ni har, kommissarien. Verkligen intressant. Er skalle skulle jag gärna mäta vid tillfälle, var kommer era föräldrar ifrån?” utbrast docent Hansen.

”Nu har jag ju inte kommit för att tala om min skalle. Utan om den framlidne prosektorn”, svarade Carl.

”Naturligtvis, naturligtvis. Men ändå. Diskrepansen mellan hjärnskålen, ansiktet och kroppslängden. Ert mörka hår och ögonfärgen. Verkligen synnerligen intressant! Och en så ovanlig kombination. Är ni en medlem av släkten Hell här i stan? Har ni några hälsoproblem? Depressioner? Eller ogrundade euforier?” fortsatte docent Hansen.

Det var inte första gången någon reagerade på hans utseende, det hände ofta och det var inte alltid negativt. Men intresset brukade inte så tydligt göra honom till ett samlingsvärt objekt, uppmätt och liksom klart för sortering. Han undrade om äldre tiders samlaranatomer också skulle ha tänkt så, velat samla in honom fast på sitt sätt? Preparerat eller skeletterat, han undrade vilket de skulle ha valt. Kanske båda.

Om obehaget krupit i honom ute på gatan, så blev det knappast bättre av att komma in på Rasbiologen. Det var egentligen värre här än på Anatomen. Där fanns mest bara död, här fanns betydligt värre idéer. Professor Sandstedt hade med omisskännligt förakt i rösten kallat rasbiologin en låtsasvetenskap. Men tyvärr var det i så fall en utbredd och firad låtsasvetenskap som hade ett stort inflytande över politiken. Och stödet i samhället var stort. Idéerna var som ohyra, förökade sig ohyggligt snabbt och visade snart sina fula trynen på de mest oväntade ställen. Barn fick läsa rasbiologiska böcker i skolan, en generation som inympades med rastänkandet, lärde sig att sortera och värdera varandra redan i småskolan.

Rasforskarnas poäng med uppdelningen var glasklar. Vi och dem. Vi lyckade mot er misslyckade, vi adla och vackra mot er grova och vanartiga. Ni som får skylla er själva för att ni inte kunnat utbilda er eller äta er mätta. Eller inte fungerar som alla andra. Är för mörka, för korta, för dumma, för sjuka eller för förtappade. Era tillkortakommanden beror på era gener, inte på det samhälle som vi skapat. Därför vill vi inte föra dem vidare.

Deras vision om en ny människa för en ny tid. En bättre människa för en bättre tid. En renare människa för en renare tid. Carl hade inte glömt deras monter i paviljongen ”Svea rike” på Stockholmsutställningen. Mitt i visionen om den nya tiden hade montern proklamerat: *Ett folkmaterial av god ras är ett lands största rikedom*, och visat ändlösa fotografier av människor av vad de tyckte var ”god ras”. Personerna på bilderna såg nästan likadana ut allihop, ljusögda och blonda. Bland dem fanns ingen som såg ut som Carl.

Docent Hansen var kanske skicklig på att läsa av människors fysik, kanske kunde han rentav mäta upp dem med blicken så som det verkat när Carl först kom in i rummet, men han var mindre lyhörd för sociala signaler, för även sedan Carl slutat försöka dölja sin avsmak fortsatte han att glatt prata på. Ett till synes ändlöst rabblande av rasbiologiska visioner. Det var omöjligt att stå ut med.

”Professor Sandstedt nämnde att ni och prosektor Eklund hade en del gemensamma beröringspunkter. Och nära kontakt”, försökte Carl avbryta honom med.

”Precis! Vi var båda intresserade av rasbiologin, ja, i prosektor Eklunds fall snarast rashygienen”, utbrast docent Hansen glatt.

”Vilket innebar?” frågade Carl.

”Ni måste känna till bakgrunden för att verkligen förstå, kommissarien. Grunden i rasbiologin, i den rasbiologi vi är anmodade av riksdagen och styrelsen att bedriva sedan institutet grundades i början på 1920-talet, är som ni säkert vet att studera det svenska folkets raskaraktär. Och skydda folkstammen från alla slags hot, naturligtvis. Rätteligen borde rasbiologin vara själva grunden i socialpolitiken. I planerandet och byggandet av framtiden, det ligger ju i sakens natur”, sa docent Hansen snabbt.

Om Carls roll i samtalet varit någon annan än att ta reda på sanningen om prosektor Gustaf Eklund skulle han ha gett docent Hansen mothugg. Men det skulle inte vara särskilt konstruktivt för utredningen om han började skrika åt akademikerna. Däremot skulle det kännas mycket bättre.

”Vi måste vara rädda om vårt arv, värna det, det förstår säkert ni också”, fortsatte docent Hansen. ”Rädda det undan hotet inifrån den egna befolkningen. Från de sinnesslöa, lösdrivarna, alkoholisterna, de asociala. Deras många barn som växer upp och blir likadana och får nya barn i sin tur. Det har både jag och professor Lundborg visat i otaliga böcker. Inför boken *The Racial Character of the Swedish Nation* mätte vi till exempel nästan hundratusen svenskar. Ett enastående empiriskt underlag, hitintills fullständigt oöverträffat! Den blev naturligtvis världsberömd, beställdes till och med från Java. Men nu kommer vi ifrån ämnet. Hotet! Hotet inifrån, men också det stora hotet utifrån, särskilt i dessa tider.”

”Nu var det ju prosektor Eklund det handlade om”, sa Carl. Han var så illa berörd att han knappt fick fram orden.

Men docent Hansen hade inte det problemet, han verkade kunna prata hur länge som helst. Det var som om en dammlucka brustit, det bara flödade. Men det lät förberett, inövat, kanske hade han glidit in på någon av sina föreläsningar. Ett tal han hållit många gånger och kunde utantill. Carl visste inte hur han skulle kunna få stopp på honom.

”Ja, precis. För det är just detta som är anledningen till att mina och prosektor Eklunds vägar möttes. Rashygienen. Skyddandet av den svenska rasens kvalitet och fortlevnad. Det moderna samhället har inte enbart fört med sig välstånd och teknisk utveckling, det måste väl ni som polis veta bättre än många andra. Det har också satt evolutionen ur spel, slagit sönder det naturliga urvalet, vilket är den verkliga faran. Hela mänskligheten hotas nu av degeneration. Alla de förkastliga befolkningselement som numera kan överleva och föröka sig och sprida sina dåliga anlag i allt större cirklar i befolkningen. Vårt samhälle har vänt biologin ryggen, trots att vi måste lyda under dess lagar och inse att människan är en biologisk varelse. Hela västerlandet är i fara. Ja, det är förresten titeln på professor Lundborgs senaste verk, som jag också varit inblandad i. *Västerlandet i fara*.”

Här avbröt docenten sig och började rota i bokhyllan. Drog ut några olika lådor och bläddrade hastigt igenom innehållet i dem. Till slut fick han fram ett exemplar av boken och räckte över den till Carl med uppmaningen att han kunde behålla den. Sedan fortsatte han prata.

”Och det är vad det handlar om, vad hela det rasbiologiska institutet i själva verket handlar om. Det är det arv jag hoppas få möjlighet att förvalta i framtiden efter professor Lundborgs pension.”

Docent Hansens predikan verkade aldrig ta slut. Hur kunde någon vara så dum att han eller hon lyssnade på vad en sådan här människa sa och gav honom inflytande? Hur kunde ett helt samhälle vara det?

”Och prosektor Eklund? Var han lika engagerad i sådant här?” avbröt Carl honom.

”Sådant här? Genom sina insikter i ärftlighet och hjärnan förstod prosektor Eklund självklart vidden av det hot som föreligger, ja. Vi satt båda med i expertgrupper inför lagförslaget om steriliseringen av sinnesslöa och var engagerade i debatterna inför de tidigare lagförslagen också, de som tyvärr avslogs. Ja, han betydligt mer än jag, det måste jag tillstå. Men nu efter decennier av väntan har politikerna äntligen begripit. Inte en dag för tidigt. Det kommer att ta flera generationer att reparera den skada som skett under tiden, allt ogräs som kunnat sprida sig istället för att rensas bort. Det är våra barn och barnbarn som kommer att få betala priset. Och nationen som helhet, naturligtvis.”

”Vilken uppgift hade prosektor Eklund i detta? Och känner ni till hur det samstämde med hans egen forskning?” frågade Carl.

”Som sagt, Eklund var engagerad utifrån sina insikter i sinnessjukdomarnas ärftlighet och neuroanatomin. Han kunde visa hur förödande ärftliga de olika sjukdomstillstånden är och hur snabbt de degenerativa elementen kan förstöra folket om de får hållas.”

”Professor Sandstedt verkade tro att ni och prosektor Eklund inte hade så täta kontakter längre. Stämmer det?” fortsatte Carl.

Hans fråga var knappast välkommen. Docenten såg riktigt irriterad ut. Ögonen fick en ännu ljusare nyans.

”Må så vara, men det är ingenting som har med er undersökning att göra, kommissarien”, snäste han.

”Jag är rädd att allt som rör prosektor Eklund har med min undersökning att göra.”

En fördel med Carls arbete var att man kunde ställa vilken fråga som helst och att den man tilltalade var tvungen att svara. Oavsett hur illa de tyckte om frågan, oavsett hur ogärna de ville svara.

”Nåja, det hade med det förestående chefsbytet här på Rasbiologen att göra, rena akademiska formaliteter men mycket irriterande. Ingenting som berör detta, således”, fräste docent Hansen.

”Kan ni som har insikt i prosektor Eklunds arbete tänka er någon som ville skada honom?”

”Skada? Är inte det en grov underdrift, kommissarien? Vem som helst begriper väl vad det är som har hänt! Det hela måste vara verket av en vettvilling, en galning. Precis en sådan som vi hoppas kunna förskona framtiden från.”

Och jag, tänkte Carl, skulle gärna vilja förskona framtiden från sådana som ni. Sådana som sätter er till doms över människor utifrån deras blod. Som söker efter gränser, olikheter mellan människor istället för likheter. Delar upp oss i raser och grupper, sorterar i bättre och sämre som det passar er bäst. Så att ni alltid hamnar på rätt sida själva, oavsett vad det gäller. Som tror att man kan mäta sig fram till människans innersta väsen, till själen. Som tror att biologin överhuvudtaget har något att göra med vilka vi verkligen är.

Men inte heller nu sa han något, utan avslutade bara samtalet så fort som möjligt. *Västerlandet i fara* brände honom i handen hela vägen nedför trapporna, som om den burit på en pestsmitta. Den fick honom att känna sig smutsig. För ondskan, den verkliga ondskan, var inte den enskilda människan som råkade ha ihjäl en annan, oavsett hur planerat eller våldsamt det var. Den verkliga ondskan gömde sig bakom den här sortens väggar, mätte och vägde och skapade omänskliga teorier och riktlinjer som andra sedan följde. Höll sina egna händer rena och gömde sig bakom siffror och något de kallade vetenskap. Att döma av vad han hört hittills hade den döde prosektorn varit likadan, och sökt efter skillnader bland sina döda kroppar. Sorterat och definierat. Delat upp dem i bättre och sämre. Kroppar som så påpassligt förvandlats till föremål. Men till slut hade han ändå blivit ett slags föremål själv. Carls föremål, händelsevis. Det hade han nog inte räknat med.

På väg tillbaka över Domkyrkoplan stötte han ihop med professor Viktor Rantzius, så den här gången skulle han inte komma undan Trädgårdsgatan. Den var definitivt den närmaste vägen och det skulle krävas en anledning eller i alla fall en förklaring för att de skulle ta en annan väg. Carl var inte redo för att redogöra för sina skäl vare sig för honom eller för någon annan.

Professor Rantzius log när han såg honom och såg road ut när han upptäckte både Herman Lundborgs bok och lagförsvaret för likhanteringen i Carls hand.

”Försöker de omvända er?” undrade professor Rantzius medan de gick tillsammans i riktning mot Anatomiska institutionen och Carl ansträngde sig för att se oberörd och intresserad ut. ”Det där, Lundborgs bok, är dumheter alltihop, men det visste ni väl redan? En ren skymf mot vetenskapen. Alla dessa rasbiologer och arvshygienister, deras idiotiska idéer som kan användas för så mycket ondska. Det är vidrigt hur de gömmer sig bakom biologin för att hävda att den starke alltid har rätt, vilka övergrepp han än väljer att genomföra.

De teorierna är särskilt tilltalande för dem som kan välja vilka som ska definieras som starkare respektive svagare, eller hur? Det är ju så att säga lite roligare för den som har makten att välja än för den som bara blir utvald", fortsatte han.

Professor Rantzius plötsliga öppenhjärtiga allvar kändes befriande efter besöket på Rasbiologiska institutet. Dessutom fick det Carl att glömma omgivningarna. Glömma porten, fasaden, lägenhetsfönstren, domkyrkotornen.

"Men rasbiologerna skulle nog beskriva sig själva som att allt de gör sker i enlighet med biologin, kanske rentav som darwinister", svarade Carl samtidigt som han drog det första blosset på ännu en av dagens många cigaretter.

Även professor Rantzius tackade ja till en cigarett och tände den innan han svarade.

"Med största sannolikhet. Men det är knappast Charles Darwin som är deras egentliga ledstjärna", sa professorn efter en stund och blåste långsamt ut rök, "han hade inget till övers för socialdarwinismen. Det är andra som inspirerar dem. Det är bisarrt, redan för trettio år sedan bevisades att biologin inte avgör skallformen, och då övergav alla forskare med ett uns seriositet i sig skallmätandet. Men inte rasforskarna."

"Men kan de verkligen vara så många att de har något inflytande? Jag har bara hört talas om en handfull."

"De är inte så många egentligen", svarade professor Rantzius allvarligt. "Men de är inflytelserika nuförtiden. Man kan bara se hur det har gått i Tyskland sedan nazisterna tog makten. Och det är inte precis så att det saknas band mellan där och här. Flera av dem som sitter i nazisternas nya expertgrupp för rasfrågor har till och med föreläst här i Uppsala. Märkligt att rasforskarna inte själva inser hur långt ifrån den verkliga biologin deras teorier befinner sig. Er min tyder på att ni inser det i alla fall."

Carl nickade bara så professor Rantzius fortsatte att prata på medan de korsade Drottninggatan. Det märktes att han var van vid att föreläsa. Även om det han sa var bra mycket intressantare än docent Nils Hansens dravel kunde man inte komma ifrån monologtendenserna. Men det passade bra, för annars hade det blivit en väldigt tyst promenad. Fasaderna längs gatan och minnena de väckte gjorde inte precis Carl mer pratsam än vanligt.

"Och det här tjatet om att den svenska rasen är hotad. Vad är hotet och vad är en svensk ras? Rena tramset! Rasbiologerna brukar ju komma dragande med *Anthropologica Suecica.* Gjorde docent Hansen det nu också? Den framställer visserligen Sverige som ett utifrån deras galna teorier rasrent land, men vem som helst kan se att de har manipulerat siffrorna. Men det är en tröst att professor Lundborg är på väg bort. För det visste ni väl?"

"Nej, det visste jag inte, docent Hansen nämnde något om ett chefsbyte men det verkade ligga långt i framtiden."

"Tvärtom, den processen är redan igång, har varit ett bra tag. Omständigheterna är lite oklara bara. Antingen småhemliga eller bara väldigt röriga, ingen vet vilket. En del påstår att professor Lundborg sagt upp sig själv, andra att han blivit petad. Förmodligen är det en kombination. Han skulle tveklöst överskatta sin egen betydelse och säga upp sig i protest mot något. Men valet av efterträdare drar av någon anledning ut på tiden. Det finns flera kandidater, bland annat docent Hansen som är den arvinge professor Lundborg själv sett ut och som skulle föra hans verksamhet vidare. En av de andra kandidaterna skulle slänga den sortens forskning i papperskorgen. Men jag förstår att Hansen inte ville prata om det. Han tror att han är offer för en komplott, som går ut på att tjänsten ska tillsättas med någon annan. Hansen och prosektor Eklund hade ett ordentligt gräl om den saken."

"Till mig sa han bara att det handlade om akademiska formaliteter."

"O nej, det var mycket mer än så. Verkligen mycket mer", sa professor Rantzius och skrattade till vilket fick honom att se tio år yngre ut. "Hansen var vansinnig och anklagade Eklund för att konspirera mot honom. Och Eklund var av samma skrot och korn, det måste man säga. Grälet var inte så verbalt, för att uttrycka det milt, utan mer handgripligt. Slagsmål ända ut i trapphuset. Ganska underhållande egentligen, med två distingerade höga akademiker som slåss på det viset, det händer inte så ofta. Det är omöjligt att veta vem som skulle ha vunnit det hela om de fått fortsätta ostört. Till slut lyckades några av studenterna skilja dem åt. Det var modigt, men de stackarna blev inte precis tackade för det. Prosektor Eklund fick dem till och med relegerade."

tisdagen den 27 november

DEN GYLDENE FREDEN, STOCKHOLM

4

”Du oroar dig för mycket”, sa M och lyfte skämtsamt glaset mot honom som om han skålade. ”Poeter borde undvika att bli politiker, ni är inte byggda för det. Ni tänker för mycket, komplicerar saker och ting. Hur som helst är det försent att älta det där nu. Släpp det, så sover du bättre om nätterna.”

Henrik Meuler suckade och tog en klunk öl han också, men han kunde nästan inte svälja den. Än mindre skulle han lyckas få i sig maten. För just detta gick inte att släppa, det var omöjligt.

M förstod många saker, men inte riktigt lika många som han trodde själv. Långt ifrån. Men han fick gärna tro att Henriks dåliga humör hade med den nya steriliseringslagen att göra. Den lag som han kämpat mot i så många omgångar innan den slutgiltigt klubbades i maj. Och som han på sätt och vis fortfarande kämpade mot, både i debattartiklar och i riksdagen, trots att det var meningslöst. Hopplöst. Det var bara några veckor till nyårsnatten då den trädde i kraft.

Men just nu hade han inte haft en tanke på den där lagen, även om de hade diskuterat implementeringen av den i första kammaren hela förmiddagen. Idag handlade allt om någonting annat. Även om M gissade fel på orsak hade han nog rätt i att det antagligen vore bättre för Henriks personliga frid om han släppte hela saken, lämnade politiken och juridiken och gick tillbaka till att vara förlagsdirektör och författare på heltid. Men det kunde han inte, det skulle vara som att ge upp. Det skulle göra alldeles för många personer nöjda och glada. Personer som ansträngt sig mycket för att få honom att sluta.

”Men lagen är omoralisk, fullständigt omoralisk”, invände han för att hålla samtalet igång.

”Det är kanske sant, men sedan när började politik och moral höra ihop?” svarade M.

Och det var kanske också sant, kanske hörde inte moral och politik samman. Precis som Henrik hade hört många predika att vetenskap och politik inte hade något med varandra att göra. Trots att det var svårt att hitta något som hängde så nära ihop egentligen. När det gällde steriliseringslagen var det dessutom det som var problemet. Att lagens tillskyndare ville göra moral, vetenskap och politik till ett, men en i hans tycke förvriden moral, förvriden vetenskap och förvriden politik. Sterilisera människor, de människor som man tyckte var av fel sort, ta bort de gener som man inte ville ha i samhället i framtiden. Men urvalet av dem var en moralisk och politisk fråga, oavsett hur mycket de gömde sig bakom biologin. För vilka är de oönskade? Det måste bero på perspektivet. Beroende på vilka ögon som tittar kan det vara vem som helst. Som han själv, om de stannat kvar i Berlin. Judiska föräldrar räckte för att klassas som oönskad där nuförtiden. Hans svenska medborgarskap hade kanske kunnat försvara honom mot officiella förföljelser, men mot statsunderstödda inofficiella förföljelser fanns det inget skydd. Egentligen fanns det inget skydd mot män ur SA eller SS heller. Vem som helst kunde betraktas som oönskad, det var som ett lotteri. Det var det som steriliseringsivrarna inte förstod, att gick man över en viss gräns så skulle i slutändan vem som helst kunna drabbas. Till och med de själva.

Henrik var så innerligt trött på rasbiologerna och deras ständiga varningsrop om degeneration. Vem var egentligen degenererad och vem var det inte? Var han degenererad? En del av dem tyckte säkert det. Ett hot mot det svenska rasmaterialet. Eller mot arierna, deras älsklingsfantasifoster, frukten av oheliga allianser mellan språkforskning och biologism. Läkare som lekte arkeologer. Arkeologer som lekte språkforskare. Språkforskare som lekte biologer. Urspråk som blev till urfolk som blev till herrefolk. Som blev till skräcken för degeneration och bevarandehysteri.

Lunchen hade börjat bra. Efter omständigheterna. Han och M hade gått till Gyldene Freden, ungefär som vanligt. Suttit i den gamla anrika lokalen och haft ett trevligt samtal om en nyutgiven lyriksamling, den sortens samtal som man kan föra även om man har tankarna någon annanstans. M, som fått sitt smeknamn den där kvällen i Berlin för några år sedan när de alldeles för berusade gått och sett Fritz Langs film *M*. Henrik kom inte längre ihåg om det hade varit på Universum-Lichtspielhaus eller på Capitol-Filmpalast eller något annat ställe. Smeknamnet var ganska elakt, egentligen. Det hade börjat med att Martin på sitt typiska sätt slängt ur sig hur otroligt lik M var Peter Lorre och sedan hade Else, Martin och Viktor vridit sig av skratt så fort Lorre kom in i bild. Inte minst i scenen där han såg kritbokstaven speglas i det mörka skyltfönstret när någon stämplat M för mördare på hans rygg. De hade skämt ut sig. Skrattat på fel ställen, i de mest dramatiska scenerna när Lorre lade an utstuderat teatraliska och paranoida miner. Men

M hade inte tagit illa upp, tvärtom, han hade skrattat han med. Det brukade han göra och sedan dess hade han kallats M.

M var på gott humör den här dagen också. Henrik försökte låtsas vara det han med, men sedan det visat sig att de skulle få sällskap av docent Anders Hellberg från Medicinalstyrelsen och Serafim Grönquist, professor i växtlära vid Uppsala universitet och en av ledamöterna i Rasbiologiska institutets styrelse, hade ingenting kunnat hålla kvar ens illusionen av att han var på gott humör.

Henrik hade träffat de båda männen otaliga gånger, senast i förmiddags och inte minst under alla debatter om steriliseringslagen där de ofta varit inbjudna som experter – professor Grönquist som universitetsrepresentant och docent Hellberg från myndighetssidan. M:s ständiga försök att ta sig in i de olika medicinalsammanhangen hade fört dem samman vid ett antal andra tillfällen också. Henrik förstod inte varför M ville nästla sig in i medicinalvärlden, det var obegripligt. Läkare var han ju i alla fall inte, de skulle ändå inte släppa in honom hela vägen. Även om det var så enkelt som att M ville använda kontakterna som en hävstång till högre maktpositioner, måste det finnas enklare vägar dit. Visserligen skulle han säkert lyckas liera sig med sådana som Hellberg, som genom sitt myndighetsarbete befann sig nära politiken, men närmare än så skulle han inte komma.

Så länge Viktor Rantzius var ordförande i Medicinska Överkollegiet var M:s möjligheter i den sektorn ändå mer eller mindre obefintliga. Medicinska Överkollegiet, med sina kontakter och nätverk både inom och utom landets gränser, var en oberoende maktfaktor av stor betydelse utanför politikernas och Medicinalstyrelsens räckvidd. De stod över påverkan från politiska tjänstemän, framförallt från personer utan medicinsk kompetens som M, hur ihärdiga de än var.

Henrik visste dessutom att Viktor hade ogillat M från första stund, det hade han aldrig gjort någon större hemlighet av. Fast riktigt varför hade Henrik aldrig fått reda på. Men M var inte den som lät sig hindras av sådana saker och han försökte gång på gång få Henrik att påverka Viktor på olika sätt.

Henrik undrade om deras vänskap var en av anledningarna till att M ville sammanföra honom med docent Hellberg och professor Grönquist just den här dagen. Båda hade de starka intressen att bevaka, och åsikter som gick rakt emot hans egna. Han förstod vad de ville ha av honom. En garanti för att han inte skulle riva upp deras ovärdiga lag om han en gång blev justitieminister, vilket de fruktade, och ett löfte om att påverka Viktor och genom honom Medicinska Överkollegiet att ställa sig på steriliseringsivrarnas sida. Det var viktigt, för den här lagen var bara ett första steg för dem. De ville göra den ännu vidare, de ville att den skulle omfatta ännu fler människor.

Det var bisarrt egentligen, tänkte Henrik. Efter all den energi han lagt på att bekämpa lagförslaget och därmed också dem själva försökte de ändå vinna honom. Ibland undrade han varför han utsatte sig för allt det här, men visste att han var tvungen om han ville behålla sin plats i politiken. Lyssna och diskutera. Men även om han numera befann sig direkt under justitieministern skulle han aldrig byta åsikt, och Viktor var om möjligt en ännu större motståndare till lagförslaget än han själv.

”De här steriliseringsfrälsta läkarna tror att de är de nya samhällsingenjörerna. Och den nya lagen ger dem alldeles för fria händer. Problemet är inte deras medicinska kompetens”, sa Henrik irriterat. ”Problemet är att de inte håller sig inom den, utan ger sig långt utanför dess gränser och vill lägga sig i varenda del av samhället. Med ett gränslöst förtroende för sig själva. De är välkomna att bota sjukdomar, men inte att skriva socialpolitik."

"Hörde jag ordet socialpolitik?" frågade docent Hellberg leende samtidigt som han slog sig ned på stolen bredvid Henrik.

Han hade kommit in utan att Henrik hört honom och hittat dem trots att han och M satt sig längst in i källarvalven, så långt från sitt vanliga bord och från socialminister Gustav Möller och hans för Henrik okända sällskap som möjligt. Docent Hellberg som i framtiden förmodligen skulle bli chef för hela Medicinalstyrelsen eller innehavare av en fin plats i riksdagen, om det var det han ville. Hellberg var förmodligen en av de mest väloljade människor Henrik träffat. Nu skulle han bli tvungen att skärpa koncentrationen och inte visa vilket humör han var på. Förmodligen tvinga sig att svälja några tuggor av maten också, för syns skull. Det skulle kräva en hel del ansträngning. Prosektor Gustaf Eklunds ord ringde fortfarande i öronen, han kunde inte stänga av dem. De spelades upp om och om igen. De vidriga sakerna han sagt. Ljudet av drypande gift, av hat och illvilja. Effekterna av dem. Paniken när han inte fått tag på Else. Lättnaden när hon till slut svarade i telefonen och lät precis som vanligt.

"Henrik gillar som du vet inte att läkarna blandar sig i socialpolitiken", sa M.

Man kunde alltid lita på M, alltid lita på att han bröt isen i pinsamma sociala sammanhang med en knytnäve i magen, bokstavligt talat. Det hade han alltid gjort. Och alltid med ett leende. Det var en av hans sämsta och en av hans bästa egenskaper samtidigt.

"Så passande att vi samlas här idag i så fall", anmärkte docent Hellberg med ett svårtolkat leende. ”Men idag ska vi inte prata vare sig medicin, juridik eller socialpolitik, så du kan vara lugn. Det blir ingen repetition av förmiddagen, diskussionen blev ganska outhärdlig till slut oavsett vad man tycker i frågan. Nej, Grönquist vill tydligen tala om situationen på Rasbiologiska institutet.”

I detsamma kom professor Grönquist fram till bordet, högröd i ansiktet och torkandes svetten ur pannan. Skillnaden mellan de båda männen var slående där de stod bredvid varandra. Medan Grönquist verkade ännu tröttare än när Henrik träffat honom för några timmar sedan, så såg Hellberg som alltid perfekt ut. Dessutom hade han haft vett nog att lämna sin hatt i garderoben på vägen in och inte skämma ut sig inför serveringspersonalen genom att be dem bära dit den som Grönquist gjorde.

”Docent Hellberg berättade att ni ville tala om chefsbytet på Rasbiologiska institutet, som aldrig verkar bli av”, sa M när professor Grönquist till slut samlat sig, satt sig ned och dessutom lyckats beställa mat.

”Ja, det här chefsbytet, eller kanske snarare avsaknaden av chefsbyte, är verkligen förödande för institutet. Professor Herman Lundborg är ett problem, därom är vi eniga. Det är omöjligt att samarbeta med honom. Han struntar i verksamhetsdirektiven. Sitter i sin kåta mitt ute i lapphelvetet halva året istället för att göra det han har betalt för. Inte ens er halvering av anslagen förra året fick honom att ta reson, enda effekten var att han hotade att sluta. Kanske hade det kunnat få resultat om inte hans gamla politikervänner, ja, era kollegor, hastat till undsättning så snabbt”, sa professor Grönquist med en snabb nick åt M:s och Henriks håll.

”Flera i styrelsen för institutet har redan avgått i protest.

För att sammanfatta måste han bort, hans dåliga personlighet överskuggar idéerna och det viktiga arbetet. Varje försening innebär ännu en tid då institutet är i hans händer", fortsatte han.

"Det är ju inte så mycket vi kan göra, egentligen", sa docent Hellberg efter en stunds tystnad. "Varken vi på Medicinalstyrelsen eller politikerna kan gå in och påverka sakkunnigförfarandet, hur gärna vi än skulle vilja göra det. Vi råder inte över universitetens tjänstetillsättningar. Medicinska Överkollegiet skulle ställa till med ett himla liv om vi försökte", lade han till med en menande blick åt Henriks håll.

"Nu ska vi inte vara naiva, det hedrar ingen av oss. Både ni och jag vet att ni mycket väl har möjlighet att ingripa om situationen skulle kräva det. Och det gör den. Ett synnerligen viktigt arbete håller på att rinna rakt ut i sanden på grund av dåligt ledarskap", sa professor Grönquist irriterat. "Docent Nils Hansen gör förmodligen vad han kan för att inte alltsammans ska kantra, men han har inte riktigt talang för det. Dessutom saknar han mandat att lägga sig i den ekonomiska sidan och då spelar det ingen roll hur mycket han än anstränger sig, han kan inte göra något åt den övergripande situationen i alla fall."

"Han gör det inte precis enklare, professor Lundborg själv. Varken för sig själv eller för er", sa docent Hellberg.

"Nej, jag är väl medveten om det. Alltför väl medveten. Hans forskning börjar kännas passé, pressen hatar honom och de minskade anslagen gjorde honom inte följsam som vi hoppades på utan bara snarstucken och konspiratorisk. Och värre lär det bli nu när makarna Myrdals bok snart kommer ut, där hängs han ut ordentligt. Även om det inte är med namn förstår alla vem de menar. Och både Lundborg och inte minst Hansen kunde gärna sköta sina vänskapsband med Tyskland lite mer diskret. Men tyskvänlighet i sig kan ju inte läggas till grund för pensionering. Då skulle vi snart vara tvungna att rensa ut halva landet", sa professor Grönquist.

De andra runt bordet skrattade. Men inte Henrik. Han hade bott i Berlin alldeles för länge och hade alltför många vänner som råkat illa ut, för att uppskatta den sortens skämt. Nuförtiden såg man dessutom allt oftare annonser i dagspressen där man sökte folk för att organisera nazistvänliga rörelser och avdelningar på olika håll i Sverige. De dök upp som svampar ur jorden. Eller ohyra, det var kanske en bättre liknelse. Furugårdare, Lindholmare, Sveriges Nationella Förbund, Marsklubben. Idioterna i Samfundet Manhem var bara de senaste i den långa raden. Rasbiologin var inte överspelad, den var starkare än någonsin, även om en del av dess företrädare personligen kanske inte var det. För den hade blivit en del av det allmänna tankegodset. Blivit till en sanning för många. Det var rasbiologernas idiotiska idéer om degeneration som var grunden i förslaget om steriliseringslagen och det var inte det enda samhällsgenomslaget de haft, långt ifrån.

I Tyskland hade nazisterna nästan direkt efter sitt maktövertagande börjat bygga koncentrationsläger och människor de uppfattade som motståndare började försvinna. Men deras sympatisörer hade förföljt judar och oliktänkande långt innan dess och de hade gjort det med rasbiologin som grund.

Våldet var en sak, men det var knappast den enda arena de arbetade på. Språket var en annan och minst lika farlig. Nazisterna hade varit effektiva med att droppa sitt gift. Fler och fler ord hade de smugit in i människors vardagsspråk, fler och fler saker som plötsligt blev rumsrena att säga. Det vande folk vid att inte se alla som lika mänskliga, vande dem vid idén att människovärde är mätbart och möjligt att ranka. I grunden var det alltid samma saker, om och om igen. Hatet mot judarna, hatet mot den individuella självständiga kvinnan och de homosexuella, och så den nostalgiska längtan tillbaka till ett förgånget som aldrig funnits, ett fantasiförflutet. Talet om ett *folk* och en *folksjäl* där inte alla ingick. Giftet droppade även här i Sverige, han kände igen det. Liksom nazisterna skapat en tyskhet där bara några fick plats ville många här skapa en snäv, inskränkt och ständigt krympande svenskhet. För saker och ting hänger alltid ihop. Varför hade till exempel steriliseringslagen godkänts just nu, efter att ha avfärdats i flera omgångar under hela 1920-talet? Var det ingen annan som såg parallellerna? Nazisternas nya rashygieniska program *Gesetz zur Verhütung erbkranken Nachwuchses* trädde i kraft för bara något år sedan. Förstod ingen vilket sällskap man rörde sig i?

”Men egentligen skäms man ju över att sitta och prata så här om chefstillsättningen, nu efter den här förfärliga historien med mordet på prosektor Gustaf Eklund på Anatomen. Vi kände väl honom allesammans? Han skulle förmodligen ha varit med i riksdagsdiskussionerna idag om inte detta hänt. Ett ohyggligt dåd och djupt tragiskt för mannens familj och kollegor. Men också väldigt olyckligt för Rasbiologiska institutets del. Han var ganska involverad där och man undrar ju var det hela kommer att sluta. Polisen har tydligen talat med docent Hansen, ja, ni kan tänka er vilka grodor som kan ha hoppat ur munnen på honom, han kan ju vara ännu tokigare än professor Lundborg själv”, sa professor Grönquist.

Prosektor Eklund som Henrik mycket riktigt kände. Alldeles för väl. Som han hade lyssnat till alltför många gånger, till hans vansinniga idéer och vidriga sätt att försöka få sin vilja igenom på. Men nu slapp han det, nu kunde inte mannen agitera mer. Henrik skulle aldrig behöva höra hans röst igen. Så långt, så väl.

En äldre kvinna ur serveringspersonalen kom och dukade fram docent Hellbergs och professor Grönquists mat. Köttbullar simmande i brunsås tillsammans med smörindränkt potatismos. De tunga dofterna fick Henrik att tappa det sista av sin aptit och han sköt tallriken ifrån sig, trots att han inte ens fått i sig hälften.

”Men det kan docent Hansen ändå inte hjälpa. Att polisen behöver prata med honom menar jag”, invände docent Hellberg medan han tuggade. ”De talar förmodligen med alla som hade något med Eklund att göra.”

”Situationen är lite mer delikat än så. Ni förstår, vi vet ju att han och prosektorn var såta vänner och upp över öronen inblandade i varandras arbete. Men för ett tag sedan tog den vänskapen slut med buller och bång. Docent Hansen hade tydligen fått för sig att prosektor Eklund var med i en komplott mot honom. Både han och professor Lundborg brukar se konspirationer lite överallt, men i det här fallet var det faktiskt sant, Eklund har arbetat för att Lundborgs gamle lärjunge och numera ovän Gunnar Dahlberg skulle få jobbet. Ja, han är en av huvudkandidaterna som de sakkunniga bedömer så det är inte så konstigt egentligen, inte alls. Men för Hansen skulle det valet vara en katastrof, han har plöjt ned hela sin karriär i det där institutet”, sa professor Grönquist.

”Det verkar ha varit väldigt känsligt, det blev till och med slagsmål när det uppdagades och studenter fick gå emellan för att skilja dem åt. Hade det inte varit för att prosektor Eklund numera är död hade det varit en ganska rolig historia", fortsatte han. "Ja, det är ju roligt trots att han är död."

"Fast jag förstår nästan docent Hansen. Rasbiologiska institutet skulle aldrig bli sig likt igen med Dahlberg som chef. Har ni sett hans artiklar i dagspressen? I *Ord & Bild* häromåret krossade han deras omhuldade rasbegrepp helt och hållet. Där kan man tala om offentlig hängning. En sådan sak förlåter de aldrig", sa M. "Ett val av Dahlberg skulle innebära slutet för mycket av det som professor Lundborg byggt upp och strypa hans inflytande", fortsatte han och svalde en tugga.

"Vet vi vad polisen tror om mordet?" frågade Henrik.

"Nej, det vet vi inte", svarade professor Grönquist med så hög röst att flera av dem som satt vid borden runtomkring irriterat vände sig om och blängde menande ända tills de såg vilka det var som satt och diskuterade. Till och med socialministern vände sig och nickade mot Henrik, så det måste ha hörts ända bort till hans bord.

"Vi får inte veta någonting! Det är faktiskt högst anmärkningsvärt! Universitetsledningen borde informeras löpande när något sådant här händer, men det är alldeles tyst. Jag skulle inte bli förvånad om vi blir hänvisade till att läsa om det i tidningarna som alla andra", fortsatte professor Grönquist med samma höga tonläge.

"Jag har ringt några samtal", sade M. "Statspolisen är inkopplad. Utredningen leds av en poliskommissarie som heter Carl Hell. Familjen är officers- och akademikersläkt sedan många generationer. Uppsalabaserade. Mannen ifråga är till och med universitetsutbildad. I juridik precis som du, Meuler, även om han inte disputerat. Fullständigt oklanderlig stamtavla, förmodligen en påläggskalv avsedd för en framtida hög post. Ung för att vara kommissarie, född 1897. Det enda märkliga i mina ögon är att han har ett fruntimmer med sig till Uppsala, en polissyster, men kanske är det bara av hänsyn till prosektor Eklunds hustru. Jag ska höra mig för igen om några dagar."

Samtalet avbröts medan en kurvig svartklädd servitris plockade bort de tomma tallrikarna och sedan snabbt dukade fram kaffe istället. Hennes korta svarta klänning och vita förkläde var så styva att de frasade när hon rörde sig. Hon såg märkbart nervös ut, var förmodligen orolig att råka hälla kaffe på någon i sällskapet. Flera av männen kring bordet var å sin sida mer intresserade av hennes silkesstrumpor än av risken att få kaffe på sig, noterade Henrik.

"Kommer det här med slagsmålet ut lär inte Rasbiologiska institutet bli bättre bemött i pressen. Jag anar redan vilka rubriker de skulle kunna tänkas välja", stönade professor Grönquist med ögonen på den unga servitrisens vader.

"Precis! Desto större anledning att snabba upp processen!" fortsatte M med blicken i samma riktning medan han släppte två sockerbitar i sitt kaffe och rörde om.

"Vad föreslår ni?" frågade docent Hellberg.

"Vi måste få till ett brott i verksamheten och brottet måste synas. Det måste så att säga se ut som ett definitivt skifte. Bort med biologin och fram för låt oss säga sociologi och statistik. Det skulle se ut som slutet på rasläran men ändå möjliggöra en renodling av den idé som en gång var tanken bakom institutet, att förädla folkmaterialet på samma sätt som vi förädlar boskapen. Inte det här tramset med biologiska raser. Så att vi kan fortsätta arbetet med steriliseringar och stoppa sinnesslöheten och degenerationen som det moderna samhället för med sig", sa professor Grönquist.

”Vad är det ni vill att vi ska göra?” inflikade docent Hellberg, som uppenbarligen inte tyckte att han fått svar på sin tidigare fråga.

”Vi måste få en ny chef till institutet så snart som möjligt. Det finns som sagt två huvudkandidater. Kan vi inte göra en kompromiss och ta båda?” frågade professor Grönquist.

Två professorer? Hade segern med den nya lagen stigit dem åt huvudet? Förstod de inte att de borde vara glada om de fick en enda professor överhuvudtaget? Det här var verkligen en diskussion Henrik ville slippa ge sig in i. Han kastade en snabb blick åt M:s håll.

”Det är knappast aktuellt med två professorer i rasbiologi. Ni nämnde själv institutets dåliga publicitet, en sådan satsning skulle väl ge konstiga signaler? Ni får nog nöja er med en professur. Hur ställer sig de sakkunniga, har ni någon uppfattning om det?” sa M, trots att han saknade mandat i den frågan. Docent Hellberg hade rätt i att professorerna i Medicinska Överkollegiet, Viktor inberäknad, förmodligen skulle ha en del att säga om de känt till den här diskussionen.

”Det verkar vara spretigt. En del håller på den ene, en del på den andre. Men det avgjort viktigaste för oss i styrelsen”, svarade professor Grönquist medan han stoppade in en cigarett i munstycket och tände den, ”är att det händer något. Vi är villiga att kompromissa långt i det här fallet. Jag kan inte officiellt stötta någon av kandidaterna, jag ska ju vara opartisk innan de sakkunniga uttalat sig, som ni säkert förstår. Men jag har förstått att Dahlberg har mycket goda försänkningar inom politiken. Eller hur? Bäste vän med professor Myrdal dessutom, är det inte så?” tillade han.

”Han är det enda moderna alternativet”, svarade docent

Hellberg tvärsäkert. ”Det beror inte på hans eventuella försänkningar utan på att de andra sysslar med 1800-talsvetenskap. Och dessutom en vänsterradikal och således precis vad ni behöver, inte sant? Med honom som professor kan ingen anklaga er för att leka nazister. Alla blir glada, således. Utom professor Lundborg, docent Hansen och en handfull andra rättroende lärjungar men vad gör det. Egentligen?” fortsatte han.

”Men resten av den nuvarande styrelsen vill ha docent Hansen”, sa professor Grönquist. ”De menar att vad institutet mest av allt behöver nu är lugn och ro, inte förändring.”

”Men kör över resten av styrelsen, det kan väl inte vara några problem. Det heter väl ändå *Statens* institut för rasbiologi, eller gör det inte?” sa M med ett snett leende.

”Medicinska Överkollegiet kommer som sagt inte att uppskatta att vare sig politiker eller tjänstemän lägger sig i universitetstjänsterna. Och de har rätt, det är inte vår sak, även om just Rasbiologiska institutet är ett specialfall”, invände docent Hellberg.

”Och så måste vi tänka på hur tyskarna kommer att reagera …”, började professor Grönquist.

”Men herregud, lite ryggrad får ni väl ändå ha? Nazisterna kommer att bli arga oavsett. Passa på och släpp nyheten om professor Lundborgs efterträdare vid ett lämpligt tillfälle, bara”, sa M och svepte det sista av sitt kaffe.

tisdagen den 27 november

FAMILJEN EKLUNDS BOSTAD, UPPSALA

5

Soffan skavde in i ryggen. Den var verkligen obekväm. Maria skruvade besvärat på sig samtidigt som hon förde kaffekoppen till munnen. För artighetens skull hade hon ätit en av de framdukade småkakorna, men den var torrare och sötare än hon trott och växte i munnen. För varje tugga kom synen av de halvt upplösta grå kropparna tillbaka – stirrande döda ögon och utflutet hår. Det var nästan omöjligt att svälja. Hon kämpade ned några klunkar kaffe som sköljde bort det värsta, men det var väldigt nära att alltsammans vände och kom upp igen.

Hon satt i familjen Eklunds vardagsrum, i en soffa med ett absurt fornnordiskt utseende. Åtminstone trodde hon att det var vad det skulle föreställa. Snirkligt snidat trä i formen av grenverk, drakhuvuden och en massa figurer som hon inte ens förstod vad de skulle föreställa. För att inte tala om tyget på dess rygg och sits. Tillsammans med det läderklädda rökbordet, som inte lämnade någon som helst plats för hennes långa ben, fick soffan henne att känna sig jättestor. Det hela blev inte bättre av att den tunna, nätta kvinnan som satt i fåtöljen mittemot såg ut som en liten docka trots att hon antagligen var tjugo år äldre än Maria. Fru Eklunds hållning var fullständigt naturlig och avslappnad, klädseln och den eleganta frisyren oklanderliga. De dyra smyckena och den mycket genomtänkta villan gjorde intrycket ännu starkare. Intrycket av överklass och övertag.

Inredningen i huset var överdådig med träpaneler, vackra eldstäder och tunga oljemålningar. Spretiga krukväxter på höga piedestaler, skinande putsat silver som stod uppradat här och där. I taket hängde en väldig men anskrämlig lampa, också den i fornnordisk stil och antagligen tänkt att ackompanjera soffgruppen. Var det så här de rika bodde? Dyrt, men fult och obekvämt. Det var väldigt långt från den funktionalism som Maria själv var så förälskad i, med sina rena skarpa linjer och tydliga brott mot hela det traditionella unkna Gammelsverige. Något alldeles nytt. *Acceptera att världen förändras! Acceptera att en ny tid är på väg!* hade arkitekterna proklamerat och det var vad hon också ville skrika där hon satt i soffan. Orden som så ofta skreks på politiska möten och i demonstrationståg nufförtiden. Förändra, förändra, förändra! Riv ut, slit bort, bygg upp, skapa nytt! Familjen Eklund tog uppenbarligen ställning för det motsatta. För traditioner, privilegier och det gamla Sverige. För allt det som hon ville bekämpa. Allt det hon avskydde. Tidlöshet mot framtid.

De många väggfasta bokhyllorna innehöll säkert tusentals, kanske tiotusentals, böcker. Hade familjen Eklund läst dem alla? Hon mindes hur hennes mamma berättat att hon som barn drömde om att någon gång få äga en enda bok, men att det verkat ouppnåeligt. Den stora trädgården utanför, med flaggstång, äppelträd och syrenberså, underströk det hela även om den såg kal ut nu utan vare sig löv eller flagga. Till och med de tunna, eleganta kaffekopparna med sin perfekta lyster och skira, blå dekor visade på samma sak. Skillnaderna mellan de med smak och bildning och de utan, de med pengar och de utan, de med makt och de utan. Sådana som de och sådana som hon.

Hon hade aldrig varit i ett liknande hus tidigare och kände sig obekväm och olustig. Som om de rika och välutbildade hela tiden dömde henne. Vägde, värderade och underkände alla hennes gester och allt hon sa. Och det var långt ifrån över, det var många samtal kvar. Hon hade fått en omfattande lista på namn av Carl Hell, andra akademiker som han förväntade sig att hon skulle tala med.

Samtidigt fick tankarna henne att skämmas. Kvinnan framför henne hade precis förlorat sin man, dessutom under hemska omständigheter. Hennes barn var numera faderlösa och hon själv änka. Det kunde väl inga pengar eller ingen bildning i världen mildra. Där hjälpte inga privilegier, sorg måste svida lika mycket hos alla. Maria mindes sin egen mors sorg över hennes pappas död, fortfarande lika levande för henne trots att det nu gått ganska lång tid. Skillnaden var kanske att fru Eklund inte behövde oroa sig lika mycket för pengar och mitt i sin förtvivlan bekymra sig över risken att hamna på gatan.

”Jag tänker inte ljuga för er”, sa fru Eklund plötsligt och utan inledande artighetsfraser. ”Jag sörjer honom inte och tänker inte låtsas att jag gör det. Min man var en hemsk människa och jag är glad att han är död.”

Det hela var så oväntat att Maria nästan tappade den vackra blåvita kaffekoppen, som förmodligen kostade mer än vad hon tjänade under en hel vecka.

”Han var hemsk”, upprepade kvinnan och spände sina gråblå hårda ögon i Maria. ”Han slog mig, han slog barnen. Han slog till och med tjänstefolket, trots att det är förbjudet nuförtiden. Var inte saker och ting precis som han ville så var de fel. Han hotade sig fram. Gud hjälpe den som kom i hans väg. Jag tror att han njöt av det. Men utåt sett märktes ingenting, förstås.”

Maria var visserligen inte så van vid att förhöra människor i polisutredningar. Hennes arbetsuppgifter hade hittills mest bestått i att ta hand om brottsutsatta kvinnor och barn eller föra dem till häkte eller arbetshus. Men hon var säker på att den här situationen var ovanlig. Fru Eklunds uttalande var visserligen inte ett erkännande, långt därifrån, men definitivt inte ett försök att sopa något under mattan heller. Hon visste inte riktigt hur hon skulle gå vidare, men bestämde sig för att lita till sin intuition istället för till etiketten. Dessutom hade hon ingen aning om vilka etikettsregler som gällde i den här miljön. Egentligen.

”Det här känns kanske kränkande för er, fru Eklund, men det är väldigt viktigt att vi får en klar bild av er makes karaktär. Även av hans dåliga sidor. Ju bättre bild vi har desto större möjlighet har vi att få fast gärningsmannen. Så även saker och ting som känns plågsamma för er kan vara mycket viktiga för oss”, sa hon och hoppades att det lät professionellt.

Fru Eklund svarade inte genast utan tog god tid på sig och verkade fundera över hur hon bäst skulle formulera sitt svar.

”Det är inte på något sätt plågsamt”, sa hon till slut med allvarlig röst. ”Men när det gäller gårdagen kan jag inte hjälpa er. Varken jag eller mina barn var hemma då, vi spenderade natten hos släktingar på landet. Barnen är fortfarande kvar där, själv kom jag tillbaka för någon timme sedan, bara. Vi är där ganska ofta, så ofta vi kan faktiskt. Ni ska få deras namn och adress. Och tjänstefolket hade fått ledigt eftersom bara min man skulle vara hemma. De måste få vara lediga ibland och han brukar alltid arbeta till väldigt sent på kvällen. Så jag har ingen aning om vad han gjorde igår", sa fru Eklund och satt sedan åter tyst, den här gången med sina grå ögon fokuserade på väggen någonstans bakom Maria.

Efter en stund fortsatte hon:

"Huruvida ni tar fast gärningsmannen eller ej bekommer mig inte. Inte överhuvudtaget. Han har gjort mig och mina barn en stor tjänst. Sanningen är att jag hatade min make. Verkligen hatade. Men andra som träffade honom, som inte levde tillsammans med honom, hade nog en annan uppfattning. Han hade många vänner och beundrare. Särskilt bland studenterna, skulle jag tro. Han hade ett sådant där bombastiskt sätt som alltid går hem hos dem som söker någon att se upp till, om ni förstår hur jag menar. Auktoritär, karismatisk, tvärsäker. Unga män älskar att följa den sortens ledare. Världen är full av exempel, alldeles för full. Män som tycker sig ha vilka rättigheter som helst och beundrarskaror som ständigt bekräftar dem. De finns säkert inom ert eget yrke också."

Maria förstod precis vad hon menade. Stora mäns sätt att alltid samla en skara lärjungar omkring sig. Ryggdunkandet, kollegialiteten, broderskapet. Det exklusivt manliga. Inkludering och exkludering. Specialreglerna och vänskapskorruptionen. Tjänster och gentjänster. Något som hon och hennes kvinnliga kollegor aldrig fått vara del av och som de förmodligen aldrig skulle bli inbjudna till heller. Och som, insåg hon plötsligt, kommissarie Hell inte ägnade sig åt. Kanske var det nyckeln till honom och till hans dåliga rykte bland deras kollegor. Att han vägrade infoga sig i den förväntade normen. Inte uppträdde som en ledare, inte gav fördelar åt dem som ville bli hans lärjungar. Inte skrattade åt deras skämt, inte tackade för deras komplimanger, inte sa det som förväntades. Helt enkelt inte lät dem följa honom. Kanske var det därför hon trots sin första oro kände sig ganska bekväm i hans sällskap. För att han inte krävde vare sig smicker eller andra tjänster.

”Hur väl kände ni till er makes arbete, fru Eklund?”

”Inte särskilt väl, egentligen. Faktum är att jag ansträngde mig för att veta så lite som möjligt. Jag fann det djupt obehagligt.”

”På vilket sätt då?”

”Ni kanske vet att min man en gång i tiden disputerade på en avhandling om ärftlighet? Och att hans senare forskning handlade om hjärnan och om sinnessjukdomar på olika sätt? Hur de avtecknade sig i hjärnan rent fysiskt, neuroanatomiskt tror jag det heter.”

”Nej, det visste jag inte.”

”Det där med det biologiska utseendet, att det verkligen skulle gå att ta på det fysiskt, verkade vara särskilt viktigt. Sedan började han till och med arbeta tillsammans med rasbiologerna, i synnerhet den där docenten, vad han nu heter. Men för ett tag sedan skar det sig tydligen alldeles förskräckligt mellan dem. De grälade i telefon flera gånger, skrek och skällde, ofta ganska sent på kvällen. Han, docenten, kom till och med hit berusad en kväll, stod och skrek i trädgården. Men det var egentligen inte därför jag fann min makes arbete så obehagligt.”

Hon var tyst en stund som om hon tvekade över vad hon skulle säga härnäst, men fortsatte sedan:

”Alla känner till att vi har tre välartade söner. Alla väldigt intelligenta, med goda resultat i skolan och perfekt fysik. Men få vet att vi har ett barn till. Vårt första barn. Min förstfödda. Min älskade lilla flicka. Redan vid födseln märktes det att något var annorlunda, att hon inte var som andra barn. Han, min man, tog mitt barn, lämnade bort henne till Uppsala hospital. Sitt eget barn! Gav mig skulden för hennes tillstånd, förbjöd mig att komma i närheten av henne och blev fanatiskt intresserad av hur sinnessjukdomar ser ut, ärvs och vad man kan göra åt det. Och såg till att hamna i varje arvshygienisk utredning och kommitté som fanns."

"Jag kan inte …"

"Föreställa er hur det känns? Nej, det kan nog ingen. Jag vet knappt själv hur det känns, det var så längesedan jag kände någonting överhuvudtaget. Det värsta är inte hur fruktansvärt det var och hur mycket jag älskade och saknade henne. Utan det värsta är att till slut kommer det en dag då det inte känns riktigt lika mycket. Och den följs av nya dagar och till slut kan det gå långa perioder utan att jag tänker på henne alls. Det är det värsta, det kan jag aldrig förlåta mig själv för. Glömskan. Min dotter lever på Uppsala hospital, bara en liten sträcka härifrån, men jag vet ingenting om hennes liv eller hur de behandlar henne. Kan ni förstå det? Där kan man tala om sorg. Eller tomhet. Men för min man känner jag ingenting."

tisdagen den 27 november

ANATOMISKA INSTITUTIONEN, UPPSALA

6

”Det var inte hans egna kranier, herr kommissarien. Inte egentligen. Utan professor Clasons”, sa den lilla sekreteraren nervöst och liksom urskuldande, och fingrade på sin vigselring som om den var en amulett och skulle kunna ändra det faktum att hela rummet var fullt av olika sorters mänskliga kvarlevor.

Hon tycktes hela tiden anstränga sig till det yttersta för att inte se på honom. Det var uppenbart att det för henne var han som var det främmande i rummet, det som inte hörde dit, och inte de många skelettdelarna och preparaten. Särskilt irriterande var nog att han tagit ned en av skallarna och dessutom balanserade den i handen, men hon verkade inte våga säga ifrån.

Han ignorerade henne och fortsatte att granska skallen. Dess tomma ögonhålor och trasiga grin. Vägde den i handen och drog pekfingret över den ojämna skallsömmen. Kände på skalltakets tjocklek. Inte särskilt tjockt, men inte särskilt tunt heller. Dessutom trasigt på några ställen. Han motstod frestelsen att lyfta på handen och jämföra med sitt eget huvud.

Rasforskarna hävdade att skallars olikheter hade med ärftliga egenskaper att göra, det visste han. Att man kunde läsa dem och med deras hjälp berätta om människors personligheter och förfäder. Deras moral och värde. Det var därför de höll på och mätte folks skallar hela tiden, det var därför den där docent Nils Hansen så gärna hade velat mäta upp hans huvud. Hade prosektor Gustaf Eklund varit likadan? Hade han hållit den här skallen i sin hand och tyckt sig kunna säga något om den människa vars själ den en gång innehållit? Eller någon av de andra skallarna? För den var knappast ensam. Skalle på skalle på skalle låg uppradade i bokhyllan. Det var som att stå inuti ett groteskt benhus. Men hur galet det än var, så var det ändå inte det galnaste. För vansinnigast var tveklöst samlingen av hjärnor. De flöt runt i stora glasburkar. Insamlade, preparerade och konserverade för eftervärlden.

Enligt sekreteraren hade även hjärnorna tillhört Edvard Clason. Gamle professor Clason, författaren till *Om menniskohjernans vindlar och fåror* och en av institutionens största samlare genom tiderna. Inte minst av hjärnor. Hon hade berättat det nästan andäktigt, som om det var något extra fint. Som om bara riktigt stora genier kunde skära hjärnan ur folk och konservera den i sprit.

Och dessa hjärnor hade alltså prosektor Eklund valt att pryda sitt tjänsterum med. Vem var människan som dolde sig bland alla dessa preparat, grinande kranier och rysliga böcker om ärftlighet och rasbiologi? Det var den frågan Carl behövde få ett svar på. Det var hans uppgift att försöka förklara varför Eklund inte var här längre, utan låg på ett obduktionsbord på Patologiska institutionen och själv blev uppskuren.

När sekreteraren lämnat rummet drog Carl fingrarna genom håret, som om det skulle hjälpa honom att tänka klarare. Hjälpa honom att hitta koden och se mönstren. Skönja konturerna av den människa som så sent som dagen innan suttit här och arbetat. Det gjorde det inte. Enda effekten blev att han fick lägga en stund på att rätta till håret igen. Han hade ingen lust att visa upp det ärr som fanns där under, varken för prosektor Eklunds nervösa sekreterare ifall hon skulle komma tillbaka eller för någon annan.

Det var alltid svårt att veta var det var bäst att börja, det var likadant varje gång. Så fort man hittade några bitar som passade samman kunde man ana mönstret, men innan dess var det en gissningslek.

Carl tog ut några böcker på måfå och började bläddra i dem. De verkade vällästa men dammiga. En handlade om växtlära, vilket var lite förbryllande. Men snart insåg han att författarna antog att samma lagar gällde för växter som människor. Och samma förädlingsprinciper. Förädla och beskära, både fruktträd och samhällskroppen. Ett bättre folk och ett bättre samhälle skulle odlas fram på samma sätt som abboten Mendel en gång odlat ärtor.

Lådorna i det stora skrivbordet var fulla av prydligt sorterade brev. En låda för varje ämne. Fast den goda ordningen var väntad. En person besatt av människosortering sorterade nog allt annat i livet också.

Han bläddrade hastigt igenom breven. De i den översta lådan verkade utgöras av brevväxling med andra forskare, och de många olika namnen och adresserna visade hur involverad prosektor Eklund varit i tidens ärftlighetsdebatt. En del av namnen kände han igen som rasbiologins fanbärare: Eugen Fischer och Hans F Günther. Bastard-Fischer och Rassen-Günther, det visste till och med han att de kallades. Carl visste att det var fånigt, men de sirliga namnunderskrifterna och broderliga hälsningsfraserna i breven fick honom att känna sig smutsig om fingrarna.

En särskild brevlunta handlade om likhanteringen som Eklund ansvarat för. Mängder av korrespondens med företrädare för de berörda institutionerna, inte minst Karolinska institutet i Stockholm. Prydligt hopbuntade i lika stora packar ombundna med bruna snören. Det skulle inte förvåna honom om det visade sig vara exakt lika många brev i varje packe. För sig själv låg ett argt brev från sjukhusprästen på Sankt Eriks sjukhus. Var inte det ett av sjukhusen professor Folke Sandstedt hade nämnt som stora likförsörjare? Prästen ifrågasatte hela likhanteringen. Ja, det låg i linje med hans yrke, men religionen kunde inte hota vetenskapen längre, den tiden var sedan länge förbi. Vetenskapen hade tagit dess plats. Akademikerna, inte minst medicinarna, var det nya prästerskapet.

Brevet hade av allt att döma inte fått någon effekt. De många kropparna i källaren visade att liken skickades hit fortfarande. Men det skulle bli intressant att få veta mer om prästens syn på saken. Han skulle söka upp honom när han var tillbaka i Stockholm.

De enligt professor Sandstedt så täta kontakterna med Rasbiologiska institutet syntes inte i brevmängden. Det fanns inga brev från docent Nils Hansen, men det kunde lika gärna bero på att de haft en närmare kontakt med varandra som att deras kontakt blivit sämre. Professor Viktor Rantzius hade rätt. Tanken på honom och prosektor Eklund i våldsamt handgemäng var verkligen rolig. Fick till och med Carl att le, trots att han brukade ha ganska långt till leenden. Han undrade vem som skulle ha vunnit om de inte blivit avbrutna. Hansen verkade vara typen som vann slagsmål, argsint och kolerisk, men det hade kanske Eklund också varit. Professor Rantzius verkade anse det i alla fall. Carl undrade hur arg Hansen egentligen blivit och hur långt han varit beredd att gå. Intressant var det hur som helst. Han skulle prata med honom igen, när det gått några dagar. När han börjat slappna av. Fråga vad han egentligen gjort på natten. Insinuera saker. Irritera honom. Kanske var han inblandad, kanske inte.

Bland korrespondensen fanns också brev från riksdagspolitiker, läkare och tjänstemän vid Medicinalstyrelsen som rörde frågan om arvshygien och sterilisering av ”misshagliga element”, som det var formulerat i en del av dem. Som om det inte handlade om människor utan om helt andra saker. Av breven att döma verkade det som om prosektor Eklund verkligen varit mycket engagerad i steriliseringsfrågan. Han hade ingått i någon form av kommitté som varit både rådgivande åt och pådrivande på politikerna i riksdagen.

Allt pekade åt samma håll. Fram ur alla böcker, anteckningar, dissektionsprotokoll, brev och papper tonade bilden av en person fast övertygad om arvsanlagens goda respektive dåliga inverkan på samhället. Och på hur man skulle kunna åtgärda det, få de goda anlagen att segra över de dåliga. Förädla och utrota. En övertygad rashygienist, fanatiskt intresserad av ärftlighet, människoförädling, hjärnanatomi och sinnessjukdom.

Bakom de många breven hittade han oväntat en sliten läderinbunden bok. Den verkade nästan vara gömd där. När han tog upp den insåg han att det måste vara prosektor Eklunds kalender. Eller kalender och kalender, det var snarare ett mellanting mellan kalender och dagbok. Kanske var det därför den varit gömd, för att den innehöll personliga saker som prosektorn inte velat skylta med. För inte brukade väl människor gömma sina kalendrar? Han bläddrade hastigt igenom den. Sidorna var täckta med tättskriven och väldigt liten text.

Den sista sidan med anteckningar var märkt med gårdagens datum och fullklottrad. *Kl. 6. Anatomen, Dr Meuler, Gustavianum* stod det allra överst. Därefter bara lösryckta ord, svåra att skapa något sammanhang av. Ibland fanns läsbara stycken: *skl – Ja! Många – se Alvastra – läkning – Fürst.* Och något som uppenbarligen var referenser till olika böcker och artiklar: *Retzius: Ymer "Om trepanation af hufvudskålen såsom folksed i forna och nyare tider", respektive Fürst (viktigt!) "Zur Kraniologie der Schwedischen Steinzeit: Några nyfunna trepanerade svenska fornkranier" (FV) och "Trepanerade svenska kranier från äldre tid", Lunds univ årsskr. Leverera, tel Dr Meuler. Budskap klart.* Men för det mesta var texten oläslig, och om resten av kalendern var likadan skulle den nog inte hjälpa honom så mycket. Anteckningarna verkade mest handla om vetenskapliga frågor, referenser och idéer, och mindre om sådant som människor i allmänhet brukade anteckna. Att försöka läsa kalendern från pärm till pärm fick bli en senare fråga. Men Carl kunde i alla fall använda den som ledtråd till prosektorns sista dag i livet. Ta reda på om han verkligen haft ett möte klockan fem och vad det handlat om. Så fort Maria kom tillbaka skulle han gå iväg för att leta efter den här doktor Meuler och höra vad han hade att berätta.

Carl märkte inte ens när hon kom, plötsligt stod hon bara där. Tyst som vanligt. Lång och smal, rågblond och med intensiva blå ögon. Rasbiologerna skulle ha älskat Maria, gett henne en självklar plats bland människorna av "god ras" i utställningsmontrar och böcker. Just nu var hon absorberad av prosektor Eklunds hjärnsamling. Hur gammal kunde hon vara? Han gissade på runt tio år yngre än honom själv, kanske något mer. Tio år av mindre motståndskraft mot de groteska preparaten i glasburkarna och den människosyn som låg bakom dem. För att inte tala om vad hon fått se under morgonen. Eller så var han bara fördomsfull, hon hade kanske sett mycket mer elände än vad han själv gjort och var mer härdad. Hon verkade onekligen väldigt hård, eller mån om att verka hård, för hon kommenterade inte hjärnorna och hon hade inte reagerat särskilt mycket i likkällaren heller. Inte som männen från Uppsalapolisen. De borde faktiskt lära sig att lägga band på sig bättre, så svårt var det inte.

”Hur gick det hos fru Eklund?” frågade han, förberedd på ett rutinmässigt svar. Eller inget svar alls, för hon verkade vara väldigt tystlåten.

”Det var en märklig upplevelse”, blev det oväntade svaret. ”Han måste ha varit en obehaglig människa, det verkar som om han plågade både sin familj och andra. Hans fru måste ha hatat honom väldigt mycket. Mindre än ett halvt dygn efter att han hittats brutalt mördad säger hon rakt ut att hon är glad att han är död.”

Så många ord i följd hade Maria inte sagt till honom under hela Uppsalaresan, hann han tänka innan hon fortsatte prata. Han undrade vad förändringen berodde på, men kanske var hon bara den typ av person som är sen i starten.

”Hon berättade att deras första barn, en flicka, haft en medfödd hjärnskada eller sinnessjukdom och att prosektor Eklund hade tagit dottern från hustrun nästan genast och satt henne på Uppsala hospital. Skulden hade han lagt på sin fru. Och sedan engagerat sig i arvshygienen.”

Maria var tyst en stund, verkade inte veta riktigt vad hon skulle säga. Eller om hon skulle säga något överhuvudtaget. Till slut sa hon:

”Hustrun hatade verkligen sin man, men jag kan inte tänka mig att hon är inblandad i det här. Hon var dessutom inte i Uppsala under natten utan på ett ställe utanför staden som heter Vendel tillsammans med sina barn och släktingar. Jag har redan kontrollerat uppgifterna med dem. Men om prosektor Eklund var så hemsk som hon säger har han kanske varit hatad av många. Hon berättade att hennes make och någon som heter docent Nils Hansen blivit ovänner.”

Det var onekligen en annan sida av den döde prosektorn. Hade det funnits en grym hustyrann bakom den store forskaren? Som kanske lyckats plåga eller reta många längs vägen? Och som kanske provocerat docent Hansen ännu mer än vad professor Rantzius sagt. Två män som båda var vana vid att få som de ville. Det brukade bara kunna sluta på ett enda sätt om det fick pågå tillräckligt länge. Var det vad som hänt här? Eller något helt annat? Kanske skulle den där doktor Meuler kunna berätta mer, han borde kunna kasta ljus över Eklunds sista eftermiddag.

Carl såg på klockan. Tio minuter i fem. Hade han tur var doktor Meuler kvar på Gustavianum. Förhoppningsvis arbetade han verkligen där, annars skulle det bli svårare att hitta honom. Han visade hastigt kalendern för Maria samtidigt som han tog ned sin hatt och rock från klädhängaren.

”Jag går över till Gustavianum och försöker få tag på den här doktor Meuler. Än så länge är han den siste som vi vet har sett prosektor Eklund i livet. Fortsätt du här så länge. Med bokhyllan och pappren. Och gärna en del av människorna på den där listan jag gav dig. När du inte orkar längre kan du bege dig till hotellet, Hotell Gillet vid Fyristorg, det är bara att följa Västra Ågatan här utanför några kvarter upp längs ån. Du kan inte missa det. Uppsalapolisen har redan kört dit våra väskor och ordnat med rummen. Anmäl dig i receptionen. Vill du ha något att äta så sätt upp det på räkningen bara. Så ses vi imorgon bitti och rekapitulerar."

Sedan reste han sig och gick ut, bort från Anatomens kvävande atmosfär, bort från skallarna, preparaten och människodelarna. Bort från döden, rastankarna och Eklunds sjuka drömmar om människoförädling. Bort innan de kvävde honom. Ute på gatan hade det redan blivit mörkt och det regnade igen. Det hade regnat nästan varje dag den här hösten. Han borde vara trött på det, men sällan hade kallt regn känts så skönt som den här eftermiddagen. Han tog av sig hatten för att låta det komma åt överallt. Skölja bort likkällaren, rasbiologin och skallsamlingen.

Eftersom han ville komma fram så fort som möjligt, innan doktor Meuler hann gå hem för dagen, tog han vägen längs Trädgårdsgatan den här gången. Det skulle ha varit barnsligt att ta en omväg nu. Han hade redan gått här en gång under dagen, även om det varit i sällskap. Ensam eller inte skulle han ändå bli tvungen att konfrontera alltsammans förr eller senare, så det var ingen mening med att skjuta upp det.

Efter ett tag började han närma sig domkyrkan. Vädret gjorde att de båda tvillingtornen som sträckte sig upp mot den mörka himlen såg ännu mer hotande ut än vanligt. Hur många gånger hade han gått här sammanlagt egentligen? Det måste vara tiotusentals, eller kanske ännu fler. Tornen hade alltid markerat att han snart var hemma. Alltid fått magen att knyta sig, tvingat honom att uppbåda alla krafter, all disciplin, för att fortsätta. Det gjorde de nu också. Men nu var det någon annan som bodde i den stora, ödsliga våningen, han kunde se att det lyste i fönstren. Han undrade om de var lyckliga, eller om allt som hänt där på något sätt levde kvar i väggarna. Inte ens inomhus hade tvillingtornen lämnat honom ifred. Farfadern hade alltid valt fönstret ut mot tornen när det var dags, alltid samma fönster, alltid samma utsikt.

Väl förbi domkyrkan såg han Gustavianums karakteristiska kupolkrönta siluett torna upp sig framför honom. Den hade av någon anledning aldrig skrämt honom, trots att han visste vad den dolde. Den anatomiska teatern i vilken gamla tiders anatomer skurit upp kroppar inför publik. Han hade varit där många gånger. Det var det märkligaste rum han visste, raderna av stolar som höjde sig i cirklar upp från dissektionsscenen. Döden som teater. Fasansfullt och vackert på en och samma gång, kittlande och äcklande. Men det var längesedan rummet använts på det sättet, det visste han.

Nuförtiden rymde Gustavianum resterna efter mycket äldre människoöden och dess utforskare. Arkeologerna och museimänniskorna var också de dödas förvaltare och uttolkare, som försökte använda fragmenten av deras sedan länge bortglömda liv för att återfinna svunna tider. Som liksom anatomerna ställde ut dem inför publik. Kroppar och historier från en annan tid, som visserligen var behagligt rena och avpersonifierade om man jämförde med anatomernas hantering. Men lika mycket lämningar efter levande människor de med. Människor som var lika oförmögna att föra sin egen talan. Lika döda. Lika utlämnade. Han undrade om arkeologerna gjorde det mer respektfullt.

tisdagen den 27 november

GUSTAVIANUM, UPPSALA

7

Doktor Else Meuler knäppte kappan och satte på sig pälsmössan, redo att lämna tjänsterummet i Gustavianum för att gå ut i den råkalla senhösten. Vinden hade blåst hårt hela dagen och temperaturen låg strax under noll. Än så länge fanns ingen snö varken i Uppsala eller i Stockholm, fast den var nog inte långt borta. Det såg mörkt och regnigt ut, men det skulle ändå bli skönt med frisk luft. Kanske skulle det hjälpa mot den bultande huvudvärken och olustkänslorna. Hela hösten hade varit lång och tung med alldeles för mycket arbete och på tok för lite nöjen. Gårdagens händelser hade inte gjort det bättre, men på något overkligt sätt hade hon ändå lyckats ta sig igenom den här dagen. För det var så hon måste göra, ta sig förbi det som hänt, skölja bort det. Få det att försvinna som om det aldrig ägt rum.

Så trött som hon var denna vinter hade hon aldrig varit förut. Hela hösten hade hon rest fram och tillbaka mellan Stockholm och Uppsala. Det var inte så att hon egentligen ångrade sig, inte ens efter igår, men det var tröttande. Hon hade inte kunnat motstå erbjudandet om att få ta hand om en del av fyndmaterialet från gravarna i Valsgärde. Särskilt det som hamnat i skuggan av de redan så berömda båtgravarna med sina rika krigarutrustningar. De var visserligen intressanta, men knappast unika. Man hade trots allt hittat en hel del sådana gravar från yngre järnåldern tidigare och de var nästan likadana allihop. Nej, då var de andra gravarna så mycket mer spännande. De sotiga förbrända resterna efter lika rikt utrustade gravar för kvinnor, med både guld och utsirade härskarstavar. Liksom de förbrända praktgravarna under Uppsala högar hade de dömts till glömska eftersom de inte var lika tacksamma att visa upp med sina sorgligt förbrända och sotiga gravgåvor. Och för att de döda var kvinnor och därför inte passade in i den storsvenska historieskrivning som ofta blev resultatet av Upplands rika gravfynd. Alla de där så kallade kungagravarna som hon var så hjärtligt trött på, som var så uttjatade.

Själv tyckte hon att det var just det faktum att de rika brandgravarna i Valsgärde var gravar för kvinnor som gjorde dem spännande. Särskilt intressant var det gapande djurhuvudet med sina långa rovdjurständer och glänsande karneolögon som de hittat. En gång hade det suttit på en härskarstav lik den Osebergsdrottningen haft, som berättade om makt, verklig makt, som legat i kvinnors händer. Det var anledningen till att hon bytt halva sitt bekväma Stockholmsliv mot att resa hit några dagar varje vecka och arbeta till långt in på nätterna. Det och ett desperat behov av omväxling, av att någonting måste hända. Rastlösheten som alldeles för ofta fick henne att göra saker hon inte borde, som hon visste att hon borde ångra.

Just som hon skulle gå blockerade plötsligt en lång, främmande man dörröppningen. Med svart hår och svarta kläder, inga försök att pigga upp höststämningen där inte. Inte ens en färgglad slips eller halsduk hade han kostat på sig. Han var klädd ungefär som hon kände sig.

”Jag söker doktor Meuler”, sa han med en avmätt, neutral röst.

”Då har ni kommit alldeles rätt.”

Hon var beredd på ett förvånat ansiktsuttryck. De flesta som hörde hennes namn och titel förväntade sig en distingerad äldre tysk vetenskapsman, inte en kort kvinna i trettiofemårsåldern. Vetenskap, liksom makt, kopplades ofelbart till män. Men om den här mannen också blev förvånad, så visade han det inte. Hans ansiktsuttryck var lika reserverat och outgrundligt som innan när han fortsatte:

”Jag är kommissarie Carl Hell vid statspolisen i Stockholm. Jag skulle behöva tala med er. Har ni tid nu?”

”Skulle det vara möjligt att talas vid över en kopp kaffe på Kafé Ofvandahls? Jag vill gärna komma ut ur huset.”

”Inga problem. Nu genast?”

”Varför behöver ni förresten tala med mig?” undrade hon medan hon följde honom ut genom dörren.

”Jag utreder ett mord på Anatomiska institutionen. Närmare bestämt på prosektor Gustaf Eklund. Han hade tydligen ett möte inplanerat med er igår kväll och sedan mördades han senare på natten.”

Kommissariens sätt att berätta om mordet var verkligen kusligt rakt på sak. Inga omskrivningar överhuvudtaget, inget försök att mildra någonting. Bara kallt konstaterande. Tänk om hon hade känt prosektor Eklund närmare och fått en chock av nyheten? Tänk om han hade varit en personlig vän? Eller ännu mer? Nu var det inte så, tvärtom, men det kunde inte den här polismannen veta. Hoppades hon i alla fall. Men kanske förstod han Uppsala väl. För även om det inte stått något i några tidningar, eller hörts något på radio och polisen antagligen bett Anatomens personal att vara tyst om det hela, så hade naturligtvis hela universitetet vetat om vad som hänt redan tidigt på morgonen. Alla hade redan pratat om det. Precis alla. Fast hon hade ju vetat om det innan dess.

”Jag har hört talas om det”, sa hon och försökte låta lika kylig och avmätt som han. ”Men jag får erkänna att jag inte riktigt vet hur jag ska kunna hjälpa er. Men jag ska göra mitt bästa.”

”Bra, då går vi” svarade han kort.

Det blev inte den lugna promenad som hon hade planerat, men det gjorde inte så mycket. Vädret visade sig vara värre än hon trott och det isande regnet bestod nog mer av is än vatten och sved på kinderna. Men tack vare den tjocka tröjan som hon satt på sig för att dölja märkena på halsen frös hon inte.

Polismannen visste tydligen var kaféet låg och tycktes hitta bättre i Uppsala än vad hon gjorde. Hon var tvungen att halvspringa för att hinna med i hans takt. Tanken att han borde vara artig och gå långsammare verkade inte ha slagit honom. Frågan var om han var arrogant eller bara tanklös.

Medan de gick slogs hon än en gång av hur lång han var. Förmodligen till och med längre än Henrik. Else var visserligen van vid att vara kort i förhållande till de flesta, men den här mannen måste ha motsvarande problem med att alltid vara längst. Om det nu var ett problem för män, det kanske snarare var en tillgång. Speciellt i hans yrke.

De kom fram till Ofvandahls precis när det lätta regnet började övergå i ett tyngre. Väl inne slog de sig ned vid ett bord i ett av de inre rummen. De var nästan de enda gästerna, bara en handfull andra satt glest utspridda i den brunmurriga lokalen. Regnet gjorde väl att folk valde att inte gå ut.

Medan polismannen beställde kaffe passade hon på att granska honom noggrannare. Det fuktiga vädret hade fått hans tjocka svarta hår att locka sig, i vanliga fall såg det nog inte lika ostyrigt ut. Han såg ut att försöka rätta till det lite diskret, men det verkade hopplöst. Hon var själv lockig så hon visste precis hur det var. Ögonen såg svarta ut, även om skenet från lampan fick dem att skifta i brunt. Eller var det kanske i mörkblått? Det var svårt att säga, ljuset var för dåligt. Åldern var också svår att avgöra. Hon såg inga grå stänk i hans hår, men det behövde inte betyda något. Förmodligen var han ungefär i hennes egen ålder. Om det inte hade varit för ögonen, som såg ut som om de sett alldeles för mycket elände, hade hon gissat på att han var flera år yngre.

Kommissarie Hell böjde sig lätt framåt som för att säga något till henne, men i detsamma kom servitrisen med kaffet så han lutade sig tillbaka under tystnad istället. Servitrisen tog god tid på sig. Dukade fram koppar, kanna, grädde och sockerskål. Arrangerade det hela med outhärdligt långsam precision. Vred och vände. Gjorde kvinnan allting i livet så här omständligt och långsamt, eller tyckte hon att polismannen var attraktiv eller spännande och ville stjäla åt sig så mycket tid som möjligt i närheten av honom? Men till slut var hon äntligen färdig, det fanns trots allt en gräns för hur lång tid det kunde ta att ställa fram kaffe. Så fort hon lämnat dem lutade sig Else fram.

”Jag måste bara fråga om ert efternamn, det kan ju knappast vara engelskt eller hur?” frågade hon.

Hon kände sig genast bortgjord. Vilken fånig sak att säga, särskilt i detta sammanhang och till en människa hon aldrig träffat förut. En extremt allvarlig polis dessutom, som antagligen hade fått den frågan väldigt många gånger förut. Så gick det när tankarna var spretiga. När huvudet inte fungerade. Men han såg inte ogillande ut, utan log bara, vilket gav liv åt ögonen och tycktes få tröttheten i dem att försvinna för en stund.

”Nej, knappast. Dessutom väljer man ju inte sitt namn själv, eller hur?” sa han.

Vilket leende mannen hade! Det ganska strama och hårda ansiktet lystes upp och han fick djupa smilgropar i kinderna. Else undrade om han visste hur effektfullt det var. Men om man skulle gå på det intryck han gjort hittills verkade han inte vara en person som log särskilt ofta. Han tycktes inte heller bekymra sig över hur han uppfattades, så förmodligen var leendet alldeles äkta. Vackert var det hur som helst.

”Prosektor Eklund ville träffa mig för att tala om kranier”, sa hon för att ta kommandot över samtalet.

”Kranier?”

”Ja, närmare bestämt trepanerade kranier. Det finns många exempel från förhistorien på hur man öppnat människors kranier, kanske för att rädda deras liv i samband med skador eller som någon form av ritual. Ibland gick det inte så bra förstås, men vi arkeologer har hittat förvånansvärt många skallar där man kan se att människorna otroligt nog överlevde och läkte. Det finns mycket skrivet om det. Både av arkeologer och andra, som till exempel anatomerna Gustaf Retzius och Carl Magnus Fürst.”

”Och därför ville han tala med er?”

”Ja, han var tydligen inriktad på sinnessjukdomar, ärftliga och förvärvade genom till exempel skador. Han verkade väl insatt i det hela, för han ställde många initierade frågor och i synnerhet kring de exempel vi har på läkning. Allt som allt varade nog mötet i två timmar, vi skildes åt vid åttatiden. Han var särskilt intresserad just av att det fanns bevis för överlevande trots den tidens grova teknik och läkekonst även om det, som jag påtalade för honom, inte är möjligt att säga i vilket skick de överlevde. Det är ju så att säga skillnad på att inte dö och att verkligen överleva som en hel människa."

Hon var imponerad av sig själv för att hon faktiskt lyckades hålla rösten stadig. Men det var på sätt och vis sant alltsammans. Ingen direkt lögn. Inte egentligen. Det var vad Eklund sagt, vad han bett henne komma för att prata med honom om. Hans officiella ärende. Hans förbannade skallar, som legat där i hyllan och stirrat på henne hela tiden tillsammans med hans förfärliga hjärnsamling. Han hade placerat henne på en extra låg stol och sedan erbjudit kaffe. Böjt sig djupt över henne när han serverade kaffet ur en silverkanna, handen hade nästan strukit över hennes ena bröst när han hällde upp. Det hade fått honom att skratta till generat, som om det varit ett misstag, men det var inget misstag. Det visste hon nu. Han hade haft många frågor. Om skallar och trepanering, det var sant. Fråga efter fråga, medan kvällen blev allt mörkare och institutionshuset tömdes på människor. Och hon började känna ett krypande obehag. Till slut hade hon rest sig och han hade kommit efter. Snabbt. Hon hade varit helt oförberedd, hur skulle man kunna vara förberedd på det otänkbara? Och inte heller hade hon trott att han var så snabb och stark i armarna. Han hade kommit bakifrån, när hon vände sig om för att ta ned hatten. Hon kunde fortfarande känna hans arm om halsen, som klämt åt så att hon knappt fått luft. Den andra handen som sökt sig in under hennes kjol. Snabbt och hårdhänt. In innanför underbyxorna. Sådana som du, hade han viskat medan hans fingrar rörde sig över henne, i henne, sådana som du gillar sådant här. Jag vet det, hälsa din judeman att jag vet det. Hon kunde inte komma loss. Hur mycket hon än försökte hade hon suttit ohjälpligt fast. Och hon hade suttit fast när han lyfte henne med ett så hårt grepp om halsen att hon nästan tuppade av och tryckte upp henne mot hyllan där de vidriga hjärnburkarna stod. Inte ens när han tog bort ena handen för att knäppa upp sina byxor kunde hon komma loss. Inte ens när han drog upp hennes kjol. Först när han flyttade armen från halsen för att kunna klämma åt om hennes bröst lyckades hon slita sig fri. Fick luft igen och kunde knuffa till honom. Han föll med en högljudd duns. Han hade legat kvar på golvet med byxorna vid knäna men hon hade inte stannat upp för att se hur det var med honom. Bara rivit till sig kappa och hatt och sprungit därifrån, ända tills lungorna krävt att hon stannade. Villrådig, flämtande och ensam i mörkret. Hon hade inte velat gå tillbaka till det tomma hotellrummet, hade ingen lust att vara ensam, men ville inte ringa Henrik. Absolut inte ringa Henrik. Till slut hade hon knackat på Viktors dörr. Sedan hade hon legat i hans badkar länge, länge. Tvättat och tvättat. Eklund hade aldrig kommit in i henne, inte på det sättet, men hon kände sig ändå förfärligt smutsig.

Det var en fråga om makt, så mycket förstod hon. Eklund hade inte varit ute efter sex egentligen, det var makt han ville ha. Hon visste inte om det var makt över henne själv eller om det handlade om makt över Henrik på något sätt, det hade framgått att de kände varandra. Och lät hon sig knäckas skulle Eklund ha vunnit, även om hon hunnit därifrån. Hon skulle inte låta sig knäckas och hon skulle inte låta honom komma undan. Hon hade legat kvar där i badet länge, ända tills vattnet började bli kallt. Sedan hade hon vetat vad hon skulle göra. En sak var säker, och det var att Henrik aldrig skulle få veta vad som hade hänt. Aldrig. Hon hade inte ens berättat något för Viktor och han hade inte pressat henne. Bara lånat henne en pyjamas och sedan hållit om henne hela natten. Märkligt nog hade hon kunnat sova. Någon gång på natten hade hon vaknat av att polisen ringt och bett honom komma, men sedan hade hon somnat om.

Hell avbröt hennes tankar.

”Är ni insatt i den rasbiologiska forskningen?”

”Hm, jag vet inte om jag skulle kalla det forskning egentligen, snarare spekulation. Obehaglig spekulation dessutom. Men visst finns det arkeologer som köper rasbiologins teorier och världssyn. Inte minst de som sysslar med fysisk antropologi. Ja, jag kan nämna flera namn där. Men jag är inte en av dem. Människan är ju så mycket mer än sin biologi, tycker inte ni det också? Rasbiologin väcker alltid min allra torraste vetenskapssjäl till liv. Den som bara vill rusa upp, slå näven hårt i bordet och skrika att det där, det är inte vetenskap! Nej, jag underkänner biologins rätt att diktera vem jag är och hur jag ska leva mitt liv”, pladdrade hon på för att lägga så mycket ord som möjligt mellan sig själv och tankarna nyss. En barriär av ord, bred och omöjlig att tränga igenom. Ett skydd, ett värn. Som tur var gällde det ett samtalsämne som hon var väl insatt i, som hon hade kunnat tala om i sömnen.

”Men rasbiologerna har stort inflytande. Idéerna verkar sprida sig åt många håll.”

”Ja, dessvärre. Arkeologin har en särskilt utsatt position i förhållande till människor med sådana idéer, de vill ha vår hjälp att skapa en förhistoria och ett ursprung som passar dem. Vi måste vara på vår vakt hela tiden. Se bara på Tyskland där många arkeologer tyckte att de förde en tynande tillvaro. Så plötsligt satsar nazisterna hur mycket pengar som helst på vad de kallar den tyska förhistorien, på att hitta uppdiktade ariska förfäder så långt tillbaka som möjligt. Det är många som låtit sig sköljas med där, för ärans och pengarnas skull. Andra har lämnat landet och deras positioner tas snabbt över av nazitrogna. Och de nya tyska arkeologerna är oerhört intresserade av den svenska förhistorien och av att fördjupa och utnyttja kontakterna. Och värva oss, såklart. Det ryktas att Himmler planerar ett nytt arkeologiskt forskningsinstitut inom SS som ska arbeta för att hitta en storslagen tysk historia överallt. Vi arkeologer är farligt nära att bli utnyttjade av krafter som vill exploatera historien. Och nu för tiden vill de att historia ska handla om raser."

Hälsa din judeman det, hade prosektor Eklund väst i hennes öra, så nära att hon blivit våt av hans saliv. Var det därför han tyckt sig ha rätt att göra som han gjorde? Hade det med rasbiologin att göra? Var hon något slags rasförrädare i hans ögon? Det fanns det många som tyckte, det visste hon. En hel del tidningsartiklar hade antytt det, mer eller mindre inlindat. Genom åren hade gliringarna blivit många. Till och med hennes egen far hade mumlat något liknande för längesedan när hon berättat att hon tänkte gifta sig, och med vem. Eller berodde det på att hon inte nöjde sig med att vara någons hustru, utan hade ett eget liv också? Skulle man straffas då? Beskäras till former de tyckte var acceptabla eller stängas in på institution? Tills man förvandlats till en god hustru och vän moder, en kvinna som levde bara för sin familj och sitt hem? Tyckte män som Eklund att det var hans rätt att använda sex som något slags sjuk fostringsmetod? Fostran in i deras mansvälde? Det spelar ingen roll, sa hon till sig själv, det spelar ingen roll vilket hans skäl var. För det är hos honom – var hos honom – som felet låg. Skulden var hans och bara hans. Hon tänkte inte låta sig beskäras på det sätt som Eklund och hans gelikar ville. Det han gjort skulle inte få besegra henne. Det handlar alltid om makt. Det var makt Eklund velat ha, ta och utöva, det var makt han aldrig skulle få och det var makt som hon själv måste ta.

”Fungerar det?” frågade kommissarie Hell. Hon var så djupt inne i sina tankar att det lät som om han befann sig långt borta.

Det dröjde en stund innan hon kunde formulera ett svar, och för att dölja den omotiverade tystnaden tog hon en klunk kaffe. Det var nästan som om han läst hennes tankar, även om det naturligtvis var omöjligt, och hon behövde tid för att hitta tanketråden igen. Det var inte prosektor Eklunds övergrepp de pratat om, utan nazistarkeologi och dess anhängare.

”För en del gör det kanske det. Jag vet inte, det är ju inte precis något man pratar om, inte med mig i alla fall. Men jag har sett det inifrån, vi bodde i Berlin fram tills i januari förra året. Sedan började situationen där gå alldeles överstyr för oss och vi flyttade tillbaka till Sverige. Nu bor vi i Stockholm.”

”Blir det inte väldigt långt att åka varje dag? Mellan Uppsala och Stockholm?”

”Det är bara tillfälligt, nu i höst. Därefter ska jag arbeta vid Historiska museet i Stockholm.”

Kommissarien hade inte frågat om Henrik, även om han måste känna till honom. Alla kände till honom. Trots att hon doktorerat i arkeologi som en av de första svenska kvinnorna, trots att hon arbetat vid universitetet i Uppsala och Berlin, blev hon ändå alltid presenterad som Henrik Meulers fru. Riksdagsmannens fru. Författarens fru. Och numera allt oftare judedirektörens fru, i alla fall i tidningarna trots att anledningen till att han hamnade där överhuvudtaget var politik och juridik, inte förlaget. Vad hon än gjorde, hur hårt hon än arbetade, hur mycket hon än producerade så var hon alltid en fru i första hand. Det var knappast Henriks fel, han hade alltid uppmuntrat henne vad hon än velat göra. Uppmuntrat självständighet och frihet, aldrig försökt begränsa. Det var tiden de levde i som reducerade henne. Tiden och män som Eklund.

Hon iakttog mannen framför sig. Hans outgrundliga ögon. Det fanns inte en chans att hon skulle hjälpa honom att lösa mordet på Eklund. Inte en chans. Han hade förtjänat att dö och hon hoppades att hans död hade varit smärtsam. Riktigt smärtsam och utdragen. Viktor hade kommit förbi hennes tjänsterum på Gustavianum på eftermiddagen och berättat en del, uppenbart bara som en förevändning för att se hur hon mådde. Hon hade visserligen inte fått veta några detaljer, men tillräckligt mycket för att det tydligt framgått att åtminstone den förhoppningen infriats.

Men däremot kunde kanske kommissarie Hell hjälpa henne med något annat. Med att återta makten. Med att sudda ut de vämjeliga minnena av Eklund som förföljt henne hela dagen. Minnena som hotade att göra henne rädd och svag.

Kanske skulle det fungera, kanske var det precis vad som behövdes för att skölja bort den smutsiga känslan. Aldrig i livet att hon tänkte gå omkring och känna sig rädd. Tvärtom. Hon tänkte komma ut ur det här starkare än någonsin.

Det var som ett spel. Ett spel för att skingra ledan, mörkret och de hotfulla tankarna. Det var inte första gången hon spelade det, men den här gången var behovet större än någonsin. Första akten var alltid mest spännande. Valet av strategi. Vem skulle hon spela den här gången? Den spännande, världsvana och sensuella? Den äventyrliga? Den förföriska? Den oskuldsfulla? Hon behärskade alla roller, hade under åren spelat dem alla, men hon undrade om de skulle räcka till för att väcka hans intresse. Han verkade fullkomligt ointresserad. Kanske var han gift, även om han inte bar någon ring på fingret. Fast det behövde inte betyda något.

”Nu måste jag gå”, sa han plötsligt som ett slags bekräftelse på ointresset. ”Men tack för samtalet, kanske behöver jag tala med er igen.”

Och sedan var han borta och hon var ensam. Men glad att hon inte berättat allt om prosektor Eklunds skallar, för nu hade hon ett svepskäl för att träffa honom igen, tänkte hon och drack upp det sista av sitt kaffe.

onsdagen den 28 november

HOTELL GILLET, UPPSALA

8

Maria satt ensam i hotellets eleganta frukostmatsal. Överallt fanns speglar, takkronor och vackra människor med oklanderliga frisyrer, välvårdade kläder och fläckfri hy. Som talade långsamt och belevat, åt måttligt och stilfullt och visste precis hur man skulle uppföra sig. Satt rätt och gick rätt. Hon kände sig malplacerad i hotellmiljön, osäker på hur hon borde bete sig. Om hon gjorde fel, var för artig eller oartig och om hon borde tacka de ständigt påpassliga frukostvärdinnorna för hjälpen, eller absolut inte göra det. Alla som arbetade på hotellet måste ha märkt det när hon kom dit kvällen innan. När kommissarie Carl Hell lämnade henne ensam trodde han förmodligen att hon var lika van vid lyxiga hotellvistelser som han verkade vara, men hon hade ingen aning om hur man skulle bete sig på hotell. Och det hade nog varit övertydligt för alla närvarande när hon förvirrat kom in i hotellvestibulen och sedan stammande försökte förklara vad hon hade där att göra. Det hade varit pinsamt.

Det kändes fortfarande genant och ovant. Men hon skulle helt klart kunna vänja sig vid det. Uppvuxen i ett hem där det alltid var ont om pengar, där alla fick slita men det ändå aldrig riktigt räckte till, hade hon undrat hur de rika hade det.

Nu visste hon hur det kändes att bli uppassad. Hon hoppades att de hade vett att uppskatta det och att många av dem någon gång skulle tvingas sköta sina vardagsbestyr själva. De fina professorerna som såg ned på alla andra kunde gott få prova att gå på ett iskallt utedass mitt i natten eller behöva kämpa för att få tid för någonting annat än att överleva. Få se hur lätt det var att leva upp till deras höga ideal då. Nu var det hon som var på besök i deras värld, och hon var inte särskilt imponerad av den. Men hon avundades dem deras omständigheter. Förhoppningsvis skulle framtiden om inte vända på rollerna så åtminstone jämna ut dem. Den framtiden kunde inte komma fort nog!

Rikedom var väl i och för sig ingen garanti för lycka. Någonstans mitt i det här vackra hotellet hade en ung och förvirrad man skjutit sig själv och sin ännu yngre fru bara några år tidigare. Ett skott i hennes huvud, därefter ett i sitt eget.

Lycka eller inte, så gjorde pengar och kontakter tveklöst livet enklare. Men det förstod inte de som hade dem, eller valde att inte förstå.

En stor del av gårdagens sena eftermiddag och kväll hade gått till att prata med så många hon hunnit av de som stod på Hells lista, både lärare och studenter. Fru Eklund hade haft rätt i det hon sagt. Hennes man hade haft många beundrare som hyllade honom. Och som verkade vara likadana som han själv. Studenterna hade varit värst, de hade definitivt haft höga tankar om sig själva. Bortskämda unga män, för första gången fria från hemmets sociala kontroll och destinerade för höga samhällspositioner. De skulle inte ens behöva anstränga sig för att nå dem, det skulle deras stamtavlor och pengar ordna. Men det såg de inte själva, inte alls. De tyckte inte att det var rikedom, utan personliga egenskaper och intelligens som banade vägen. Alla var de övertygade om just sin genialitet och exklusivitet. Och eftersom hon var kvinna och bara några år äldre än dem, även om sin egen osvikliga förmåga att charmera och förföra.

I detsamma kom kommissarie Hell in i frukostmatsalen. Maria kunde inte spåra någon osäkerhet hos honom, han verkade inte känna sig det minsta främmande. Han passade tvärtom bra in i den flärdfulla miljön, mycket bättre än han någonsin gjort på deras arbetsplats. Med sina många överklassmarkörer hade han precis som många av de andra hotellgästerna en air av perfektion omkring sig. Rätt kläder och det svarta håret låg alltid exakt som det skulle. Rätt uppförande, självsäkerhet och stilfulla gester. Förmodligen var det detta liv han var uppfostrad för egentligen. Inte var det en polistillvaro i alla fall, så mycket var säkert.

”God morgon, Gustavsson”, sa han med sitt vanliga stela ansiktsuttryck samtidigt som han vinkade till sig en av frukostvärdinnorna och beställde kaffe. Bara kaffe. Sedan slog han sig ned utan att fråga om det gick bra, till synes väl medveten om att han som hennes överordnade var i sin fulla rätt att göra så.

”God morgon, kommissarien.”

Hans ensamma kaffekopp fick hennes eget val av frukost att kännas vulgärt. Hon, som var van vid att frukosten i bästa fall bestod av havregrynsgröt, hade verkligen passat på att ta för sig av så många dyra läckerheter hon kunde hitta i hotellets stora frukostuppdukning. Dessutom var hon glupande hungrig. Dagen innan hade hon inte kunnat få ned någonting alls, förutom den där torra kakan hos fru Eklund. Varje gång hon ens tänkt på mat hade hon blivit illamående. Synen av prosektor Gustaf Eklund och de andra kropparna plågade henne visserligen fortfarande, men hungern vann. Den och den fattiges reaktion vid den rikes bord. Det sista satt i ryggmärgen. På henne och förmodligen på alla andra fattiga i världen. Hon hade tidigt fått inpräntat i sig att aldrig säga nej när det var gratis. Hela bordet framför henne var fullt av små tallrikar lastade med smörgåsar, högar av kallskuret, frukt och småkakor. Men det var försent att tänka på det nu. Skadan var redan skedd, han hade redan sett det. Och därmed placerat in henne på hennes rätta plats på den sociala skalan också.

Men han sa inte ett ord om det. Inte om något annat ovidkommande heller, utan gick rakt på sak. Han verkade inte vara någon som slösade tid på sociala konventioner. Eller så var han bara ointresserad.

”Hur gick det efter att vi skildes åt igår?” frågade han. Ingen fråga om hon sovit bra, om rummet var trevligt eller frukosten god. Men det passade henne bra. Det skulle känts märkligt om de plötsligt skulle låtsats vara familjära eller goda vänner. Det var tillräckligt konstigt att sitta här tillsammans.

”Det är en väldig massa papper, jag hann inte gå igenom så många, kommissarien. De flesta verkar röra byråkratin kring likhanteringen och dissekeringen. Där finns både förteckningar och mer personliga brev. Och själva bokföringen av kropparna, eller vad man ska kalla den. Sedan är det ju alla utlåtandena när det gäller steriliseringslagen. Där verkar det som om prosektor Eklund tillsammans med flera andra propagerade för en så omfattande lagstiftning som möjligt. De verkade väldigt missnöjda med att politikerna inte inbegripit sociala orsaker i lagen.”

Kommissarie Hells ogillande ansiktsuttryck när hon sa det

sista fick henne att misstänka att han var emot idén att sterilisera av sociala skäl. I så fall var han den förste polis som Maria träffat med den åsikten. Hon hade hört hur de andra pratade, hört vad de tyckte och hur föraktfullt de uttryckte sig i saken. Kanske hade skillnaderna med hans bakgrund att göra. Han var förmodligen ensam om ganska många åsikter i poliskåren. Hon undrade hur många sönderslagna barn han hade sett, hur många döda spädbarn som frusit ihjäl när föräldrarna lämnat dem ensamma i ett dygn eller mer för att skrapa ihop pengar, varit utslagna av alkohol eller glömt att de fanns. Hur många av de trasiga barn som planlöst drev runt kring Södermalms fabriker eller satt inlåsta på dess barnhem.

En del måste han väl ändå ha varit med om som polis, insåg hon sedan. Inte ens han kunde väl ha kommit runt all tråkig patrulleringstjänst oavsett hur stilfull, välutbildad eller rik han än var. Men hur många utsatta barn hade han sett i sin egen vardag? Hon visste visserligen ingenting om hans bakgrund, men hon anade att de inte var så många. Kunde han föreställa sig hur det var att vara riktigt fattig? Hur det kändes att vara riktigt, riktigt hungrig? Att behöva välja mellan kläder och mat när man både svalt och frös? Visste han hur långt man var beredd att gå för att komma bort från fattigdomen? Vilka offer man var beredd att göra? Vilka grymheter fattigdom kan locka fram?

Men det var knappast på sin plats att börja diskutera vare sig steriliseringslagen eller politiska åsikter med Hell. De skulle garanterat tycka olika och det skulle förmodligen bara skada henne. Det fanns nog inte så många socialister bland polisbefälen och hitintills var det inget som tydde på att Hell skulle vara en av dem. Hon undrade vad som skulle hända om någon såg henne på ett politiskt möte. Eller rentav hörde henne tala på ett, hon visste att de bevakade mötena ibland. Förhoppningsvis skulle hon inte få sparken, men något slags konsekvens skulle det garanterat bli. För att få samtalet att gå åt ett annat håll pratade hon på:

”Jag talade med en del av dem som stod med på er lista”, sa hon. ”Förutom fru Eklund har jag talat med docent Stjerna, docent Zander och doktor Lind samt ett tiotal studenter. Studenterna pratade jag med i grupp. Men det gav inte så mycket. Ingen av dem visste någonting om mordkvällen. Eller om prosektor Eklund hade några ovänner. Ja, förutom bråket med den där rasbiologen då, det verkade alla känna till. En del frågade rakt ut om vi trodde att det var docent Nils Hansen som slagit ihjäl Eklund. Några hoppades tydligt på att det var så.”

Hon berättade ingenting om de andra sakerna som studenterna frågat rakt ut. Om gliringarna, förslagen och blickarna som hon fått under samtalen. De lite för långa handslagen. Ögonen som sällan riktades mot hennes ansikte under samtalen. Saker de kunde kosta på sig gentemot henne, men aldrig skulle våga sig på gentemot unga kvinnor i sin egen samhällsklass.

”Det är väl tyvärr det som gör honom mindre sannolik som gärningsman. Att alla vet hur han kände för prosektor Eklund. Hur många är kvar på listan?” svarade Hell bara.

”Resten av studenterna, vaktmästaren som hittade kroppen, en pensionerad professor samt ytterligare tre doktorer och två forskarstuderande. Men de fem senare är på konferens i Heidelberg och reste dit flera dagar innan mordet begicks. Även om de kanske vet något, är de inte misstänkta för mordet.”

”Vaktmästaren känns mest angelägen. Och jag vill gärna

tala med den där rasbiologen, docent Hansen, igen snart. Resten får vi försöka hitta någon prioriteringsordning för. Liksom för eventuella andra, som brevskrivare och likkörare."

Alla de nya arbetsuppgifterna fick det att gå runt i huvudet på henne. Det kändes som en alldeles för stor och viktig utredning. Du har missbedömt mig, ville hon säga. Jag duger inte till det här. Jag kommer att förstöra alltsammans. Men hon skulle naturligtvis aldrig säga det rakt ut, även om hon undrade vad han skulle ha svarat. Alla andra poliser hon kände skulle ha sagt något i stil med: självklart duger du inte, vad bra att du har insett det själv, så slipper jag göra dig ledsen, lilla vän. Men Hell var inte som någon av de andra och hon misstänkte att hans svar skulle ha varit annorlunda.

Han drack lite av sitt kaffe. Sedan sa han oväntat:

"Doktor Meuler hade förresten inte så mycket att berätta igår, egentligen. Prosektor Eklund hade stämt möte med henne för att tala om trepanerade stenålderskranier. Så långt överensstämmer det med det märkliga klottret i kalendern."

Maria kände inte till doktor Meuler, inte mer än genom att Hell nämnt namnet dagen innan. Däremot kände hon till Henrik Meuler. Bortsett från att han naturligtvis var ganska känd och allt oftare nämnd i tidningarna, var han också en av hennes favoritförfattare. Hennes första lön som polissyster hade bland annat använts till ett begagnat exemplar av en av hans diktsamlingar. Det var bland det lyxigaste hon någonsin kostat på sig. Hon hade hållit den gömd för sin mamma länge, och när mamman till slut råkat hitta den hade hon ljugit och sagt att hon fått låna den av en kollega. Förmodligen var doktor Meuler en släkting till honom, för det kunde inte vara ett särskilt vanligt namn. En kvinnlig doktor, tydligen, det kunde inte heller vara särskilt vanligt. Eller kanske hade akademikerna trots allt kommit längre än polisen?

”Vi börjar dagen med vaktmästaren”, fortsatte kommissarie Hell, som plötsligt verkade beredd att slänga ur sig hur mycket information som helst, ”tar reda på hur det verkligen såg ut i likkällaren när han kom ned och varför han var där. Vi måste också ta reda på vem som hade tillträde. Mördaren kan visserligen vara vem som helst, eftersom prosektor Eklund själv kan ha bjudit in personen. Men samtidigt måste det ha varit någon som vet hur man använder lyftanordningen och vad som finns i karen. Jag har svårt att tänka mig att någon som aldrig satt sin fot där kunnat genomföra det hela så systematiskt.”

”Det är kanske inte så komplicerat …”, började hon men avbröt sig sedan. Samtalet hade plötsligt flutit på. Han var så tystlåten i vanliga fall att hon lurats med nu när han väl börjat prata, lurats att släppa på garden och tilltala honom som om han varit en gammal bekant eller som om de varit jämlikar. Så dumt och så onödigt! Det var knappast hennes sak att säga emot en överordnad, speciellt inte när hon var här enbart på grund av hans goda vilja.

Men han log bara. Visserligen svagt, nästan omärkligt, men det var nästan som om han ville uppmuntra henne att säga emot. Det var nog första gången hon sett honom le och det fick honom avgjort att verka mer mänsklig. Han borde prova det oftare, det skulle förmodligen göra hans liv lättare. Det fick honom att se nästan trevlig ut. Normal, liksom. Fast bara nästan.

”Nej, kanske inte rent tekniskt”, sa han. ”Men jag föreställer mig att tillvägagångssättet krävt en vana vid miljön och hantverket. Det är väldigt effektivt och professionellt genomfört, egentligen, om man bortser från vad det handlade om.”

Det lät känslokallt när han sa det, men hon förstod precis hur han menade. Även om hon själv skulle ha kommit ned i källaren och direkt förstått hur man opererade lyftanordningen och var allting fanns, eller rentav fått det förevisat, skulle hon nog inte ha klarat av att genomföra dådet. Professionellt var ett träffande ordval, egentligen. De flesta människor skulle nog kunna hugga ihjäl någon de verkligen hatade. Det skulle även Maria klara, särskilt i ett pressat läge.

Eller var det så att mördaren ville säga något? Man kan ju döda någon på så många sätt, varför välja att göra det just så här? Både omständligt och riskabelt, någon skulle mycket väl ha kunnat komma ned i källaren. Det var nästan otroligt att ingen gjort det. Delar av institutionens personal bodde till och med i huset, och mordet hade inte ens ägt rum särskilt sent på natten. Dessutom var det arrangerat så att det skulle upptäckas, relativt snabbt dessutom. Utifrån det planeringsschema som legat på prosektor Eklunds skrivbord skulle flera av kropparna i källaren användas redan på morgonen.

Och vad i all världen var det mördaren använt för att döda Eklund? Vad kunde göra så konstiga märken i folks huvuden? Hon rös till när hon tänkte på det.

I brist på något mer att säga såg hon sig om i lokalen. På andra sidan frukostmatsalen vinkade plötsligt en kvinna glatt åt deras håll. Maria hade aldrig sett människan tidigare, men hon såg inte konstig ut. Inte som en person som brukar vinka till okända. Hon gjorde ett rikt och sobert intryck. Filmdukslockar, tjusig dräkt och av allt att döma äkta silkesstrumpor. Kaffekopp och tidning hanterade hon med en stil som visade att eleganta hotellmatsalar var vardag för henne. Den sortens kvinna som fanns i modetidningar och på film, men inte kring Tantolunden. Och uppenbarligen den sortens kvinna som fanns i den värld Hell kom ifrån, för tydligen kände han henne. Det krävdes inte många vinkningar förrän han lade märke till henne och utan ett ord till förklaring reste sig upp och gick bort från deras bord och fram till henne.

onsdagen den 28 november
MEULERS FÖRLAG, STOCKHOLM

9

Henrik såg ut genom fönstret i sitt rum högst upp i förlagshuset. Framför honom sträckte hela innerstaden ut sig. Strömmens vatten glittrade i den svaga vintersolen som just nått upp över hustaken. Hästkärror, cyklar, bilar och båtar. Liv och rörelse. Hans hemstad, staden där han fötts och vuxit upp. Full av minnen, bra som dåliga, sammanvävda med honom själv.

Han älskade den här utsikten, det här rummet. På sätt och vis den här staden också. Trots att det ständigt skar i hjärtat av längtan tillbaka till Berlin. Till staden och till det liv han levt där. Det liv de levt där. Tillsammans. Ett liv som Stockholm trots all sin skönhet aldrig skulle kunna komma i närheten av. Ingen plats på jorden kunde komma i närheten av det Berlin han saknade. Inte ens Berlin självt, inte nu längre. Nazisterna hade dödat staden han längtade till, den var borta. Ersatt av något som han aldrig skulle kunna känna sig hemma i och inte vara välkommen till.

Livet hade varit så lätt, så spännande och så omtumlande. För lätt, spännande och omtumlande. De hade inte tagit det på allvar utan skrattat åt nazisternas små marscher, med uppstyltade uniformer och fåniga flaggor. Deras fula affischer. De hade drivit med de fanatiska lutheranernas och katolikernas unkna medeltidsmoralism och ultrahögerns kärlek till det förgångnas fantasisamhälle. För att inte tala om nazisternas preferenser. Vurmen för lederhosen, blonda flätor, stora bröst och lantliv. Folkdans, bombastisk Wagnermusik och talanglös konst.

De hade levt, älskat och skapat i ett slags manisk kreativitet, som sprängde alla gränser. Ostoppbara, övermodiga. Skrattat åt dem som inte förstod att hur vilsen man än känner sig kan man aldrig gå tillbaka till det som är dött och borta. Det var lite ironiskt, fick han motvilligt erkänna, för han skulle numera ge vad som helst för att kunna resa tillbaka fem år och stoppa tiden precis där.

De hade varit så säkra på sin moderna, underbara, fria värld att de inte sett faran. Inte insett hur stort de andras hat mot det moderna samhället, mot friheten, mot jämställdheten och mot dem själva var. Och hur länge deras hantlangare kunde bida sin tid och vänta på hämnden. På sätt och vis hade Berlin lurat dem. Bedragit dem, förfört dem så att de inte såg vad som kom framkrypande. Den gamla världen som fanns där hela tiden, lurande under ytan. Grym, hatisk och kompromisslös. Brutal och uråldrig.

Nej, han var inte välkommen tillbaka dit. Och om prosektor Gustaf Eklund och rasbiologerna fick sin vilja igenom skulle han snart inte vara välkommen i Stockholm heller. Deras skrifter och agitationer ekade av samma ord. Och orden skulle förändra människornas tankar, liksom de gjort i Tyskland. Det var bara en tidsfråga, det visste han.

Men nu var Eklund död i alla fall. Det var alltid något att glädja sig över. Han skulle aldrig kunna göra någon någonting igen. Hans tid var slut.

Eklund, som han stött på första gången i samband med debatten om steriliseringslagen, som betedde sig som om han varit utsedd av en högre makt för att missionera om sitt budskap bland otrogna och vantrogna. Ute på ett perverterat korståg mot dem som inte förstod vad framtiden behövde, vilka offer det moderna samhället krävde. Inte förstod degenerationsfaran. Inte gjorde som *han* ville.

Men Henrik hade känt igen Eklunds retorik. Den var alltför lik nazisternas. Aldrig att han tänkte hjälpa någon att införa dessa fruktansvärda lagar här. Istället hade han tagit på sig att vara lagförslagets värsta antagonist och lyckats stoppa deras värsta idéer, även om han kommit in i riksdagen alldeles försent för att stoppa lagen helt. Han hade börjat ifrågasätta deras forskningsmedel. Frågat vad de egentligen gjorde med alla pengar de fick. Krävt redogörelser och redovisning. Dessutom skrivit tidningsartiklar. Stört dem så mycket han kunnat, liksom han visste att Viktor gjorde från sitt håll och förmodligen betydligt mer framgångsrikt.

Och på det viset hade alltsammans börjat, för prosektor Eklund hade inte varit en man som accepterade att bli motsagd eller utmanad. Han hade sökt upp Henrik gång på gång. Tjatat och förföljt. Kommit med allt grövre anspelningar. Förstod inte herr direktören hur viktigt detta var? Förstod inte människor av hans folk det? Eller var det så att det var precis vad de gjorde? Förstod och ville skynda på det? Degenerera hela svenska folket, var det planen?

Han hade slängt ut prosektorn då. Handgripligen. Förbjudit honom att någonsin komma i närheten av honom själv igen. Men han hade varit naiv, för prosektor Eklund hade hittat andra vägar. Telefonsamtal. Han hade spridit lögner och baktalat, dragit in sina vänner, skrivit hatiska och anklagande brev. Breven var obehagliga, men Henrik hade ändå inte brytt sig särskilt mycket om dem. Inte så mycket som han borde ha gjort. Han hade inte ens nämnt något om det för M, trots att han kanske hade kunnat hitta något sätt att stoppa förföljelsen, han som hade så många kanaler och förbindelser nuförtiden. För Eklunds brev hade trots allt bara drunknat i den stora brevskörden. Alla de brev som kom dagligen. Hotfulla. Förolämpande. Anklagande. Osande av hat och förakt. Alla tidningsillustrationer som framställde honom som puckelryggig, långskäggig, stornäst och ondskefull. Eklunds brev hade inte ens utgjort en enda procent av alltsammans.

Men han borde som sagt ha brytt sig mer om dem. Det visste han nu. För Eklund slutade aldrig och skydde inga medel. Breven var bara en början. Han hade varit den typ av person som är bra på att lista ut människors svagheter. De svagheter som gör att man kan styra dem. Eller straffa dem, för Eklund hade fortsatt med sina trakasserier trots att steriliseringslagen klubbats igenom för längesedan och andra politiker säkrat finansieringen av hans tvivelaktiga forskning. När det bara kunde handla om hat, hämnd och illvilja.

Henrik visste mycket väl vilka hans egna svagheter var. Han hade två, och för deras skull skulle han kunna göra vad som helst. Precis vad som helst. Och det hade inte tagit lång tid innan Eklund förstått det han också, han och hans vänner. Förstått och försökt utnyttja det. Hotat att skada dem, mer eller mindre uttalat. Med tiden hade hoten blivit allt grövre.

Henrik hade telefonsamtalet på måndagskvällen i färskt minne. Han kunde fortfarande höra prosektor Eklunds väsande röst. Hans vidriga ord. Kände fortfarande paniken när

Else inte svarade i telefon och när hotellpersonalen sa att hon inte öppnade när de knackade på dörren. Några minuter senare hade han suttit i bilen. Nattsvarta tomma vägar. Motorn pressad så hårt det bara gick.

onsdagen den 28 november

HOTELL GILLET, UPPSALA

10

”God dag, kommissarien, vad oväntat!” sa Else Meuler och satte ned kaffekoppen. ”Men trevligt! Bor ni också på det här hotellet?”

Else Meuler, doktor Else Meuler. Arkeologen. Kvinnan med de kortklippta bruna lockarna och det spefulla leendet. Med det sympatiska föraktet för rasbiologin. Den mest intressanta person han träffat på länge. Definitivt frispråkig, självsäker och aningen framfusig, men det gjorde honom ingenting.

Carl funderade på att sätta sig ned hos henne en stund, kanske ta en kopp kaffe till, men hon var tydligt på väg därifrån. Hennes kaffe var nästan urdrucket och hon hade kappan redo, den var ganska vårdslöst slängd över en av de lediga stolarna vid bordet.

”Jag hade tänkt ringa er, så det passar ju bra att vi stötte ihop istället. Jag tror att jag glömde att berätta om något som kan vara viktigt igår. Har ni möjlighet att ses senare idag?” sa hon och log igen. Självsäker och aningen framfusig, som sagt.

”När och var passar det er?” svarade han och ansträngde sig för att inte låta angelägen, inte alltför tillmötesgående.

”Gustavianum är inte så roligt på kvällen. Och jag slipper helst Anatomen, det är alldeles för makabert för mig. Jag skulle helst vilja tala med er ostört och måste erkänna att jag inte känner till Uppsala tillräckligt väl för att på rak arm kunna föreslå en bra plats. Det enklaste skulle vara hos mig här på hotellet lite senare. Nu när ni ändå också bor här, menar jag. Jag bor i nummer 226. Vid sjutiden, passar det er?”

”Det blir utmärkt, vi ses då”, sa han.

Sedan vek doktor Meuler ihop tidningen, reste sig och tog sin kappa över armen och gick. Han gjorde inget försök att få henne att stanna ett tag till, han lyckades till och med motstå frestelsen att vända sig om och följa henne med blicken.

När han kom tillbaka till bordet satt Maria fortfarande kvar. Ja, vad skulle hon annars göra. Rangordningen förutsatte att hon skulle vänta, oavsett vad han tog sig för. Hade han satt sig ned och druckit kaffe med doktor Meuler i en timme hade Maria förmodligen suttit kvar. Men hon hade hunnit äta upp sitt berg av frukost medan han var borta. Hon måste ha ätit sig igenom varenda sak på frukostbordet. Han avundades henne, han hade som vanligt bara lyckats få i sig kaffe.

”Vi vet fortfarande inte riktigt hur det gick till …”, började hon i ett försök att fortsätta samtalet där det avbrutits tidigare.

”Nej, men förhoppningsvis får vi veta det senare idag. Om vi har tur blir obduktionen klar nu under förmiddagen. Men först vaktmästaren, det blir nog en intressant början på dagen.”

Han fick erkänna att han inte kände sig riktigt lika samlad som innan han träffat doktor Meuler, men han visste att hon inte skulle upptäcka det. En mästare över sinnesuttrycken, det lät bättre än stel. Sinnena i sig själva var det kanske värre ställt med, men de går att döva på många sätt.

Anatomiska institutionens vaktmästare, Evert Johansson, var däremot ingen mästare över sina sinnesuttryck, kunde Carl konstatera när de en timme senare satt mittemot varandra på den döde prosektorns rum. Han såg mest ynklig ut. Mager, alldeles för långhårig och med slitna kläder. Men om Carls aningar om vad han verkligen ägnat sig åt i likkällaren om kvällarna var riktiga så var han mer vämjelig än ynklig. Det var därför han valt prosektor Eklunds rum för samtalet, för att utnyttja det underläge vaktmästare Johansson redan måste känna inför den akademiska världen. Kände man sig liten sedan tidigare, skulle böckerna och hjärnsamlingen definitivt förvärra det. Dessutom hade Eklunds rum samma fåniga möblering med en hög stol för innehavaren och en lägre för besökarna som professor Folke Sandstedts rum haft.

”Berätta”, bad Carl, ”berätta en gång till om natten då du hittade prosektor Gustaf Eklund.”

Han lyfte blicken mot Maria, som av någon anledning valt att stå upp bredvid bokhyllan istället för att sitta på den lediga stolen bredvid vaktmästare Johansson. Samtalet hade hållit på ett bra tag och mannen hade motvilligt svarat på alla frågor. De hade fått veta att han och hans fru bodde i en liten lägenhet i själva institutionshuset, men i andra änden av byggnaden. Lägenheten hade en gång varit avsedd för institutionens professorer, men nuförtiden ville ingen av dem bo på det viset. Nu ville de ha stora vackra villor långt borta från död och liklukt. Gröna trädgårdar där det aldrig, aldrig stod säckar och spannar med likdelar eller som besvärades av likbärare vid alla möjliga tider på dygnet. Och det kunde man förstå. Men lägenheten var bra, försäkrade vaktmästaren. Rymlig, och inte minst gratis. De skulle aldrig haft råd att bo så stort annars. Det var prosektor Eklund som ordnat den åt honom.

Johansson hade om och om igen berättat om sina arbetsuppgifter, som verkade innefatta det mesta grovgörat i huset, och om sina rutiner på dagarna och nätterna. Det var de vidrigaste av alla de vidriga sysslor som fanns i ett hus som detta. Städa undan dissektionsslasket, samla ihop kroppsdelar, köra bort liken. I undantagsfall hämta dem också. Han hade berättat om natten då han gjort sin ohyggliga upptäckt och hur han ringt polisen.

Redogörelsen var nog så detaljerad. Det fanns inget att anmärka på vare sig när det gällde tider eller platser. Men hur man än vände och vred på den hade berättelsen logiska luckor. En del av dem var uppenbara, man behövde inte vara särskilt uppmärksam för att se dem.

”Vad var det som fick dig att gå ned i likkällaren, herr Johansson?” frågade Carl sedan Johansson för fjärde gången berättat hur han brukade försluta liksäckarna och var han brukade ställa dem.

Frågan fick Johansson att flacka med blicken och han började nervöst pilla på den trådslitna ärmen.

”Ja, jag bor som sagt i huset och såg att det lyste. Jag brukar gå en runda kring byggnaderna någon timme efter midnatt, innan jag går till sängs, för att se efter att allt är som det ska. Igår lyste det ur källarfönstren och då gick jag ned i källaren, precis som jag sa tidigare, kommissarien. Jag kunde ju inte ana vad som hänt, jag trodde det var någon som slarvat och glömt att släcka. Och där såg jag herr prosektorn. Död.”

”Såg du någon annan människa i källaren eller i närheten av huset?”

”Nej, ingen, som sagt. Men det var en väldigt mörk natt. Och den här delen av gatan är inte särskilt väl upplyst. Inte gården heller, som ni säkert märkt. Ån och parken gör sitt till, där finns inga lampor för tillfället.”

”Och när ni kom ned i källaren, var karet öppet då?”

”Nja, eller nej, det var det inte. Men ljuset var ju tänt, så jag tyckte det var bäst att se efter om allt var som det skulle. Så att det inte handlade om en inkräktare eller tjuv eller så. När jag ändå var på plats.”

”Herr Johansson, vad jag inte förstår är varför ni öppnade likkaret. Är det en naturlig plats att leta på om man misstänker inbrott? En tjuv skulle väl knappast gömma sig där, eller hur. Och inte, förmodar jag, skulle någon försöka stjäla liken heller.”

”Jag … jag ville kontrollera att allt var som det skulle.”

”Vet ni vad jag tror?”

Den lille mannen svarade inte, satt bara tyst och tittade ned på sina nariga händer. Han verkade inte kunna hålla dem stilla. Hans snabba små fingrar drog i både det slitna blå byxtyget och i varandra. Pillade nervöst på redan såriga nagelband. En bloddroppe spreds sakta över ena handens pekfingernagel.

”Nej, det vet jag inte”, sa han till slut med låg och trotsig röst, men utan att möta Carls blick.

”Jag tror att ni brukar öppna karen. Kan det vara så?”

Carl visste redan att det var så. Precis just så. En enda blick på mannen bekräftade det. Johansson behövde egentligen inte säga någonting alls. Sanningen stod skriven i hans ansikte, det var bara frågan om hur man snabbast skulle få den att nå munnen. Fast det kunde dröja ett tag. Det var inte något man ville dela med någon annan. Kanske var det rentav en sådan sanning folk var beredda att mörda för. Den sorts sanning som måste förbli hemlig till vilket pris som helst.

”Ja, men jag ska hålla ordning, se till allting. Det är mitt jobb att hålla ordning. Jag måste ju”, stammade han.

Hans ljusa ögon flackade nervöst mellan dem. Den sittande Carl och den stående Maria. Skräck, vädjan och självömkan avlöste varandra i ögonen. Händerna rörde sig allt snabbare, det verkade som om han skulle bryta samman när som helst. Det hela var outhärdligt. Han var outhärdlig. Carl bestämde sig för att snabba upp det hela, han stod inte ut längre, vare sig med mannen eller med situationen.

”Jag tror inte att ni öppnade karen för att hålla ordning, herr Johansson, jag tror att ni öppnade dem för att ni tycker om att göra det. Har jag rätt? Att ni tycker om att titta på de döda kropparna. Nöjer ni er med att titta eller rör ni dem också? De döda nakna kropparna. Männen och kvinnorna som ligger där, och som inte kan göra motstånd. Som är helt i ert våld. Som är mindre än vad ni är.”

Effekten av orden var omedelbar. Det var som om Carl hade fått in en klockren höger rakt in i den lille mannens ansikte. Vaktmästaren sjönk samman, såg helt förstörd ut. Det var ingen mening med att tassa runt sanningen som en katt runt het gröt. Eller slösa empati på den hopsjunkne figuren. Han som med hungriga ögon hade insupit lik efter lik, kropp efter kropp, död efter död. Natt efter natt efter natt. Bara han själv visste vad mer han gjort. För egen del ville Carl slippa få reda på det.

”Men herr kommissarien, jag har inte, jag menar jag …”

Rösten tystnade, dog liksom ut av sig själv. Tårar började sakta rinna nedför Johanssons slitna kinder. Allt det smutsiga på honom fick de rena blanka tårarna att se konstiga ut. Nästan löjliga eller opassande.

”Visste prosektorn om vad du gjorde?” frågade Carl.

Det kom inget svar på den frågan, bara envis tystnad och de stillsamt rinnande tårarna. Men ibland är tystnad också ett svar, oftast ett desperat sådant. Fast kunde det verkligen vara så enkelt? Kunde det vara den här mannen som gjort alltsammans?

Kanske för att prosektor Eklund hittat honom i en situation som ingen någonsin kunde få veta något om? Nej, det var osannolikt, det passade inte alls samman. Motivet till mordet måste vara något annat och den som utförde det någon annan. Tillvägagångssättet var alldeles för utstuderat för att den hopsjunkne mannen framför honom skulle kunna ha kommit på det.

När starka Uppsalakonstaplar till slut fört den vämjelige Johansson till häktet sjönk Maria till slut ned på en av stolarna framför Carl. Dock inte samma stol som vaktmästaren suttit på. Trodde hon att han smittade? Ondska och uselhet smittade inte på det sättet utan på betydligt mer sofistikerade vägar. Nästlade sig in där man minst anade det. Växte till sig på bortglömda eller gömda platser ända tills det en dag bokstavligen exploderade rakt i ansiktet på någon.

”Hur visste ni?” frågade Maria med låg röst.

Hon lät förvånad och misstrogen. Kanske kände hon sig dum för att hon inte förstått, inte kunnat föreställa sig att det kunde vara på det här viset. Att någon kunde göra så. Det behövde hon inte göra, det var inte dumt att inte kunna tro något sådant. Det var snarare ett sundhetstecken.

”Jag visste inte, men vilken annan anledning kan det finnas? Han hade ingen som helst orsak att öppna just det karet, eller något kar överhuvudtaget. Han har förmodligen öppnat alla kar, kanske varje natt.”

”Tror ni att det var han som mördade honom också? Prosektor Eklund hade kanske kommit på honom? Eller hade de kanske hållhakar på varandra?” nästan viskade hon.

Carl var tyst en stund. Tog upp en brevpress av glas från Eklunds skrivbord och vägde den i handen. Vred på den och höll upp den mot fönstret. En tung, linsformad brevpress med ett mönster inuti som nästan såg ut som en sjukdom, som något av de många inlagda preparaten i huset. Den var både äcklande och hypnotiserande, lite som hela den här mordhistorien.

”Det hade varit skönt om det varit så, eller hur?” sa han till slut när han lyckades ta ögonen ifrån den. ”Johansson är den perfekte syndabocken. Liten och betydelselös. En dom mot honom skulle inte göra några avtryck i den akademiska världen, den skulle inte märkas alls. Ingen skulle bry sig om den. Han är fullkomligt betydelselös och utbytbar för dem som har makten i sina händer. Tage Berglund kommer att bli överlycklig om det är så. Hans chefer också. Men jag tror inte att det var han som gjorde det. Tror du? Han må vara en avskyvärd människa, men inte en mördare. Dessutom är han nog inte den ende personen i det här huset som tycker om att titta på liken. Det som framförallt skiljer honom från dem är att de andra är verkliga mardrömsmisstänkta. Kända akademiker eller samhällets stöttepelare och riksdagsmän. Med makt och inflytande. Rika söner till rika män.”

I detsamma kom en av Uppsalakonstaplarna in i rummet. Han såg andfådd ut, som om han hade sprungit.

”Professor Rantzius låter hälsa att obduktionen av prosektor Gustaf Eklund är färdig och att ni är välkomna över till Patologiska institutionen för att ta del av resultatet”, sa han medan han andades häftigt.

”Kom, Gustavsson, vi låter dem inte vänta. Ju fortare vi får veta desto bättre”, sa Carl och reste sig.

onsdagen den 28 november

PATOLOGISKA INSTITUTIONEN, UPPSALA

11

Professor Viktor Rantzius stod i hallen innanför dörren till Patologiska institutionen och väntade på dem. Han log vänligt när han visade dem in. Hans hår var inte riktigt lika rufsigt som dagen innan, men han hade fortfarande inget som kunde kallas frisyr heller. Maria tyckte att det var svårt att föreställa sig honom som en världsberömd vetenskapsman, men det kanske mest berodde på hennes egna fördomar. De andra akademikerna hon träffat i Uppsala var betydligt mer prestigefulla och högfärdiga. En av docenterna hon pratat med dagen innan hade berättat att professor Rantzius var en av Europas främsta forskare inom sitt område, att han arbetat vid flera prestigefyllda universitet och hade många utmärkelser bakom sig trots att han bara var i fyrtiofemårsåldern. Han var dessutom ordförande i något som hette Medicinska Överkollegiet, där bara landets främsta medicinprofessorer fick delta. Kanske var det hans framgångar som tillät honom att vara annorlunda, eller så var han en trevligare person än de andra från början. Oavsett vilket spred han mer värme omkring sig än de anatomer hon pratat med hitintills. Liksom dagen före var hans röst varm, lugn och behaglig. Och precis som då var han lika artig mot både henne och kommissarie Carl Hell.

”Välkomna”, sa han. ”Vi blev klara med obduktionen nu på morgonen.”

”Vi är naturligtvis tacksamma över detta”, sa Hell.

Även Hells röst lät en aning varmare än vanligt. Hade professor Rantzius lyckats hitta ett stråk av värme även i honom? Fanns det sådana stråk?

”Fattas bara annat! Vi har alltid haft nära kontakter med anatomerna och jag har arbetat med prosektor Gustaf Eklund vid flera tillfällen”, svarade professor Rantzius.

”Jag hoppas att det hela inte var för plågsamt för er i så fall.”

Professor Rantzius såg plötsligt generad ut. Han verkade försöka dölja det genom att rätta till sina glasögon.

”Faktum är att jag inte varit inblandad i själva undersökningen. Det är min assistent, doktor Astrid Wik, som vanligen utför denna typ av examinationer. I just det här fallet tror jag dessutom att det var bäst för oss alla. Det handlar inte bara om att det inte ska vara plågsamt, utan också om objektiviteten. Det fungerar inte lika bra om man inte kan hålla den nödvändiga distansen och fokusera, och jag och prosektor Eklund träffades trots allt ganska ofta i olika sammanhang. Jag försäkrar er att doktor Wik är minst lika kompetent för uppgiften som jag själv. Förmodligen mer kompetent egentligen, hon har till och med forskat en hel del om hjärnan. Dessutom har hon knappt träffat Eklund överhuvudtaget. Kom så ska ni få tala med henne.”

Han ledde dem uppför trappan, in genom ett par glasdörrar och fram till en av dörrarna i korridoren.

”Jag måste tyvärr till en föreläsning, så jag lämnar er här med doktor Wik”, sa professor Rantzius och knackade på dörren.

”Kom in!” hördes det där innanför.

Doktor Astrid Wik kunde kanske inte kallas vacker, hennes utseende var alldeles för dramatiskt för det. Men med sitt illröda lockiga hår och sina skarpa ansiktsdrag gjorde hon ett kraftfullt intryck. Hennes vita rock och målade mun förstärkte de naturligt starka färgerna. Hon såg effektiv och koncentrerad ut. Maria kunde inte ta ögonen ifrån henne.

”Slå er ned”, sa doktor Wik rakt på sak, ”så ska jag berätta vad obduktionen gav.”

Maria slog sig ned mittemot henne och kommissarie Hell gjorde likadant. Sedan spände kvinnan i tur och ordning sina skarpa gröna ögon i dem båda två.

”Han dog av att han drunknade i vätskan i likkaret”, sa hon.

”Av drunkning?” sa Hell misstroget. ”Men såren i tinningarna?”

”Ja, jag tyckte själv att det var märkligt först. Men han har definitivt andats in vätskan i likkaret. Hans lungor är fulla av den.”

”Tillfogades såren efter döden då?”

”Nej, före. Händelsekedjan var lite speciell. Eller unik, skulle jag vilja påstå, jag har aldrig sett något liknande. Viktor, professor Rantzius, menar jag, har inte heller sett något liknande. Såren i skallen var inte dödande i sig, hur otäcka de än ser ut. Det handlar inte ens om hugg, prosektor Eklund har trepanerats, även om det gjorts på en udda del av huvudet.”

”Trepanerats?”

”Ja, det innebär att …”

”Jag vet vad trepanering är”, avbröt Hell henne.

Var det bara ren oartighet eller hade han plötsligt känt sig tvungen att visa hur duktig han var? Varför måste män alltid göra det? Få saker var lika irriterande som manligt självhävdelsebehov, tänkte Maria. Eller lika vanligt förekommande.

Det blev tyst en stund. Besvärande tyst. Maria visste inte om doktor Wik förberedde vad hon skulle säga härnäst eller om hon blivit irriterad över att bli avbruten. Men till slut fortsatte hon.

”Händelsekedjan är som följer. Någon har slagit prosektor Eklund i huvudet, tillräckligt hårt för att han skulle bli medvetslös för en liten stund. Det slaget träffade precis här”, sa doktor Wik och pekade på bakre delen av ett kranium som hon hade placerat på skrivbordet. ”Det finns ett tydligt märke efter det i hans huvud.”

”Men det var alltså inte heller dödsorsaken?” vågade sig Maria på att fråga, delvis för att hon ville vara säker på om det verkligen kunde vara så och delvis för att Hell inte skulle få chansen att förolämpa doktor Wik igen. Hon belönades med ett snabbt rödmålat leende.

”Nej, precis. Slaget var nog inte ens särskilt hårt. Därefter har Eklund injicerats med någonting. Jag är inte riktigt säker ännu, men jag tror att det kan vara *curare*, ett preparat som gör den injicerade paralyserad. Det vill säga fullt medveten, men oförmögen att röra sig eller frambringa någon form av ljud. Som en förlamning, ungefär. Ni har kanske hört namnet tidigare, det är ett nervgift som förr i tiden användes för att förgifta pilspetsar i Sydamerikas regnskogar. Men numera kan det framställas på konstgjord väg också.”

”Var skulle en gärningsman kunna få tag på det?” frågade Hell.

”Det finns antagligen i huset, det vill säga på Anatomiska institutionen. Man använder det för att dissekera levande kroppar, när man vill studera vissa organ medan de fortfarande är i funktion. Vivisektion, heter det. Ja, man gör det inte på människor förstås, men ibland på djur. Det är en hemskt grym praktik som orsakat många proteströrelser och till och med upplopp utomlands, inte minst i England. Men det är samtidigt en användbar metod, man pratar inte så mycket om det bara. Det är till exempel tack vare vivisektionen som vi vet något om blodomloppets fysiologi. Men nu kom vi ifrån ämnet. Curare och förlamning."

"Så någon har försatt prosektor Eklund i ett paralyserat tillstånd? Varför?" frågade Hell.

Doktor Wik skruvade på sig. Det såg ut som om hon försökte välja sina ord väl. Eller så hade Hell lyckats irritera henne igen.

"Förmodligen har gärningsmannen velat ha honom paralyserad för att kunna trepanera honom."

"När han var vid medvetande?"

"O ja, utan tvekan. Han har varit fullt medveten hela tiden och med full känsel, borde jag kanske tillägga, vilket också varit meningen. Någon som vet vad curare är och hur man använder det känner också till effekterna."

De var alla tysta en liten stund, det var helt enkelt svårt att veta vad man skulle svara. Till slut bröt doktor Wik själv tystnaden.

"Det är ju ingen komplicerad procedur det här. Speciellt inte när man som i det här fallet gör den i tinningarna där skallen är så mjuk och tunn, man kan nästan inte kalla det trepanering egentligen. Om man tänker sig den enklaste formen av trepaneringsverktyg handlar det bara om en liten cylinder med taggig egg. Ja, här har jag en förresten, vänta ett ögonblick så ska ni få se."

Hon böjde sig ned och rotade i en av sina lådor och tog fram ett föremål som såg ut som en kombination av ett handtag och ett kort rör. Det såg harmlöst ut, som ett litet köksredskap.

Det var svårt att komma ifrån att doktor Wik verkade tycka att det hela var väldigt intressant. Hennes märkligt gröna ögon formligen lyste när hon pratade, de var nästan hypnotiserande.

”Den kanske enklaste metoden är att använda en sådan här, en så kallad trepan. Man håller bara i handtaget och borrar med den här andra delen där man kan byta mellan olika borrstorlekar beroende på hur stort hål man vill göra i kraniet. Alla trepaneringsverktyg ser inte ut så här, det finns hur avancerade modeller som helst. Men skulle jag själv få för mig att döda någon genom att borra i deras huvud, skulle jag välja den här varianten. Enkel att använda, lätt att bära med sig och går att dölja när man går därifrån. Bara att skruva och trycka till. Som att öppna en konservburk, fast enklare.”

Maria fick nästan kväljningar. Upplevelserna i likkällaren kom tillbaka. De uppsvällda kropparna simmande i sin grå vätska. Skruva och trycka till. Som en konservburk? Skärande, pysande, luktande? Skulle hon någonsin kunna öppna en igen? Bara hon tänkte på det kändes det som om magen skulle vända sig.

”Blev han inte medvetslös när någon borrade två stora hål i hans skalle?” frågade Hell, samtidigt som han tog upp trepaneringsverktyget och vägde det i handen. Doktor Wiks intensiva gröna ögon följde alla hans rörelser.

”Han kunde ha blivit det, borde onekligen ha blivit det, men personen som genomförde det här visste precis vad han eller hon gjorde. Borren har placerats på exakt rätt ställe, där den inte skulle vara direkt dödande och inte heller utlösa medvetslöshet. Personen ifråga måste ha haft väldigt god kännedom om anatomi. Antagligen en läkare eller åtminstone någon med gedigen medicinsk utbildning. Ja, många läkare skulle nog inte lyckas med det. Återigen, det är ingenting som jag sett förut utan helt unikt."

En läkare, tänkte Maria. Hela Anatomiska institutionen var full av läkare, experter på att skära i människokött och göra det på rätt ställe. Som visste exakt var man skulle skära. Som hade tränat på det många gånger, om och om igen. Till och med de där rasbiologerna som Hell pratat om var väl en sorts läkare som måste ha hållit i kniven någon gång och visste hur hjärnan fungerar. Annars fick man väl inte någon medicinsk examen? Och hur många medicinkunniga fanns det i Uppsala som helhet? Som dessutom någon gång varit på Anatomiska institutionen? Alldeles för många. Bara Karolinska institutet i Stockholm skulle vara en värre mordplats i det sammanhanget. Men den medicinska precisionen var till den vedervärdige vaktmästare Johanssons fördel i alla fall. Frikände deras ende verkligt misstänkte. Eller?

"Men det slutar inte där", fortsatte doktor Wik, "för även hjärnan har skärsår. Först trodde jag att de var orsakade av borren, men när jag tittade närmare såg jag att det inte kan vara så. De är visserligen ganska små, men tillfogade med yttersta precision. De kan inte ha varit avsedda att döda de heller, däremot vet jag inte vad de kan ha haft för inverkan på medvetande och verklighetsuppfattning. Jag har aldrig sett något liknande, men skulle jag komma med något slags hypotes så bör de ha påverkat om inte annat så personligheten. Man kan jämföra med hur människor med syfilisskador på de främre delarna av hjärnan ofta får en förändrad personlighet.

Oavsett är det först en stund därefter som han lagts i vätskan och drunknat i den."

"Fortfarande fullt medveten?" nästan viskade Maria.

Tanken var liksom för grov, för ofattbar och grym för att uttala högt. Paralyserad. Konservsburksöppnad. Drunknande bland de andra kropparna, möjligen väl medveten om vad som höll på att hända.

"Definitivt fortfarande fullt medveten, det är lite poängen med curare", sa doktor Wik utan synbara problem med att tänka sådana tankar. "Och med full känsel, som sagt", lade hon till efter en liten stund.

onsdagen den 28 november
HOTELL GILLET, UPPSALA

12

Else gick fram och tillbaka i hotellrummets sällskapsdel. Rättade till en duk här, flyttade en stol där. Lade på en jazzskiva på skivspelaren, stängde av den igen. Hon var inte nervös, inte egentligen, men inte lugn heller.

Rummet hade hon några veckor till, sedan skulle det vara slut på hennes Uppsalavistelse. Hon hade själv bestämt det, att hon inte orkade resa fram och tillbaka längre utan ville ha sitt liv på ett enda ställe. Ändå kändes det svårt att ge upp den, platsen som kändes som hennes egen trots att hon bara hyrt den för några månader. En plats där det var möjligt att låtsas att hela livet och världen fortfarande var som de borde. Hon undrade hur det skulle kännas när kommissarie Carl Hell kom, om han kom vill säga. Ingen hade besökt henne på hotellet tidigare, inte ens Henrik. De hade pratat om att han skulle följa med till Uppsala vid tillfälle, han hade till och med fått egna nycklar, men det hade aldrig blivit av. Som vanligt hade båda två haft för mycket att göra.

Men nu var det inte Henrik som skulle komma, nu handlade det om något annat. Det var inte rätt, inom sig visste hon det, det var det aldrig. Inte rätt alls. Men det kunde inte hjälpas, hon tänkte inte stoppa det nu. Hon skulle göra som en man skulle ha gjort. Precis som en man. Ta för sig, njuta. Se det som en dans, en lek. Eller ett spel. Varken ge efter för rädsla, skam eller skuld. Lägga de känslorna på andra. Som hon brukade göra.

Hon hade beställt upp mat och vin och nu skulle han snart komma. Det var en spännande känsla. Hon hoppades att det skulle gå som hon ville, att det skulle fungera, men verkligheten kunde vara oberäknelig, det gick aldrig att förutse den helt. Kanske såg han inte alls ut som hon mindes honom? Kanske var han inte ett dugg attraherad av henne? Kanske skulle han prata alldeles för mycket, säga något dumt och på det sättet förstöra alltihop? Var hon själv beredd att genomföra det här? Det var bara att vänta och se. Hon rättade till kjolen och knäppte upp en knapp i blusen. Bara för att irriterat knäppa den igen någon sekund senare.

Plötsligt knackade det på dörren. Hon öppnade och där stod han, lika lång och vacker som hon mindes honom.

”Välkommen in”, sa hon, ”hoppas att ni inte ätit, för jag har ordnat med lite mat. Har ni tid att stanna en stund? Alla måste ju äta och det är så hemskt tråkigt att äta ensam, håller ni inte med?”

Hon tog hans arm och ledde bort honom mot bordet. Kanske var hon för påflugen, men det verkade inte störa honom. I alla fall backade han inte.

”Säg mig”, sa han när de satt sig ned och börjat äta, ”vad var det ni ville berätta?”

”Jo”, sa hon, lite besviken över att han inte verkade ett dugg påverkad av hennes närvaro, ”jag kom på att jag glömt berätta något. Det är säkert ingen stor sak, eller viktig, men det var något jag reagerade på och tyckte var konstigt.”

”Berätta”, sa han samtidigt som han tog en klunk vin.

”Jo, prosektor Gustaf Eklund berättade att han hade en samling trepanerade skallar och erbjöd mig att titta på dem.”

”Gjorde ni det?”

”Ja. Han har, hade, eller hur man nu ska uttrycka det, några på sitt rum. Ni har säkert sett dem. I bokhyllan. Men tydligen fler någon annanstans. Var vet jag inte. Han berättade vitt och brett om dem. Skröt, rentav. Det verkar inte handla om arkeologiska fynd precis, utan om nyare skallar. Moderna allihop. Både de och en del av hjärnorna. Jag tror inte ens att de är så gamla som från professor Clasons tid. Ärligt talat tyckte jag att det hela kändes ganska obehagligt och undrade vad han ville egentligen, så att säga. Vi sågs bara den enda gången. Men skallarna var inget jag inbillade mig.”

Sedan var de tysta en stund. Det fanns inte så mycket mer att säga om den saken. Else tänkte knappast berätta om hur prosektor Eklund rört vid henne. Om hans hårda händer, hjälplösheten och hoten. Hans tunga och saliv i hennes öra. Dessutom var det inte därför hon bett Hell att komma. Inte egentligen. Det var inte för att tala om Eklund utan för att sudda bort honom. Få det att kännas som om det aldrig hänt, få det att blekna bort som märkena under den tunna silkessjalen hon knutit om halsen gjorde. För att bedöva sig och skära bort minnet av det.

”Berätta om dig själv”, hörde hon sig själv säga.

”Det finns nog inte så mycket att berätta”, svarade han neutralt. ”Jag lyssnar mycket hellre på dig. Ditt liv är säkert mer intressant än mitt.”

Så hon drack alldeles för mycket vin och berättade. Definitivt mer än hon borde och förmodligen mer än han ville höra.

Hon berättade om arkeologistudierna i Stockholm. Om tiden i Paris, både om sina studier på universitetet där och inhoppet på Musée des Antiquités nationales. Om sin doktorsexamen i Berlin och de många åren i staden därefter. Det underbara Berlin, det Berlin som fortfarande funnits kvar för bara några år sedan. Om allt hon saknade så det gjorde ont, men det sa hon inte.

Istället höll hon sig fast vid sin fantasivärld så hårt som hon bara kunde, särskilt kvällar som denna. Och i det Berlin hon älskat, det liv hon älskat som varit fullt av konst, litteratur, vetenskap, fester, sex, musik och politik. Hon pratade glatt och ganska ytligt om långa och intensiva diskussioner på Café Josty vid Potsdamer Platz och om långa vilda nätter på Eldorado eller Salomé. Eller i mindre tillrättalagda miljöer som i Hallesches Tor, Wedding eller kring Alexanderplatz. Hon hörde sig berätta om galna Bauhausfester och om upprepade försök att smyga sig in i filmstaden Babelsberg, som ibland lyckades. Det var framförallt Henrik som lyckades med det, han var den ende av dem som kunde se ut som en filmstjärna om han ville. Men hon berättade bara de bra minnena, ingenting om de gånger SA eller nazistsympatisörer målat slagord på platserna de brukade besöka, ställt sig och sjungit sånger eller mot slutet gjort vad de kunnat för att starta bråk eller oprovocerat börjat jaga eller rentav misshandla någon. De minnena skulle ha förstört magin och dragit henne tillbaka till verkligheten.

”Nu är ni tillbaka här?” frågade Hell.

”Ja, vi bestämde oss för att flytta tillbaka för snart två år sedan”, sa hon. ”Henrik, min man, ville inte stanna kvar i Berlin på grund av det politiska läget. Ja, kunde inte om man ska vara ärlig. Jag vill inte tänka på vad som kunde ha hänt om vi stannat kvar. Henrik kommer från en känd judisk familj och det räcker tydligen för dem. Även om vår vänkrets bara i sig förmodligen skulle vara tillräckligt skäl för att råka illa ut."

"Jag trodde att han flyttade tillbaka till Sverige för att han ville komma in i riksdagen", sa Hell, vilket visade att han vetat vem hon var gift med och vad han ägnade dagarna åt hela tiden.

"Nej, riksdagsplatsen är en ren tillfällighet. Han blev erbjuden den eftersom en annan riksdagsman avled och de gärna ville ersätta honom med någon som var väl insatt i juridik. Vi lämnade Tyskland på grund av nazisternas frammarsch. Och vi var inte precis ensamma. Jag förstod själv inte vidden av vad som hände, jag var absorberad av mitt arbete. Men Henrik tydde tecknen rätt, nu sitter Hitler där med makten. Poeter känner kanske av samhällsströmningar bättre än vetenskapsmän. Ibland kan det vara svårt att tolka samtiden när man har blicken riktad tusen år tillbaka i tiden."

När Hell till slut visade att det var dags att gå reagerade hon utan att tänka. Hon hade inget att förlora så hon gick fram till honom där han satt och kysste honom innan han skulle hinna dra sig undan. Och innan han hann resa sig från stolen, för då hade hon aldrig nått upp.

Kyssen var hungrig och kanske för hård. Men han reste sig inte, och han drog sig inte undan utan log bara samtidigt som han smekte henne lätt över kinden. Lekte med en av hennes korta hårlockar. Hon kysste honom igen och han kysste tillbaka. Hon satte sig ned i hans knä och fortsatte. Hans händer rörde sig över hennes höfter. Inte som prosektor Eklunds, utan på ett annat sätt. Brände henne genom kjol, underkjol och underbyxor som om de varit eld som vilade direkt på huden. Hon kände, mer än styrde själv, hur hennes kropp flyttade sig, satte sig gränsle över honom istället. Hans händer som fortsatte in under kjolen, nådde den bara huden ovanför strumporna. Fingertopparna som spelade över hennes bara lår, knäppte upp hennes strumpor och sakta drog av dem. Och sedan fortsatte uppåt, över brösten, och lika sakta knäppte upp hennes blus.

Hon hade inte riktigt lika mycket tålamod, utan slet av honom slipsen och började snabbt knäppa upp hans skjorta. Sedan drog hon honom med sig till sängen.

torsdagen den 29 november

HOTELL GILLET, UPPSALA

13

Carl vaknade i Else Meulers säng. Till sin förvåning hade han sovit lugnt hela natten. Han kunde inte minnas att han någonsin sovit en hel natt i sträck. Varken ensam eller i sällskap. Visserligen visste han inte vad klockan var och utanför var det fortfarande mörkt, men ljudet från andra hotellgäster i andra rum och från gatan avslöjade att det var morgon. Dörrar smällde, vagnar och kärror slamrade mot gatstenarna, röster ropade till varandra. Ljudet av andra människor och en dag som började. Ljudet av liv. Någon annans liv, skulle han ha tänkt om han varit ensam i sin Stockholmslägenhet, men det var han inte. Varken ensam eller där.

Else sov fortfarande. Andades med långa djupa andetag genom sin halvöppna mun. Hon såg fridfull ut i skenet från den lilla sänglampan. Hennes annars livfulla ansikte var lugnt och avslappnat och de bruna lockarna låg utspridda över kudden och bildade lustiga skuggor över halsen, som nästan såg ut som svaga blåmärken. Hon hade säkert inte haft en mardröm i hela sitt liv, verkade inte vara typen. Antagligen besegrade hon alla sina demoner medan hon var vaken, drog ut dem i ljuset och krossade dem. Han visste att han skulle bli tvungen att gå snart, men ville inte smyga iväg innan hon vaknade. Det hade inte varit likt honom, inte alls. Dessutom ville han träffa henne igen, så att smita hade varit ogenomtänkt.

Hon hade berättat att hon hyrt rummet hela hösten och det verkade som om hon försökt göra det lite mer personligt. Skivspelaren var knappast en del av hotellinredningen, i alla fall hade hans rum ingen, och på sängbordet stod ett inramat fotografi. Han tog upp det, försiktigt för att inte råka väcka henne. Det föreställde en samling glada människor på en uteservering i vad som såg ut att vara en park eller en skog. Träden runtomkring hade redan tappat en del av sina löv så fotografiet måste ha tagits en bit in på hösten. Han kände inte igen platsen, förmodligen var det varken i Uppsala eller i Stockholm.

Det var åtta personer allt som allt, tre kvinnor och fem män. Han kände igen Else, Henrik Meuler och professor Viktor Rantzius. Så Else Meuler och professorn kände varandra? Det var i och för sig inte så konstigt. Den akademiska världen var liten, till och med mindre än många trodde och de allra flesta kände varandra på något sätt. Henrik Meuler hade han aldrig träffat, men hans bild syntes ofta i tidningen. Fast han såg trevligare ut på det här fotografiet. Yngre också, men kanske var kortet flera år gammalt. Även mannen bredvid Henrik Meuler var bekant, men han måste ha lagt på sig åtskilliga kilon sedan bilden togs. För stunden kunde Carl inte komma på namnet på honom, men han visste vem, eller snarare vad han var. Han kom ofta till polishuset och var svår att missa med sitt lite lustiga utseende och sin bisarra rock med en stor pälskrage och broderier på fickorna. Den fick honom att se ut som en karikatyr av en gammalrysk tsar, men där slutade det roliga. Hans besök innebar alltid dåliga nyheter, alltid någon form av tänjande på eller ännu oftare missbruk av rättvisan.

Alla avskydde honom. Det var en av mycket få saker han hade gemensamt med sina kollegor – avskyn för just den mannen.

Han vände på fotot. *Diaboliaderna* stod där prydligt textat på baksidan i ett försök att härma frakturstil, fast utan att riktigt lyckas. Snarare såg det ut som om skribenten drev med den. Sedan med olika handstilar *Puck*, *Faust*, *Kaspar Hauser*, *Mr Darcy*, *Nemo*, *Peter Pan*, *Don Quijote*, *M*.

Han hörde hur Else rörde sig i sängen bakom honom. När han vände sig om låg hon och tittade på honom stödd på ena armen. Men hon såg inte anklagande ut, verkade inte ta illa upp över att han tittade på fotografiet, utan var bara yrvaken och leende.

”Vilka är det på bilden?” frågade han.

”Det är vi på en liten uteservering i Tiergarten i Berlin”, sa hon, och det såg nästan ut som om hon rodnade. ”För lite mer än två år sedan, i oktober 1932. Mig känner du väl igen trots att mitt hår var kortare? Det är jag som sitter där, längst fram, med en cigarett i handen. Där är Henrik, min man, men det visste du nog redan, eller hur?”

”Vad menas med Diaboliaderna?” frågade han bara. Han hade ingen lust att prata mer om Henrik Meuler.

Nu rodnade hon definitivt.

”Vi kallade oss så”, sa hon till sist, efter några sekunders tvekan. ”Vi gav varandra nya namn. Som hemliga namn, ungefär. Halvt på skämt, halvt på allvar. Namnet Diaboliaderna kommer från en av Michail Bulgakovs noveller som kom ut samma år som vi började träffas.”

”Vem var du?”

”Jag var Puck. Från *En midsommarnattsdröm*. Shakespeare.”

”Och M?”

”Det var Hans Holmgren. Han kom in i gruppen lite senare.

Vi kallade honom bara M. Efter Fritz Langs film, du vet."

Carl undrade vilket namn han skulle ha fått om han varit med. Dorian Gray? Eller någon ännu mindre sympatisk karaktär? För de hade tydligt valt namnen för deras anspelningars skull. Puck var ganska träffande. Det vilade en spefullhet över Else, över hennes rörelser och handlingar. Sedan såg hon nästan ut som Puck brukade göra i alla teateruppsättningar, med samma ostyriga hårlockar och samma vildhet ganska bristfälligt dold under ytan. Det var nästan svårt att inte tänka på henne som Puck nu när han börjat. Men att Hans Holmgren kallades M, uppkallad efter Langs film *M* om en vidrig barnamördare? För det var Holmgren han hette, hur kunde han ha glömt det? Holmgren som politikerna skickade till statspolisen för att reda upp saker och ting som enligt dem höll på att gå överstyr. Saker som av någon anledning riskerade att se illa ut för någon politiker eller någon av politikernas vänner. Stoppade utredningar eller skapade dem för att sätta dit någon. Carl undrade hur länge det skulle dröja innan han kom den här gången och sa till dem att ta det lugnt med akademikerna. Eller hade han redan besökt polishuset? Var maskineriet redan igång?

Men han ville inte slösa bort den här stunden på Holmgren, tänkte han medan han ställde tillbaka fotografiet. Han hade viktigare saker att fundera över. Saker som hade med Else att göra. Och honom själv. Vad händer nu, var frågan han ville ställa, och kanske borde ställa. Men han tänkte inte göra det. För det fanns väl ingen fråga som så effektivt tar död på något som knappt hunnit börja.

Han kände hur Else smekte honom över ryggen, och sedan stannade upp. Precis som han visste att hon skulle göra. Vid de många långa men smala ärren, som löpte över hela ryggen. Från ena sidan till den andra. Hur många fanns där? Han visste inte, hade aldrig räknat dem. Inte ärren. Men slagen som orsakat dem hade han räknat. Vartenda ett. Lagt ihop dem. Ettusensjuhundrafemtiosex. Men sedan hade farfadern gått och dött innan han hunnit återgälda dem, så det hade varit meningslöst att komma ihåg antalet trots allt.

Alla kvinnor reagerade på dem, men ingen vågade fråga. Utom hon, tydligen.

”Vad har hänt med din rygg?”

”Det kallades barnuppfostran. Karaktärsdaning. Något som gjordes för min egen skull”, svarade han motvilligt, förvånad över sig själv, förvånad över att han svarade överhuvudtaget och dessutom sa som det var.

”Dina föräldrar?” frågade hon med fasa i rösten.

”Nej, inte mina föräldrar.”

Farfaderns barnuppfostran. Den gamle rutinerade officeren mot en skräckslagen tioåring utan minne. Med ett stort jack i huvudet. Föräldrarna var borta, vad som hänt med dem visste han inte. Visste fortfarande inte. Farfadern hade aldrig med ett enda ord berört dem. Carl hade förstått att han liknade sin far, för han liknade sin farfar och farbroder också. Lång, smal och med samma ansikte. Han kunde aldrig fly undan dem, de var med honom varje gång han såg sig själv i spegeln. Enda skillnaden var att de var lika ljusa som Maria Gustavsson medan han var mörk.

I hemmet var det som om hans föräldrar aldrig funnits. Eftersom han inte kunde minnas dem spelade det kanske ingen roll. Kan man sakna något man inte känner till? Men det skulle ha känts bra att kunna minnas, även om det hade varit med sorg och saknad. Minnas något annat från barndomen än ettusensjuhundrafemtiosex rapp. Och domkyrkans dubbeltorn, som han alltid varit tvungen att se ut på medan det hände. Hålla hårt i fönsterbrädet med båda händerna och bita ihop för att inte skrika, för att inte ge gubben det nöjet. Han visste fortfarande inte om det hade varit en tillfällighet, att farfadern föredrog just det fönstret, eller om han hade haft någon förvriden idé om kristlig fostran mitt i alltsammans. Ett moraliskt alibi för allt som gjordes. Kanske var de återkommande mardrömmarna minnet av något annat? Något som överskuggades av slagen, straffen, skräcken. Den genomsyrande disciplinen. Kärlekslösheten och livsledan. Tomheten. Eller så var de bara mardrömmar.

Det var för hans egen skull, hade farfadern sagt. Varje gång. För att han skulle formas till en disciplinerad och nyttig samhällsmedborgare. Till någon som prosektor Gustaf Eklund och rasbiologerna aldrig skulle vilja sortera ut, skära bort och förädla. Och visst hade han blivit disciplinerad. Väldigt disciplinerad. Och till slut nyttig, även om det hade suttit lite längre in och det fortfarande var tveksamt hur nyttig han verkligen var. Men priset hade varit jävligt högt, och inuti var den nyttige och disciplinerade samhällsmedborgaren trasig. Tom. Inför rasbiologerna och deras lärjungar var väl insatsen dessutom meningslös. För de hade nog ändå gärna skurit bort både honom och hans gener enbart på grund av hans hår- och ögonfärg om de kunnat. För dem spelade det ingen roll hur nyttig och disciplinerad han var.

Carl hade för längesedan förstått hur mycket Maria och hans andra kollegor retade sig på hans uppförande. För att han inte betedde sig, talade eller klädde sig som de. Tänk om de visste hur mycket det kostat honom. Hur många slag det tagit för att han alltid skulle sitta perfekt och rakryggad, alltid välja rätt bestick, alltid dricka på rätt sätt och alltid veta vad som var rätt sak att säga. Priset hade varit så högt att det knappast var något han tänkte ändra på nu.

Han kände på ärret som dolde sig under håret på högra sidan av hjässan. Ett ärr som Else missat. Mer än en decimeter långt och någon centimeter brett. Hacket som man kunde känna som en ojämn fördjupning under håret. Hacket som skilde mörkret från ljuset, döden från livet, de förlorade minnena från dem han hade kvar. Skilde för alltid, hoppades han.

Snart skulle han bli tvungen att stiga upp, även om han gärna legat kvar där i hennes säng hela dagen. Gå tillbaka till en värld full av mörker och vidrigheter, rota och vältra sig i mänsklighetens allra sämsta sidor. Den drog han till sist fastnat för.

Första anhalten skulle bli häktet. Strax innan han lämnade Anatomiska institutionen kvällen före hade man ringt därifrån. Vaktmästare Evert Johansson var smått oregerlig. Skrek och grät och försökte skada sig själv mot häktescellens stenväggar. Och ville berätta något, men bara för Carl, absolut inte för någon från Uppsalapolisen. Carl hade sagt åt dem att ringa efter en läkare. Det var trots allt 1934, de levde i en civiliserad tid och om någon mådde dåligt i häktet så ringde man efter en läkare. Det borde de ha begripit själva.

Precis som han borde begripa att han inte skulle få träffa Else igen. Tiden fick utvisa hur det blev. Han skulle förmodligen inte behöva göra något åt saken, han var övertygad om att om hon ville att de skulle ses igen så skulle det bli så, och ville hon det inte kunde han inte göra något åt saken. Han kysste henne. Kanske skulle de hinna älska en gång till innan han måste gå.

torsdagen den 29 november

POLISSTATIONEN, UPPSALA

14

”Hur i helvete gick det här till!” röt kommissarie Carl Hell och Maria såg hur häktespersonalen bleknade och liksom sjönk ihop. Hon undrade om han förstod hur skrämmande hans blotta längd var, men det måste han väl ändå göra. Han måste veta om att han var längre än de flesta. För att inte tala om hur hotfull hela hans utstrålning var just nu. Han som annars alltid uppförde sig oklanderligt, eller kanske inte oklanderligt, men i alla fall inte känslosamt. Absolut inte känslosamt. Men det var som om det alltid vilade ett hot bakom hans lugna, lätt blaserade ansiktsuttryck, och nu såg han fullkomligt skräckinjagande ut.

”Vi … vi vet inte. När vi kom in i häktescellen imorse var han död. Jag, vi har inte hunnit utreda vad som …”

”Jag vill tala med den som ansvarade här igår och under natten.”

”De är inte här, de är …”

”Men herregud, få hit dem i så fall! Och en läkare! Omgående! Nu!”

Häktesvakten gick hastigt därifrån, eller rättare sagt sprang. Maria kunde se på Hell hur arg han var. Det formligen osade om honom, här höll han minsann inte tillbaka. Den vanliga kylan var som bortblåst. Häktespersonalen måste verkligen ha blivit livrädda. Men så var det också oerhört klantigt. Människor fick helt enkelt inte dö i häktet, speciellt inte innan förhören var klara. Det hände inte.

”Kom”, sa Hell och började gå bort mot häktescellerna.

”Men borde vi inte vänta på ...”

”Skojar du, Gustavsson?” sa han med en blick som avbröt hennes invändning samtidigt som han ryckte upp dörren till vaktmästare Evert Johanssons cell.

Maria hade av någon anledning väntat sig att få se den lille mannens kropp dingla från ett rep eller en livrem, men så var det inte. Det var inte otäckt alls, han såg ut som om han låg och sov lätt hopkurad på den smala slitna britsen. Hans ansiktsuttryck var mycket lugnare i döden än det varit i livet, den saken var klar. Kanske hade döden varit välkommen. Befriat honom från alltsammans. All död var inte lika grotesk som den varit i likkällaren häromdagen, ibland såg den bara fridfull ut.

I Johanssons fall hade döden verkligen varit en form av befrielse. Den hade räddat honom från att behöva se rubrikerna i morgonens tidningar. Historien hade blåsts upp stort i dem alla. Någon inom Uppsalapolisen måste ha pratat med journalisterna, för hon hade inte sagt något, och knappast Hell heller. Han sa nästan inte något ens till henne, så det var inte särskilt troligt att han skulle råka prata bredvid mun med pressen eller med någon överhuvudtaget. *Nekrofilmördaren i Uppsala*, hade det stått på en av löpsedlarna, *Mordorgie på Anatomiska* på en annan. Långa artiklar om Johanssons uselhet och eventuella böjelser. Sex, våld och död var en tidlös och oemotståndlig kombination, särskilt för pressen. Möjligheten till lösnummerförsäljning måste öka många hundra procent. Hon tyckte oerhört synd om Johanssons fru som nu skulle få stå ensam med all skam. Johansson var visserligen ett vanligt namn, men Uppsala var en liten stad där det inte gick att vara anonym. Att mannen nu låg död här, i detta utslitna smutsiga lilla rum med väggar täckta av fuktfläckar, flagnande puts och här och där otydbara ristningar, skulle inte minska nyhetsvärdet. Snarare tvärtom. Tidningarna skulle nosa fram de allra värsta delarna av hans liv och exponera dem för världen. Fanns där inga delar som var illa nog för löpsedlarna skulle de hitta på och lägga till.

”Kommissarien?” hördes en nervös röst i korridoren utanför.

”Här!” röt Hell.

En av häktesvakterna kom in i cellen.

”Nå?”

”Vi har sänt bud till Patologiska institutionen, någon av dem dyker snart upp för att titta på kroppen. Liksom Helge Persson som är den vakt som var i tjänst inatt. Det var jag som var huvudansvarig för häktet igår.”

”Har du någon uppfattning om vad som har hänt? Vad hände igår?” frågade Hell med ett tonfall som Maria förstod var illavarslande.

Häktesvakten verkade också uppfatta det och såg ännu mer nervös ut.

”Ja, jag … herr Johansson var ju väldigt uppriven när han kom hit. Han skrek och slog omkring sig. Grät och vi var oroliga att han skulle skada sig själv.”

”Vilket han också tycks ha gjort, eller hur? I sådana situationer ska man skicka efter en läkare, inte sant? Som alla vet! Precis som jag påtalade över telefonen!”

”Men det gjorde vi också, kommissarien! Vi ringde efter folk, men de flesta verkade vara bortresta, de pratade om en stor konferens i Stockholm som många redan åkt till. Sedan min assistent talat med er i telefon fick vi till slut svar från Uppsala hospital. De sa att de skulle skicka en läkare till oss. Därefter kom först docent Nils Hansen, som tidigare arbetat vid asylen där, och sedan ytterligare en docent, en Erik Forsberg. Stockholmsläkare egentligen, som råkade vara utlånad hit till Uppsala hospital några dagar. Så han blev bedömd av hela två docenter. Vad mer kan man göra, kommissarien?”

torsdagen den 29 november
KONDITORI VETE-KATTEN, STOCKHOLM

15

Professor Göran Almqvist vek långsamt och omsorgsfullt ihop tidningen och höll sedan upp den mot Henrik med en gest som var precis så nonchalant som de sociala konventionerna tillät. Perfekt avvägd så att ingen skulle kunna kalla honom oartig, samtidigt som den ville göra jävligt klart att det var precis vad han avsåg att vara.

”Vill du läsa?” frågade han avmätt. ”Nekrofilmördaren kallas han tydligen. Klatschigt, eller hur? Onekligen ett namn som fastnar i minnet.”

Henrik skakade på huvudet. Han hade ingen lust att läsa om det en gång till och han hade ännu mindre lust att sitta här med professor Almqvist. M hade ringt och bett honom komma, men varken berättat att Almqvist skulle vara med eller att han själv skulle bli sen. Almqvist var känd för sina antisemitiska åsikter och garanterat med i både Furugårds parti och i Samfundet Manhem. Han var en av de sista personerna i världen Henrik ville dricka morgonkaffe med.

”Ja, det var ju ett tag sedan vi sågs”, sa professor Almqvist när han uppenbarligen inte klarade av tystnaden längre. När det aldrig sinande behovet av att prata och höra sin egen röst vann över inställningen till sällskapet. ”När kan det ha varit, 1909?”

"1910", svarade Henrik kort.

Uppsala 1910. Henrik hade precis börjat läsa juridik och fått Almqvist som huvudlärare hela första terminen, och denne hade gjort sitt bästa för att göra livet surt för honom. Inte så att han hade kunnat anklagas för något, det var han för smart för, men det hade varit en lång rad indirekta påhopp. Anspelningar och skämt. Alltid exempel på just judiska kriminella, alltid samma stereotyper. Ockrare, kulturförstörare, konspiratörer. Almqvist hade fått med sig en hel del av studenterna på retoriken och de hade tagit ut svängarna lite mer. Ord brukar få den effekten om någon bara säger dem tillräckligt många gånger. Hade det inte varit för Viktors stöd hade han förmodligen inte orkat ta sig igenom terminen utan bytt studieinriktning igen.

"Godmorgon", hördes M:s röst bakom honom.

M lät lika glad som vanligt men han fick inget svar från någon av dem, bara två korta nickar. Professor Almqvist uppskattade uppenbarligen inte situationen mer än vad Henrik gjorde.

"Känner ni varandra sedan tidigare?" frågade M med len röst, men fick fortfarande inget svar. "Ja, det här kan ju verka konstigt, att vi träffas på det här viset", fortsatte han.

Ja, det verkar konstigt, tänkte Henrik. Hade det med steriliseringslagen att göra? Han visste att Almqvist varit anlitad som expertjurist av Medicinalstyrelsen för att skriva deras remisssvar på det ursprungliga förslaget och att han numera arbetade mer där än vid universitetet. Men ett redan klubbat lagförslag var knappast något man samlades på ett kafé en tidig morgon för, inte ens om man ville få till en utvidgning av det eller försöka sia om dess framtid. Eller handlade det om det gamla vanliga, att de försökte använda Henrik som ingång till Medicinska Överkollegiet bara för att de visste att han var god vän med Viktor? För att Viktor höll strikt på gränserna och vägrade släppa in de politiska trevandena i den del av medicinen han kunde kontrollera?

Det började bli tjatigt och dessutom meningslöst det också. Även om Henrik skulle ha fått för sig att försöka påverka Viktor i någon riktning skulle han inte lyckas. Han trodde inte någon människa skulle kunna få Viktor att göra något han inte ville, framförallt inte när det handlade om medicin. De hade pratat om det på telefon kvällen innan och skrattat gott åt M:s och hans gelikars ständiga försök.

”Vi väntar förresten på en person till, statspolisintendent Tage Berglund. Jag tänkte att han kunde få berätta för oss vad som är på gång. Motivera vad det egentligen är de håller på med där i Uppsala. De har tydligen redan gripit en misstänkt, som dessutom tog sitt liv i cellen inatt, ja, ni har väl läst om det”, fortsatte M och nickade mot tidningen på bordet. ”Även om självmord alltid är tragiskt är det väl samtidigt ett erkännande så gott som något. Men ändå är statspolisen kvar. Det får ju en att undra vad de är ute efter egentligen. Ställa till med skandal?”

Handlade det här om mordet på prosektor Gustaf Eklund? Var det därför M bett Henrik komma? Ville han använda Henrik för att skrämma upp statspolisintendenten, underförstått hota honom med att falla i onåd hos en möjlig framtida justitieminister om han inte dansade efter den anvisade pipan? Det var på sätt och vis uppfriskande att bli utnyttjad för sin egen skull, men det kändes olustigt. Henrik visste att han inte borde ställa upp på det här, tyckte inte själv att han skulle det heller, men ville samtidigt veta mer om polisutredningen. Och han ville också veta vad det var för skandal M, eller snarare någon av hans högt uppsatta vänner, oroade sig för. Det dröjde inte många sekunder innan Almqvist levererade förklaringen till det sistnämnda.

”Läget är känsligt just nu när den här internationella medicinkongressen satt igång på Karolinska institutet. Mycket prestige, arbete och pengar är nedplöjda i den, inte minst från Medicinalstyrelsen. Styrelsen är ju en av huvudfinansiärerna. Deltagare har kommit från hela världen så konferensen är oerhört viktig för vårt rykte som kunskapsnation. Och då är det otroligt märkligt att statspolisen inte genast avslutat sin utredning. Det är som om de medvetet vill se till att vårt internationella anseende solkas. Det är verkligen inte i sin ordning, de har en hel del att förklara”, sa professorn.

”Vi får inte glömma att även pressen kommer att följa konferensen. Eller åtminstone vara mer alerta än vanligt när det gäller det medicinska fältet, och det behöver jag väl inte tillägga, att såväl Medicinalstyrelsen som flera av våra ministrar är väldigt intresserade av att det här går så smärtfritt som möjligt”, tillade M.

Henrik tvivlade inte på att enskilda tjänstemän i Medicinalstyrelsen var oroade för att något skulle gå fel på konferensen eller att utländska storheter skulle få en dålig bild av Sverige. Men att det också skulle varit ett samtalsämne bland flera ministrar hade han svårt att tro, han skulle ha vetat om det i så fall. Henrik hade träffat såväl socialministern som justitieministern så sent som kvällen innan och de hade inte sagt ett ljud om det. Han undrade vad som egentligen låg bakom M:s strategi och varför.

”Nu har vi ju statspolisintendenten här”, fortsatte M och nickade mot en väldig man med högrött ansikte som kom skyndande mot deras bord, ”vi får se om han kan ge oss en bra förklaring.”

Den väldige mannen satte sig med en tung suck. Stolen under honom knakade och Henrik trodde nästan att den skulle ge vika eller brytas sönder. Men inget hände, inget annat än att M räckte över tidningen till nykomlingen, där rubriken på första sidan måste ha skrikit honom rakt i ansiktet. Det verkade bli för mycket för statspolisintendent Berglund.

”Förbannade journalister, hur i helvete kan de få reda på allting innan vi får det!” utbrast han och slängde ilsket tidningen ifrån sig på kafébordet så häftigt att den fortsatte över bordets kant och vidare ned på golvet där den landade på professor Almqvists fötter. Almqvist sparkade i sin tur undan den. Ingen av de båda männen gjorde någon som helst ansats att plocka upp den, kanske tyckte de att det var någon annans problem.

Statspolisintendenten såg olycklig ut. Till och med hans röda mustasch slokade. Henrik undrade om M hade någon form av hållhake på honom, för Berglund såg inte ut som en person som brukade bete sig så här. Eller om det var Almqvist som hade hållhaken. Henrik hoppades verkligen att hans egen närvaro, hans eget behov av att få veta, inte bidrog till Berglunds obehag. Men inte kunde det väl vara så illa ställt med rättvisan att en enda persons närvaro kunde styra statspolisens beslut? Oavsett vilken orsaken var slutade samtalet med att Berglund lovade att göra sitt yttersta för att utredningen skulle avslutas snarast, förhoppningsvis redan under morgondagen.

torsdagen den 29 november

ANATOMISKA INSTITUTIONEN, UPPSALA

16

”Packa ihop nu, det verkar klart. Det går knappast att motivera fortsatt undersökning nu när den misstänkte är död”, raspade statspolisintendent Tage Berglund snabbt och välformulerat i luren. Det var nästan så att man kunde misstänka att han läste innantill. Frågan var om han i så fall hade skrivit ned det själv, eller om någon skrivit ned det åt honom.

Carl suckade, tillräckligt högt för att Berglund skulle höra det genom telefonledningarna. Annars skulle det inte vara så mycket mening med att sucka. Det mest irriterande var att han mycket väl visste att Berglund förstod. Förstod att vaktmästare Evert Johanssons död inte löst fallet utan bara gjort det ännu mer komplicerat. Johansson hade varit en motbjudande och simpel person. Det hade inte tagit många minuter för Carl att förstå att han inte kunde vara prosektor Gustaf Eklunds mördare. Skulle han ha genomfört komplicerad skallkirurgi som inte ens många läkare kunde klara? Doktor Astrid Wik hade varit tydlig på den punkten, och hon borde veta vad hon pratade om. Och Carl visste att Berglund var lika medveten om det som han själv, Berglund var långt ifrån dum.

Carl köpte inte för en sekund hans teori om att Johansson skulle ha lärt sig vad han behövde veta av prosektor Eklund när han biträdde honom vid dissektionerna. Lärt sig så mycket att han kunde sköta likkällarens utrustning perfekt och dessutom visste exakt var i skallen han skulle borra hålen utan att döda eller ens få sitt offer att förlora medvetandet. Det höll inte. Tanken var löjlig och det visste Berglund också, det var han säker på. Däremot trodde han på Marias teori om att Johansson haft någon form av hållhake på prosektorn. Johanssons fru hade bekräftat hur generös Eklund varit mot dem. Ordnat lägenheten i huset, men också hjälpt dem med pengar. Alltid ställt upp. Carl var alltför cynisk för att tro på en så plötslig karaktärsförändring. Hustyranner brukade inte vara barmhärtiga samariter om de inte hade väldigt goda skäl.

”Jag håller inte alls med dig. Evert Johansson skulle inte ha klarat av det, prosektor Eklunds mord var alldeles för komplicerat. Dessutom är hans egen död minst sagt suspekt. Vad gjorde till exempel två definitivt övermeriterade läkare i häktet? En av dem den docent Nils Hansen som flera har lyft fram som en ovän till prosektor Eklund, dessutom. Vi är inte ens säkra på vad det var som dödade Johansson. Doktor Astrid Wik misstänker att han förgiftats, men exakt vilket gift och hur förgiftningen gått till är det inte säkert att vi någonsin får veta. Hon ska ringa så snart hon vet mer.”

”Du har fått allting serverat nu. Bästa möjliga gärningsman. Alla är glada. Politikerna, akademikerna, pressen. Alla är nöjda. Packat och klart!”

”Menar du allvar?” frågade Carl.

”Hör du inte vad jag säger?” sa statspolisintendenten med något högre tonläge än tidigare. ”Alla är nöjda. Du anar inte vad politikerna har varit på mig om den här historien. De där Uppsalaakademikerna är insyltade med dem. Det har varit ett helvete, rent ut sagt. Ett helvete! Och jag har fått svara på ganska många frågor om vem du är egentligen. Hur mycket vill du att de ska snoka där? Om du visste hur mycket jag har fått hålla dig om ryggen den här gången. Du har lyckats reta upp dem ordentligt. Och det är bara det lilla problemet. Politikerna är oroade. Riktigt oroade, verkar det som. Du vet ju spelreglerna lika bra som jag. Ibland får man bita i det sura äpplet, ibland finns det inget att göra. Nu när vi fått den här syndabocken serverad på ett silverfat är det ingen som vill att vi ska rota mer i den här saken. Ingen!”

”En dag till. Jag vill ha en dag för att knyta ihop alla trådar och avsluta på ett snyggt sätt i Uppsala. Annars kommer det att se konstigt ut. Vi måste till exempel åtminstone för syns skull följa upp vad Uppsalapolisen fått fram genom sina dörrknackningar och fråga läkarna vad de gjorde i häktet. Ska vi fuska får du åtminstone ge oss tid att fuska snyggt.”

”En dag, inte mer. Absolut inte mer! Imorgon tar du och Maria Gustavsson er tillbaka till Stockholm och skriver ihop en prydlig rapport om det här. Förstått? Vattentät! Och den ordern kommer inte från mig utan betydligt högre uppifrån, ha det klart för dig.”

Carl slängde på luren. Lite hårdare än nödvändigt. Mycket hårdare än nödvändigt, om man skulle vara ärlig. Men den gick åtminstone inte sönder. Förmodligen hade den döde prosektorn också brukat behandla sin telefon på det viset, för den var både sliten och repig trots att det var en relativt ny modell och han inte kunde ha haft den särskilt länge.

Det var inte likt Berglund att vika ned sig så här. Det ökade på Carls irritation. Berglund brukade kunna stå emot politikertrycket, vilket fick Carl att undra över vilka påtryckningar han egentligen utsatts för. Och framförallt varför. Vem eller vilka hade så stora intressen av att stoppa den här utredningen att de ville lägga skulden på fel person bara för att få ett slut på hela historien? Var det verkligen så känsligt?

Var det Hans Holmgren som varit framme som vanligt? Eller M, som Carl skulle tänka på honom som från och med nu. Berglund hade inte nämnt några namn, men han skulle nog kunna få honom att berätta så småningom. Deprimerande var det i alla fall. Och det visade också hur mycket en vaktmästares liv, död och rykte var värda.

Han fick ställa in sig på bara en dag till. Och se till att de fick med sig det viktigaste till Stockholm, där han skulle leta upp den där docent Erik Forsberg som besökt vaktmästare Johansson i häktet. Och docent Nils Hansen. Carl tänkte se till att få svar på sina frågor om så bara för att få träffa personen som iscensatt det hela. En person som intresserade honom nästan lika mycket som doktor Else Meuler gjorde, och som knappast tillbringat sitt liv som vaktmästare.

Om Berglund verkligen trodde att han skulle släppa allt det här nu så var han en idiot.

torsdagen den 29 november

VILLAGATAN 13, STOCKHOLM

17

”Kom in, kom in! Vad roligt att du kunde komma, vi har saknat dig så!”

Else kysste Viktor Rantzius på båda kinderna och tog honom sedan under armen och ledde in honom i hallen. Det var visserligen inte så längesedan de sågs, men det ville hon inte att Henrik skulle få veta. Dessutom träffades de nästan aldrig alla tre längre. Hon, Henrik och Viktor, precis som i gamla dagar. Det var så hon alltid tänkte på det, som de goda gamla dagarna. När Berlin fortfarande var Berlin, de var yngre och på något sätt mer sig själva. När det var möjligheterna de koncentrerade sig på och inte hindren. De ljusa stunderna och inte de mörka molnen. På den tiden hade de setts varje vecka, oftast flera gånger. Fast de hade varit många fler. Martin, Renate, Fritz, Carl, Erica och de sista åren även M. Och ibland några till. Kurt när han besökte Berlin. Som i en lek eller ett hemligt spel gömda bakom sina låtsasnamn. Det där med namnen var ganska barnsligt kanske, men också väldigt roligt. Det hade varit Martins idé, förstås.

Hon saknade vännerna så att det gjorde ont, längtan förvandlad till ren fysisk smärta. Saknade alla de ytliga nöjena som gjort livet underbart. Fast nöjen kunde man skaffa sig överallt, det visste hon. Men människorna var borta.

Ikväll var de bara tre. Hon, Henrik och Viktor. Eller Puck, Mr Darcy och Nemo, som de kallat sig. Och så M, som satt i salongen och väntade på dem. Men han hade egentligen aldrig varit med i gruppen på riktigt, även om han rört sig kring dem. Och nu var han som av ödets ironi nästan den ende förutom dem själva som var kvar. Hon visste inte vad som hänt med de andra, var de befann sig nu, det var som om de gått upp i rök. Antagligen hade de liksom många andra lämnat Tyskland, nästan alla ur kulturlivet hade rest därifrån förra året. Nu var en del av dem spridda över världen. Andra var bara borta. Fängslade, satta i koncentrationsläger eller döda. Fråntagna sina medborgarskap, hänvisade till olika länders godtycke. Konstverk, böcker och filmer förbjudna och brända. Vetenskapliga verk förklarade farliga och ogiltiga. Det värsta var knappast över. Kanske hade det inte ens börjat. Det fanns ingenting som talade för att en ljusare framtid väntade runt hörnet. Man fick göra vad man kunde för att lysa upp tillvaron. Else var tvungen att försöka göra det, annars skulle hon gå under. Tvungen att klamra sig fast vid allt som kunde skingra tankarna, om det sedan var arbete eller sex spelade mindre roll.

”Ni anar inte vad ni räddade mig ifrån genom att bjuda hem mig ikväll”, sa Viktor leende när de till slut satt vid bordet alla fyra. ”Konferensen är verkligen spännande, fyra dagar på Karolinska institutet fulla med föredrag om det allra senaste inom medicinforskningen. Fantastiskt! Imorgon bitti är det dags för mitt eget föredrag och sedan ska jag slappna av och njuta resten av tiden. Karolinska är ju ett så stimulerande ställe också, jag funderar faktiskt på att söka mig dit istället. Men konferenssällskapet är fullkomligt olidligt. Vi är flera från Uppsala och universitetet har placerat oss på samma hotell.

Professor Folke Sandstedt, professor Herman Lundborg, docent Nils Hansen och professor Serafim Grönquist. Dessutom verkar det förväntas att vi ska göra allting tillsammans, flera av oss åt till exempel gemensam middag igår kväll. Om ni träffat dem hade ni förstått hur outhärdligt det var."

"Jag och M träffade professor Grönquist så sent som i förrgår", sa Henrik.

"Varför i all världen träffade ni Grönquist? Vad ville han förankra den här gången? Professorstillsättningen på Rasbiologen, fast med alldeles fel personer? Det är ju ändå en fråga för de sakkunniga på Medicinska Överkollegiet", sa Viktor med ett menande tonfall. "Varken Rasbiologens styrelse eller Medicinalstyrelsen har något att säga till om i den frågan."

Else såg på Henriks ansiktsuttryck att gissningen träffat mitt i prick. Viktors gissningar brukade göra det. Det var lätt att glömma hur intelligent han var. Han såg så snäll och trevlig ut med sina runda glasögon och djupa smilgropar, särskilt när han lade energi både på att gå till frisören och klä upp sig som han gjort ikväll. Det där osäkra draget som han ibland visade upp gjorde sitt till. Eller till synes osäkra, för osäker hade han nog aldrig varit på riktigt. Bakom den vänliga fasaden var han smartare än vad hon och Henrik var tillsammans, det visste hon. Det var det som Martin fallit för. Martin Wickman, den hyllade satiriske författaren och den som hittat på allt det där med Diaboliaderna. Martin, som Viktor i sin tur förälskat sig så handlöst i.

Martin var också försvunnen nu, uppslukad av tiden eller av Berlin eller både och. Hon vågade inte fråga Viktor om han hört något ifrån honom, ville inte riva upp ett sår som kanske läkt till sist. Hon hade varit hemma hos dem dagen efter att Martin gett sig av. Hon hade aldrig sett Viktor så olycklig. Det var inte så att han grät, Viktor grät nog aldrig, hade kanske aldrig gjort det. Men det hade varit som om livet självt lämnat honom. Som om han bara var ett tomt skal. Det hade dröjt länge innan han log igen. Han och Martin hade ju levt tillsammans så länge, redan långt innan hon hade lärt känna dem. I själva verket var det på grund av dem som hon och Henrik flyttat till Berlin en gång i tiden. För att Henrik ville bo där Viktor bodde. Kanske skulle allt ha ordnat sig igen, kanske skulle Martin ha återvänt om inte Tyskland hade exploderat, om inte nazisterna rivit sönder det Berlin som var deras och spridit de mänskliga resterna av det vind för våg över världen.

”Käre Henrik, jag ser på dig att du inte vill prata om det”, sa Viktor. ”Och kanske inte du heller, M. Förlåt mig för att jag är så frågvis. Men jag är som sagt oändligt tacksam över att få slippa honom och framförallt docent Hansen ikväll. Så ni kan vara precis hur tråkiga ni vill, vad som helst är bättre än en kväll tillsammans med dem. Låt oss tala om något annat istället.”

”Hur är det i Uppsala?” frågade den alltid så tillmötesgående M. ”Har du vant dig vid det ännu?”

”Det är bra men småtrist. Det händer inte så mycket där. Det är så litet”, svarade Viktor med ett svårtolkat leende. ”Du får komma och hälsa på så kan jag visa dig runt. Det tar inte särskilt lång tid. Du har väl alltid något ärende norrut?”

”Ja, av allt att döma måste jag ta en sväng dit om någon vecka. Det gäller ett besök på Akademiska sjukhuset för Medicinalstyrelsens räkning. Blir det av lovar jag att komma förbi.”

”Trevligt, det ser jag fram emot.”

Fast Else visste att Viktor inte alls såg fram emot det. Precis som hon tyckte han att M var nästan outhärdligt tråkig, men det förrådde han inte för ett ögonblick. Han var en skickligare lögnare än hon, det hade han alltid varit. Hans glädje såg ärlig och uppriktig ut.

”Uppsala är väl inte så trist för tillfället”, fortsatte M efter en stund. ”Med tanke på mordet.”

”Du menar årets mest dramatiska händelse i Uppsala”, sa Viktor. ”Ohygglig, skrämmande och en härd för skvaller. Studenter vid Anatomen har startat en vadslagning om vem som kan ha gjort det. Många har satsat på docent Hansen, kanske i maskopi med professor Lundborg själv.”

”Men allvarligt talat, Hansen och Lundborg?” sa Henrik och log.

Else blev glad av att se honom le, han log alldeles för sällan nuförtiden.

”Kanske”, sa Viktor och log han också. ”Jag får erkänna att jag också hoppades på det. Kom inte och säg att inte du också skulle ha satsat på det, Henrik. Men nu har de tydligen kommit fram till att vaktmästaren på Anatomen är den som gjort det och han har i sin tur tagit livet av sig, så allting verkar ha löst sig av sig självt. Men man kan ju leka med tanken i alla fall.”

”Utifrån vad jag har hört verkar det som om poliskommissarien har retat upp ganska många”, sa M.

”Det förvånar mig inte. Carl Hell heter han, förresten. Han verkar vara en alldeles ovanligt duglig person, ger ett intelligent och påläst intryck. Men det är förmodligen precis den typ av person som kan lyckas trampa på alla gammelakademikernas ömma tår bara genom att finnas till”, svarade Viktor.

”Ja, det verkar han ha lyckats med, eller hur?” sa Henrik med en blick åt M:s håll. ”Men det är förmodligen en komplimang.”

”Vad säger du Else, har du hört något mer? Du har ju också träffat honom”, sa Viktor.

Else skakade lätt på huvudet samtidigt som hon kände hur hon blev varm om kinderna. Hon hoppades att Viktor skulle sluta prata om utredningen överhuvudtaget. Hon ville inte tänka på prosektor Eklund och hon ville inte heller prata om Carl Hell. Henrik var kanske inte som Viktor, som alltid verkade förstå precis allt innan man berättat det för honom, men det betydde inte att han inte kunde se igenom henne. Han förstod alltid mer än vad hon trodde. Kanske det mesta.

”Är där några från Berlin med på konferensen, några bekanta?” frågade hon och Viktor förstod som vanligt precis vad hon ville och bytte samtalsämne.

”Ja, jag träffade Zondek där idag. Han har bjudits in informellt, han får egentligen inte delta. Hans situation är befängd! Här har en av världens främsta gynekologer flyttat till Sverige och vad gör man för att utnyttja det på bästa sätt? Jo, hindrar honom från att utöva sitt yrke. Tusen namnunderskrifter har de lyckats samla ihop i sin föraktliga läkarförening. Jag skäms å hela läkarkårens vägnar. Men förutom honom är där inga tyska forskare jag känner. Nazisterna verkar ha bytt ut alla.”

Sedan var samtalet tillbaka i Berlin, det hamnade alltid där. Det var som en bur de inte kunde ta sig ur. Ett frivilligt fängelse där de placerat sig själva, som de på något sätt varken ville eller kunde lämna och där de höll fast varandra.

När de till slut reste sig från matbordet för att gå in i salongen och dricka kaffe drog Viktor henne åt sidan.

”Hur är det med dig?” frågade han med låg röst.

”Bra. Faktiskt. Oroa dig inte. Jag vet inte vad som flög i mig häromnatten”, svarade hon och hoppades att han skulle tro henne.

Det verkade han inte göra. Istället såg han allvarligt på henne och de stod där en stund tillsammans, alldeles tysta. Sedan nickade han åt M:s håll.

”Visst är han olidlig?” viskade han. Hon nickade fnissande, det var omöjligt att förstå hur Henrik kunde orka med M. Kanske handlade det bara om någon sorts lojalitet gentemot det förflutna. Tänk att av alla vi känt så är det han som är kvar, var det nära att hon sagt, men som tur var kom orden aldrig över läpparna.

”Men nog om det, över till något roligare. Ska vi försöka ses snart igen? Rentav försöka göra en helkväll av det? Då menar jag vi tre, inte alla fyra. Som i gamla tider. Kommer du ihåg när vi var på premiären av *Die Dreigroschenoper* på Theather am Schiffbauerdamm? Minns du vilken succé pjäsen var! Och vilken galen natt det blev efteråt”, sa Viktor.

Else mindes. Det var en varm kväll i slutet av augusti för flera år sedan. Martin hade varit lycklig. Efter en period av tungsinne och aggressivitet var han åter sitt vanliga pratglada, kvicka, spirituella jag. Trots att pjäsen var en ganska mörk historia egentligen, där alla ljög och det var omöjligt att avgöra vilka som var goda och vilka som var onda, hade ingenting kunnat dämpa hans humör. Det var som om han flög. Sprudlande, bubblande lycklig. Så som nästan bara han kunde vara. Det var alltid svårt att veta vad Viktor egentligen tyckte när Martin var på det humöret. Martin hade fått för sig att balansera på kajkanten längs Spree på vägen därifrån. Viktor hade inte gjort något för att hindra honom. Inte förrän Martin var på väg uppför räcket på Weidendammer Brücke hade han lagt armen om honom och dragit ned honom igen. Men han hade gjort det med ett leende, till och med kysst honom på kinden. Visserligen hade Martins balansakt varit ofarlig. Vattnet hade varit varmt och han kunde simma. Det var inte som den gången han mutat vakten och klättrat upp i segerkolonnen Siegessäule och suttit ute på Victoriaängelns guldarm tills solen gick ned. Men ändå. Därefter hade de tagit en taxi till en skum bar i Hallesches Tor som Martin kände till. Det hade blivit en vild natt, nästan så vild att till och med hon rodnade när hon tänkte på den.

Kanske skulle de kunna klämma in en sådan kväll snart. Ja, inte en *sådan* kväll, men en utekväll med alkohol och dans. Hon ville träffa Viktor snart igen, och Henrik behövde verkligen komma ut och roa sig, ägna sig åt något lättsinnigt som omväxling. Han var försjunken i tankar nuförtiden. Precis som hon själv. Hon gjorde vad hon kunde för att skingra sitt eget tungsinne, men det hjälpte aldrig annat än just för stunden.

När hembiträdet dukat upp kaffet skickade Henrik runt cigarrlådan. M tackade nej och Else tvekade först, men Viktor plockade leende upp en cigarr.

"Jag har egentligen slutat röka för längesedan, har sett alldeles för många rökskadade lungor. Men nu sedan Hitler startat sina antirökningskampanjer har jag börjat igen. Vilka idéer han har för sig: *En arier röker inte.* Vansinnigt. Undrar vad han kommer på för tokigheter nästa gång. Hans lista har ju redan hunnit bli ganska lång. För att inte tala om allt gnällande! Nazisterna blir ju hysteriska för minsta kritik av tyskheten nuförtiden. Lustigt att de som tycker sig ha rätt att säga vad som helst om andra är så otroligt känsliga själva. Tyskfientligt! Ett så löjligt uttryck! Undrar hur länge det kommer att dröja innan alla de fåniga smånazisterna här i landet kommer och gnäller om att saker och ting är svenskfientliga. Det är så barnsligt! Inte sant?" sa Viktor med plötsligt eftertryck.

"Det dröjer nog tyvärr inte så länge till", sa Henrik allvarligt, "den dansen har redan börjat."

fredagen den 30 november

SANKT ERIKS SJUKHUS, STOCKHOLM

18

Docent Erik Forsberg gäspade stort och såg ut genom fönstret på sitt tjänsterum på Sankt Eriks sjukhus. Ännu en lång dag tog ut sin rätt. Han var trött och både huvudet och ryggen värkte, men det var det värt. Hade det inte varit för prosektor Gustaf Eklunds död hade de förmodligen varit närmare ett genombrott än någonsin. Men kanske spelade det ingen roll, målet hade inte blivit omöjligt att nå utan vägen dit bara något mer komplicerad. Vaktmästaren var oskadliggjord, han skulle inte kunna göra någon skada även om det varit en irriterande omväg. Och det fanns hjälp att få, det var egentligen bara att lyfta telefonluren. Hur enkelt som helst. Det enda tråkiga var att han skulle bli tvungen att ta sig till Uppsala en gång till och under någon förevändning ta hand om prosektor Eklunds papper, dem han inte redan hade eller kunde rekonstruera ur minnet. Förhoppningsvis fanns de kvar, polisen hade knappast vett att begripa sig på dem. Sedan skulle allt ordna sig, säkert snabbare än han vågade hoppas på.

Natten utanför var mörk och tung, månens blekgula skiva täcktes av tjocka dimmor. En natt för spöken och ondska, for det irrationellt genom hans huvud. Tramsigt, för han trodde inte på spöken. Men om han hade gjort det skulle Sankt Eriks sjukhus ha varit en av de platser han letat på först. Hur många olyckliga, fattiga människor hade inte slutat sina liv här, inte minst under den gamla arbetsinrättningens dagar? Och hur många av dem hade passerat genom hans händer på något sätt? Han ryckte på axlarna. Det spelade ingen roll. Inga spöken hade någonsin kommit för att hemsöka honom. Inte ens de dödas familjer hade gjort det. Han var onåbar och osårbar. Gudalik.

Men nu var han hungrig och sömnig och skulle bege sig hemåt. Han kunde visserligen stanna på sjukhuset, sova över i det intilliggande rummet som så många gånger förr. Men de nätter som Eva inte var i tjänst var det inte lika roligt. Eva, den lilla sjuksköterskan som brukade uppfylla alla hans nattliga önskningar, som inte var rädd för udda saker. Nåja, inte mer än klädsamt rädd i alla fall. Men inatt var hon inte här. Erik Forsberg satte på sig hatt och rock och betraktade sin spegelbild i den tunga gustavianska spegeln som han köpt dyrt och låtit sätta upp på väggen. Inget grått i det bruna håret ännu, trots att de flesta av hans jämnåriga var gråhåriga. Ingen mage som putade ut. En snygg, smärt man. Rik och lyckad, som kunde ta för sig som han ville. Som ingen kunde hindra, inte ens alla de där präktiga gamlingarna som försökte göra livet surt för honom hela tiden. De som kom med sina ständiga invändningar om patienternas rättigheter, som inte ville prova någonting som inte provats förut, som bara ville ha saker och ting som de alltid varit. Som inte förstod att man måste vara beredd att offra saker om man ville ha resultat. Docent Forsberg log vid tanken på vad de skulle ha gjort om de hade vetat, särskilt hans chef professor Augustin Wallin, som uppträdde som om han var godheten personifierad. Wallin skulle bli vansinnig om han någonsin fick veta. För att inte tala om Wallins högfärdiga vänner i Medicinska Överkollegiet, som alltid gick på om att forskningen måste vara fri och etisk.

När docent Forsberg öppnade dörren för att gå ut i korridoren kom han ihåg att de viktiga pappren låg kvar på skrivbordet. Pappren som ingen fick se och som han därför alltid bar med sig, fram och tillbaka mellan arbetet och hemmet, och som han hade fått så strikta förhållningsorder om. När han vände sig om för att plocka upp dem fick han plötsligt ett hårt slag i bakhuvudet.

När han vaknade låg han på den hårda britsen i undersökningsrummet. Den han brukade spänna fast sina patienter på. Hårt. Och ibland leka lite med dem, bara för att ha lite roligt. Britsen som han på sistone använt för en del annat också.

Hur många gånger hade han inte bältat en oregerlig sinnessjuk med remmarna? Eller Eva, under särskilt spännande nätter? Han visste precis hur hårt de kunde spännas, hur omöjligt det var att ta sig loss. Och han visste vilken ljuvlig känsla av makt man fylldes av när man gjorde det. Men nu låg han här själv. Händer, fötter, huvud, hals, höfter. Allt fastspänt med läderremmarna hårt åtdragna. Var det någon av studenterna som ville skämta? Var det någon som plötsligt kommit ihåg hans födelsedag veckan före och ville ge honom något slags förvriden pervers upplevelse i present? Eller hade Eva fått för sig att vända på rollerna? Inte honom emot i så fall, men hon kunde ha pratat med honom om det först.

Plötsligt upptäckte han gestalten som stod bredvid britsen, klädd i vit rock och med vit ansiktsmask. Den liknade varken Eva eller en student. Snarare ett av de spöken som han så hånfullt hade avfärdat för en stund sedan. Gestalten höll en spruta i handen och studerade den noga, sedan böjde den sig framåt och injicerade vätskan i hans högra arm. Det sved när den snabbt spred sig genom ådrorna i armen, som om det var ren eld som injicerats. Han var hjälplös, kunde inte ens dra undan armen eftersom den var så hårt fastspänd. I förtvivlan skrek han högt men det kom inget ljud. Varför kom det inget ljud? Munnen var inte ens förbunden.

”Nu behövs det inga remmar längre”, sa gestalten med lugn röst. ”De har ingen effekt, men det ser ju så mycket bättre ut, tycker du inte det? Professionellt på något sätt. Gör förhållandet mellan läkare och patient så mycket tydligare. Din plats och min plats, så att säga. Jag kan förstå varför du är så förtjust i dem.”

Rösten lät neutral och avskalad. Saklig. Använde samma tonfall som han själv brukade använda mot sina patienter. Han försökte tala om att det måste ha blivit något fel, att han var läkare, inte patient. Att fel person var fastspänd på britsen. Kanske var det så enkelt, att en oregerlig patient slagit ned honom och att hans kollegor tagit fel. Men fortfarande kunde han inte få fram ett ljud, stämbanden fungerade inte. Han försökte slita i de remmar som fjättrade honom, men musklerna vägrade lyda. Men de hade inte domnat, han kände smärtan från varenda rem som skar in i kroppen.

Han hade självklart hört vad som hänt prosektor Eklund, men han var ännu inte så rädd som han kanske borde ha varit. Det var inte förrän han såg den lilla skallborren i den okända personens hand som han förstod precis vad som skulle hända, och varför det också hänt Eklund. Det talade rösten om. Det var då som den fasansfulla paniken satte in. Varenda cell i hans kropp skrek, men fullständigt ljudlöst, när borren obevekligt började äta sig in igenom huden och kraniet.

fredagen den 30 november
HOTELL GILLET, UPPSALA

19

Doktor Astrid Wiks kyssar smakade cigariller och läppstift. Maria kysste henne hungrigt om och om igen, kände hennes händer klösa över sin kropp. Men något väsnades och störde, fick bilden av Astrid Wik att tunnas ut och liksom lösas upp. Den förvandlades till andra ansikten i en strid ström, personer hon kände igen och människor som var okända. Händer, hud, läppar, allt snabbare, alltmer förvirrande. Bilderna blev till störningar som blev till ljud. Hårda slag på dörren slet henne ur drömmen. Men hon kunde fortfarande känna kyssarna på läpparna. Smaken. Värmen. Allt var fortfarande inom räckhåll i den drömska halvslummern. Om hon bara somnade till igen skulle hon glida tillbaka in i drömmen precis där den avbrutits. Till villiga läppar och smekningar. Till Astrid Wik eller till någon annan, vem som helst, det spelade ingen roll. Bara det var någon. Men nu bultade det på dörren en gång till. Hon satte sig upp i sängen och tittade på klockan, strax över fyra på natten. Det var långt till morgonen. Vad gällde det nu? Vem gick och bultade på dörren hos främmande hotellgäster mitt i natten? Var det någon av de fina, rika gästerna som druckit för mycket dyr sprit och inte lyckades hitta tillbaka till sina rum?

Hon tog sig upp ur sängen, satte på sig hotellets morgonrock och öppnade dörren på glänt. Där utanför stod kommissarie Carl Hell. Det borde hon ha begripit. Vem skulle det annars kunna ha varit? Var det därför hon hade fått följa med till Uppsala? Var det här priset för att få vara med på "riktigt" utredningsarbete? Tjänster och gentjänster, var det vad han förväntade sig? I så fall hade hon verkligen missbedömt honom.

Men hennes fördomar kom snabbt på skam. Hell gjorde ingen ansats varken till att gå in i hennes rum eller röra vid henne, och ingenting i hans uppträdande hade antytt att han skulle ha det i tankarna. Trots det gick det en hel del historier om honom, den ena värre än den andra. Men det betydde inte att det låg någon sanning bakom dem.

"Gustavsson, vi måste tillbaka till Stockholm. Så fort som möjligt. Det har skett ännu ett mord, den här gången på Sankt Eriks sjukhus, alldeles intill polishuset. Det är nog lika bra att vi packar ihop för den här gången, du kan sova i din egen säng inatt."

Med de orden gick han därifrån, och hon visste att hon förväntades följa efter så fort som möjligt. Drömmen hade definitivt tagit slut. Maria började packa ihop sina saker, vilket gick fort eftersom hon inte hade så många. Adjö paradiset, tänkte hon vemodigt när hon gick ut genom hotellrummets dörr för sista gången. Adjö mjuk och stor säng, adjö toalett och varmvatten inomhus, adjö frukostservering och uppassning. Goddag minimal lägenhet, kökssoffa och toalett på gården. Visserligen hade hon vetat att detta skulle vara sista natten, men lite längre hade den gärna fått bli.

Sedan hennes far dött delade hon en nedsliten enrumslägenhet vid Tantolunden med sin mamma. Det var vad en polissysters och en medelålders fabriksarbeterskas löner räckte till. Att fortsätta med sjuksköterskeutbildningen hade det inte varit tal om, Maria hade fått börja arbeta istället. Som tur var hade hon till slut lyckats bli anställd vid polisen, annars hade det väl blivit någon fabrik för henne med. En plats bredvid mamman på tobaksfabriken, kanske. Rulla cigarrer och cigaretter hela dagarna, sedan gå hem med värkande armar, växande åderbråck och inpyrd av tobaksdoft. Sekreterare eller butiksbiträde hade hon knappast kunnat få arbete som, hon var alldeles för lång och dessutom inte tillräckligt docklikt söt för det. Och i dessa tider fick man vara glad över det arbete man kunde få, särskilt som kvinna. Alla hade några jobbiga år bakom sig, det fanns till och med rika människor som förlorat allt. Men för en gångs skull sörjde hon inte den avbrutna sjuksköterskeutbildningen, arbetet som polissyster hade tagit en väldigt intressant vändning de senaste dagarna.

Men vad i all världen var det som hade hänt nu? Trodde Hell och statspolisintendent Tage Berglund att det var samma person som begått det nya mordet i Stockholm?

Nere på gatan satte sig kommissarien vid ratten igen, precis som förra gången. Tydligen tyckte han om att köra bil. Eller, med tanke på färden till Uppsala några dagar tidigare, så tyckte han inte att andra körde fort nog. Den här gången var natten så mörk att Maria inte kunde se någonting av slätten utanför. Det gjorde ingenting. Hon hade sett den förra gången och kände inget behov av att se den igen. Skogen kunde hon bara ana som ännu mörkare partier av natten. Hon undrade hur mycket av vägen Hell kunde se, men hon bestämde sig för att inte tänka på det. Bara hoppas på att komma fram till Stockholm levande. I ett stycke, som hennes mamma skulle ha sagt.

”Berglund ringde mig och beordrade oss tillbaka till Stockholm”, sa Hell plötsligt. ”Det är tydligen ytterligare en läkare som har mördats, och han har samma konstiga skador i tinningarna. Men i övrigt ska det vara ett helt annat tillvägagångssätt. Vaktmästare Evert Johanssons död gör att de inte kan skylla på honom den här gången i alla fall.”

Han lyckades nästan dölja skadeglädjen i rösten. Men bara nästan. Han var duktig på att inte visa vad han tänkte och tyckte, men kanske inte riktigt lika duktig som han trodde själv. Nu när hon vant sig vid honom uppfattade hon skiftningarna i hans röst.

Först när de närmade sig Stockholm berättade han detta. Det var hans mest irriterande drag, hans vana att berätta alldeles för lite. Kanske var det inte medvetet, kanske trodde han att hon förstod mer än hon gjorde? I så fall borde hon kanske ta det som en komplimang snarare än irriteras, men det gick inte, för det var bara störande. Det gjorde det svårt för henne att göra ett så bra arbete som hon måste göra. Minst dubbelt så bra som någon av hennes manliga kollegor skulle ha gjort. Dubbelt så bra var minimum för att överhuvudtaget bli godkänd som kvinna, det visste hon. Förmodligen räckte inte det heller, i själva verket fick man nog multiplicera det några gånger till.

Efter en lång bilresa bromsade Hell in på Fleminggatan utanför Sankt Eriks sjukhusområde. Han parkerade utanför den låga port som det för inte så längesedan stått *Arbetsinrättning* ovanför. Porten, som markerat gränsen mellan dem som stängdes in på Grubbens, eller Stockholms stads norra arbetsinrättning, som Sankt Eriks sjukhus hetat tills för inte så längesedan, och friheten utanför. Numera var texten borta – bortplockad eller övermålad, vilket visste hon inte – men gränsen var på många sätt kvar ändå.

Sankt Eriks sjukhus låg inte långt från polishuset, men Maria skulle ha känt till det oavsett. Alla fattiga i Stockholm kände till det. Alla darrade de av skräck när de hörde namnen: Ligna, Högalids och Sankt Eriks. Trots att namnen bytts ut skrämde de fortfarande. Särskilt de gamla var rädda, de visste att om de hamnade där, om de gick in genom den porten, kom de aldrig ut igen. För att inte tala om de små föräldralösa eller sinnesslöa barn som blandats med trasiga, alkoholiserade eller förryckta vuxna i hopp om att sällskapet skulle locka fram de vuxnas bättre sidor. Historierna som gick om olyckor och spöken, straff och förnedring, svält och misshandel. Om vad den gamla arbetsinrättningen gjort med de döda kropparna. Det viskades om att de skars upp, styckades eller sänktes i Mälaren för att fiskarna skulle äta skeletten rena. Om det var sant eller ej visste hon inte, men hon skulle inte bli förvånad om det var så, särskilt inte efter den här Uppsalaresan.

Hon hade besökt flera av institutionerna i arbetet. Som polissyster hade hon varit tvungen att leda kvinnor till dem, intalande sig själv att det skulle leda till något bättre, till att de fick hjälp och något slags rätsida på livet. Men hon hade aldrig vågat gå tillbaka för att undersöka vad som skett med dem.

Själv hade hon vuxit upp nära Högalids vårdhem på Södermalm, det som förr i tiden hette Stockholms södra arbetsinrättning, och mindes fattighjonen. Magra, smutsiga och med tomma blickar. Under särskilt bistra år hade fattigvården vid vårdhemmet delat ut gratis skor till arbetarbarnen som bodde runtomkring. Skor som hjonen tillverkat. Alltid märkta så att alla skulle se var skorna kom ifrån. Gratis, men ändå inte gratis. För ingenting i världen är riktigt gratis. Hon mindes skratten och de hånfulla orden från skoltiden, trots att alla de andra barnen i Nya Maria folkskola var precis lika fattiga som hon och många av dem bar likadana skor. Det fanns till och med skomakare på Hornsgatan som specialiserat sig på att sy fast små färgglada läderlappar på skorna för en billig peng. Tanken var att ingen skulle kunna se varifrån skorna kom, fast det hade varit meningslöst. Alla som såg dem förstod ändå.

Men nu var det gamla Grubbens det handlade om, vars hjon för inte särskilt många år sedan dragit fram som grå vålnader längs gatorna runtomkring. Som varit ett så vanligt inslag i stadsbilden att ingen hade reagerat över deras misär. Människospillror som nu förpassats till andra platser.

Den pampiga sjukhusbyggnaden talade samma språk som Anatomiska institutionen i Uppsala gjort. Vetenskapens, maktens och bildningens språk. De hjälpsökande människorna som kom dit skulle veta att inordna sig i det språket, böja nacken och lyda, känna tacksamhet. De fattiga förväntades känna tacksamhet även när hjälpen var påtvingad och priset var större än misären den var avsedd att råda bot på.

Maria bar med sig känslorna in i byggnaden, vemod men också rädsla. Det var dumt, hon hade inget att vara rädd för, men hon kunde inte slå bort det. Hell, å andra sidan, kände nog ingen som någonsin behövt vara rädd för att hamna på fattighus eller arbetsinrättning. Sådana fanns nog inte i hans värld. Och han såg mycket riktigt fullkomligt oberörd ut, noterade hon när hon sneglade på honom. De svarta ögonen under hattbrättet var lika outgrundliga som vanligt och hans ansikte avslöjade inga känslor.

Många av deras kollegor var övertygade om att han saknade

känslor. Men hans ilska i Uppsalahäktet hade bevisat för Maria att det inte var riktigt sant. Något slags känslor hade han. Och hade man en sort hade man för det mesta de andra sorterna också.

fredagen den 30 november
TENNISPAVILJONGEN, STOCKHOLM

20

Henrik slängde upp tennisbollen i luften och servade. Den for iväg i en perfekt båge och Viktor Rantzius träffade den i sin tur precis lika perfekt med sin racket. Och så flög den, fram och tillbaka mellan dem. Som en dialog fast utan ord. De var så samspelta, hade spelat så många gånger, att de slutat räkna poäng. Ingen av dem spelade för att vinna. Det handlade om något annat, något mycket viktigare.

De hade fått idén sent kvällen innan, sedan de bestämt att Viktor lika gärna kunde sova över i gästrummet som att gå tillbaka till sitt outhärdliga hotellsällskap. Suttit i pyjamas och druckit varsin sista konjak och fått för sig att spela tennis morgonen efter, precis som förr. De hade haft tur. Trots att Tennispaviljongen var populär och de bokat med kort varsel, hade de fått den bästa tennisbanan. Hade det varit sommar skulle morgonljuset redan ha strålat in genom takfönstren ovanför virrvarret av bjälkar och tvärbågar. Nu var det vinter och alldeles mörkt utanför, men det gjorde ingenting, man kunde inte få allt. Henrik hade fått Viktor för sig själv, och för en stund handlade det inte om politik, medicin eller sällskapsritualer utan tiden löstes för ett ögonblick upp och de kunde ha varit tjugoåringar i Uppsala eller trettiofemåringar i Berlin lika gärna som medelålders män i Stockholm. De spelade utan att yttra ett ord till varandra, bara ljudet av bollen när den studsade emot golvet eller någon av racketarna hördes.

Henrik hade lärt Viktor spela redan när de var i tjugoårsåldern, det var ofattbart att det var nästan tjugofem år sedan. Trots att Viktor aldrig spelat förut, hade han irriterande snabbt övat upp sig och blivit lika bra som Henrik, trots Henriks många år av tennislektioner. Snart hade de varit jämspelta.

I Berlin hade de spelat minst en gång i veckan, haft en stående bokning på en tennisbana nära Grosse Wannsee så att de kunde avsluta spelet med en simtur under den varma delen av året, men det var längesedan. Henrik kunde inte minnas att de spelat mer än någon enstaka gång sedan de kommit tillbaka till Sverige. Men kanske skulle Viktor till slut göra slag i idéerna om att flytta till Stockholm. Och kanske skulle något mirakel inträffa som gjorde att allting blev som vanligt. Precis som vanligt. Om han upprepade det tillräckligt många gånger och tillräckligt ofta kanske det skulle hända på riktigt.

Viktor vinkade åt honom att de skulle ta en paus. Han hade inte packat med sig några tenniskläder, utan lånat av Henrik på morgonen. Skorna hade passat någorlunda när han knöt dem extra hårt, trots att de egentligen var någon storlek för stora, men nu hade snöret gått upp. När han lade ned racketen syntes det ännu tydligare än under spelet hur löst de lånade kläderna satt. Viktor såg visserligen piggare och nöjdare ut än på länge, än han hade gjort sedan … Ja, sedan Martin, helt enkelt. Men han hade inte gått upp i vikt. Han var fortfarande betydligt smalare än han varit tidigare. Då hade de utan svårighet kunnat låna kläder av varandra, trots att Henrik var en aning längre.

Medan Viktor satt på huk och knöt om skorna gick dörren

upp med ett gnisslande. Båda två vände sig mot det oväntade ljudet. Eller kanske inte oväntat, men ovälkommet. För det var egentligen inte oväntat att få se M sticka in huvudet. Han hade vetat vart de skulle, men Henrik hade hoppats få slippa honom. Var det verkligen omöjligt att få vara ifred, var M tvungen att följa efter vart han än gick? Henrik hade god lust att slå iväg bollen rakt i ansiktet på honom. En blick på Viktor bekräftade att han tänkte samma sak. Henrik var glad att det var han som hade bollen, för Viktor skulle mycket väl ha kunnat få för sig att göra det på riktigt, det syntes i hans ögon, och det skulle inte ha varit första gången han gjort något liknande.

”Jag är ledsen att behöva störa så här”, sa M leende. Men Henrik var ganska säker på att han inte alls var ledsen. ”Men det har hänt något allvarligt som vi måste tala om genast. Jag har bett professor Göran Almqvist komma den här morgonen också, liksom docent Anders Hellberg, eftersom ärendet även berör Medicinalstyrelsen. Och det passar bra att du är här också, Viktor. Vi sitter här ute i serveringen tills ni kommer.”

”Jag måste snart tillbaka till konferensen. Jag ska tala idag och behöver samla mig lite innan”, sa Viktor lågt till Henrik efter att M gått och han torkat av ansiktet med handduken och kammat igenom håret. ”Men jag tar gärna ett glas vatten med er först”, tillade han men Henrik visste att han gjorde det för hans skull, visste att Viktor tyckte att sällskapet var olidligt och att han lagt ned mycket tid och energi på att hålla gränsen mellan sig själv och de som satt och väntade utanför.

När de slagit sig ned beställde M in dryck till alla. Sedan satt de tysta. Kanske kändes situationen så konstig att ingen visste hur man skulle börja. Och den var ju konstig. En grupp inflytelserika män, varav två sportklädda och dessutom ganska svettiga, församlade i en idrottshall tidigt en vardagsmorgon. Det kunde inte vara något som hände särskilt ofta. M presenterade Viktor för de andra kring bordet. Docent Hellberg från Medicinalstyrelsen kände honom sedan tidigare och såg glad och beundrande ut. Henrik förstod varför de var nöjda. Det var detta de velat så länge, att dra in Viktor och på det sättet även Överkollegiet i deras krets. Men det var tydligt att de inte skulle ha något för sitt intresse. Istället för att vara artigt uppmärksam mot sällskapet tog Viktor demonstrativt av sig glasögonen och började putsa dem med handduken. Det skulle han aldrig ha gjort om han varit det minsta intresserad.

Det var omöjligt att veta om det var detta som fick professor Almqvist att förlora tålamodet. Han hade varit högröd i ansiktet hela tiden men nu verkade han inte kunna hålla sig längre:

”Ja, ni har väl hört? Detta var det värsta, det allra värsta som kunde hända! Under pågående konferens!” nästan röt han.

Viktor satte sina glasögon på plats och påpekade stilla att de inte alls hört något, eftersom de spelat tennis och inte hade en aning om varför de andra samlats här och avbrutit deras spel. Han talade lågt och tydligt. Men Henrik som känt honom så länge visste att Viktor blev lugnare än vanligt när han var irriterad, så tonläget var en varningssignal.

”Ännu en läkare har mördats, docent Erik Forsberg. På samma vidriga sätt. Denna gång på Sankt Eriks sjukhus här i staden”, sa professor Almqvist irriterat. ”Jag har talat med flera av hans kollegor i telefon nu på morgonen. Medicinalstyrelsen deltar ju i konferensen på Karolinska. Docent Forsberg skulle ha talat där. Ja, han var ju en av Sveriges viktigaste forskare”, lade han till, vilket Henrik visste var en extrem överdrift.

Viktor, som verkligen kunde kallas en av landets viktigaste

forskare, rörde inte en min. Inte ens Henrik kunde lista ut vad han tänkte. Men han visste att Viktor inte uppskattade sällskapet och kände sig skyldig för att han dragits in i det. Fast det var onödigt att känna så. Viktor brukade inte ställa upp på sådant han inte var intresserad av och det gjorde han inte nu heller. Så fort han druckit upp reste han sig, sa ett kort adjö och gick, en markering så god som någon av vad han tyckte.

Alla runt bordet satt tysta medan han samlade ihop sina saker. Docent Hellberg såg besviken ut, ett tag såg det ut som om han skulle resa sig och följa efter Viktor hellre än att sitta kvar. Men så fort han gått ut ur lokalen satte de igång att hylla docent Forsberg vars talanger och betydelse de överdrev till det yttersta, särskilt Almqvist. Forsberg som Henrik liksom prosektor Gustaf Eklund känt till bra mycket mer än han önskade, Forsberg som varit precis lika vidrig om inte värre.

”Det ser verkligen inte bra ut, inte alls”, sa docent Hellberg. ”Det måste redas ut och det måste redas ut snabbt. Vi måste till varje pris undvika skandal och se till att de internationella forskarna vi har hos oss de här dagarna störs så lite som möjligt. Och vi måste tänka på deras säkerhet också, det verkar ju vara läkare den här galningen är ute efter.”

”Självklart tänker vi på säkerheten”, sa M med ett tonfall som avslöjade för Henrik att han var irriterad, även om han tvivlade på att de andra kring bordet hörde det.

M brukade vara noga med att inte avslöja vad han kände, så det var intressant att han var nära att göra det nu. Var han i sin tur utsatt för press av någon? Och av vem i så fall?

”Vi får inte glömma både prosektor Eklunds och docent Forsbergs viktiga, ja, för att inte säga avgörande, engagemang i vår nya steriliseringslag och vilken betydelse den lagen kommer att få för oss i framtiden. De lade ned ett stort arbete på att rädda framtidens generationer", inflikade professor Almqvist.

"Vi måste ta tag i det direkt, jag ringer statspolisintendent Tage Berglund redan idag", sa M.

"Och se för fan till att de slutar klampa omkring och besvära folk hur som helst", sa professor Almqvist vresigt. "Sätt koppel på de där poliserna! Begriper de inte vilken internationell prestige det ligger i den här konferensen? Docent Forsberg var, som jag sa tidigare, inte precis någon okänd person internationellt sett heller. Jag vill inte tänka på hur stort hans nätverk var eller vad som kan bli följden när polisen börjar dra i det här.

Internationell prestige och skräckinjagande nätverk, tänkte Henrik. Det fanns mycket annat man kunde vara känd för. Både prosektor Eklund och docent Forsberg hade varit hänsynslösa, och ju mer Henrik engagerat sig för att stoppa steriliseringslagen, desto mer hade han dragits in i deras krets. Bortsett från hänsynslösheten var de dock ganska olika. Eklund med sina vidrigheter, plumpa hot och öppna förföljelse hade varit en sak, Forsberg en annan.

Det hela hade börjat som en så banal historia, egentligen. Mitt i natten hade Henrik blivit kallad till polisstationen, och eftersom Else inte var hemma hade han begett sig dit full av oro över att det kunde ha hänt henne något. Väl där hade han mötts av en besvärad polisman: "Det är en prekär situation det här", hade polismannen sagt, "ytterst prekär". När det sedan visat sig att det prekära bestått i att Else druckit alldeles för många drinkar på Grand hotells restaurang och sedan tillsammans med några vänner fått för sig att bada i Molins fontän mitt i Kungsträdgården, hade Henrik nästan inte kunnat hålla sig för skratt. Särskilt inte sedan polismannen fortsatt med att säga att det värsta, det allra värsta, var att hon skrålat egenkomponerade smädelsevisor riktade mot såväl de forntida gudar som täckte fontänen som mot Molins staty över Karl XII strax intill. ”Jag vet att hon är er hustru, direktör Meuler, och att hennes far är baron, men ändå”, hade polismannen sagt medan Henrik kämpade mot skrattet. För Henrik hade bott så länge utomlands att han inte insett, inte i sin vildaste fantasi kunnat inse, att historien skulle kunna leda till något allvarligt. Och det var hans misstag, hans fel, för det borde han faktiskt ha gjort. De hade fått välja mellan åtal och psykiatrisk behandling. Några besök hos en läkare för syns skull, så ingen skulle kunna komma och säga något om orättvisa om affären skulle komma ut. Och på det viset hade Else hamnat hos Forsberg, beordrad att gå dit minst tre gånger. Därefter hade Forsberg vid upprepade tillfällen besökt Henrik på förlaget, spelat trevlig och välvillig. Ställt frågor om ”direktörens lilla hustru”, som han uttryckt det. Sagt att herr direktören kanske borde fundera över sin hustrus uppförande, om ”alltför lösa tyglar”, om att folk pratade, om ”ingen rök utan eld” och andra dumheter, om att hon kunde bli ett hinder för hans politiska ambitioner. Om att man skulle se hennes agerande som ett sjukdomssymptom eller rop på hjälp. Forsberg hade erbjudit sig att hjälpa till, talat om hur den moderna psykiatrin förfogade över många fantastiska metoder som man bara kunnat drömma om för tio år sedan. Sedan hade det fortsatt med mer oförtäckta hot, tal om samhällets ansvar för medborgare även om deras närmaste inte tog sitt. Om att man inte kunde låta kvinnor uppföra sig hur som helst. Om att en ansvarsfull läkare är skyldig att ta saker i sina egna händer när inget händer. För att inte tala om vad han sagt veckan före.

”Tänk på det, herr direktören”, hade Forsberg avslutat. ”Ni vet var ni kan hitta mig.”

fredagen den 30 november
SANKT ERIKS SJUKHUS, STOCKHOLM

21

Carl rös inom sig när han steg in genom sjukhusportarna till Sankt Eriks sjukhus, men ansträngde sig för att det inte skulle synas. Ansträngde sig för att mota tillbaka ångesten som försökte golva honom och fick hans synfält att liksom lösas upp, själva verkligheten att svaja. Det var tjugosju år sedan han befann sig på ett sjukhus sist, men obehaget var lika starkt som om det hade varit igår. Rädslan gick aldrig över. Då hade han varit en vettskrämd tioåring som vaknade ur en lång medvetslöshet, fastspänd för att inte råka ramla ur sängen. Hårt fastspänd. Definitivt hårdare än situationen krävde, om den verkligen krävt att han spändes fast överhuvudtaget. Att han vaknade hade dessutom inte inneburit att remmarna lossades, de hade suttit kvar långt efter det. Han kunde fortfarande känna den oresonliga skräcken över att inte kunna röra sig, över att sitta fast. Klaustrofobin som aldrig riktigt hade släppt, som trots att han närmade sig fyrtio var precis lika stark som då. På sätt och vis var remmarna fortfarande spända.

När han vaknade, då för längesedan, hade allt varit vitt – sängen, väggarna, taket, golvet, gardinerna, människornas kläder, bandaget kring hans huvud. Det var hans första intryck. Vitt. Och det var också hans första minne. Vitt. För hans hjärna hade varit lika vit som rummet. Helt tom och blank. Fortfarande hade han inga tidigare minnen. Om det inte var de som hemsökte honom på nätterna. I så fall hoppades han att minnena aldrig någonsin skulle komma tillbaka.

Såg Maria hur illa berörd han var av sjukhusmiljön? Förmodligen inte, han hade fått mycket omsorgsfull träning i att inte visa vad han tänkte och kände.

Inne i den stora sjukhushallen kom en sjuksköterska snabbt emot dem, med klackarna smattrande mot det blankpolerade stengolvet. Den strikta sjuksköterskeuniformen kontrasterade skarpt mot hennes rödgråtna ansikte. Varken det slätstrukna förklädet, den lite för åtsittande klänningen eller den prydliga hättan kunde dölja att hon var ur balans av sorg och chock. Snarare förstärktes kvinnans förtvivlan. Särskilt det klarröda läppstiftet, som hon antagligen satt på sig för att bättra på intrycket, gjorde att ögonens röda kanter syntes tydligare.

”Är det kommissarie Carl Hell?” sa hon med ansträngd röst, en röst som man bara får genom att gråta i flera timmar. Hon harklade sig och svalde innan hon försökte igen.

”Mitt namn är Eva Svensson. Vi har väntat på er. Kom så ska jag visa er till Erik, till docent Erik Forsberg. Jag menar till det förfärliga som har … Det var jag som hittade …”

Sedan brast rösten och hon började gråta. Till sin lättnad såg Carl hur Maria gick fram och lade armen om henne och tröstade tills hon orkade fortsätta. Själv visste han inte hur man skulle göra, hur man tröstade någon som rimligen inte var tröstbar, som grät över något som ingen människa kunde rätta till. Det var meningslöst, för orsaken till sorgen ändrades inte.

Men Marias metod verkade fungera, stillsam närhet och lugnande ord. Efter en stund kunde syster Svensson leda dem genom korridorer och uppför trappor. Han hade redan tappat bort sig, sjukhuset var som en väldig labyrint inuti, ett virrvarr av korridorer och salar. Interiören motsvarade exteriören, den var storslagen och en tydlig signal till patienterna om vem som var till för vem och vem det var som dikterade villkoren.

Efter en rask promenad genom sjukhuskorridorerna kom de slutligen fram till en stängd dörr. *Docent Erik Forsberg* stod det på mässingsskylten som täckte en stor del av dörrens övre hälft. Den blankpolerade mässingen glänste som för att markera hur viktig personen bakom den tunga trädörren var, och någon måste ha som arbetsuppgift att putsa skylten varje dag. Det var knappast något som Forsberg gjort själv. Forsberg, som liksom docent Nils Hansen träffat vaktmästare Evert Johansson i häktet och som nu mött samma öde som prosektor Gustaf Eklund. Han skulle ha haft en hel del att svara på om Carl träffat honom först. Nu skulle docent Hansen få svara på de frågorna ensam, om han någon gång skulle lyckas få tag på honom.

Två poliskonstaplar från den vanliga Stockholmspolisen stod posterade utanför dörren. De såg inte särskilt glada ut när de upptäckte honom. Det var inte många som blev det. Den reaktionen hade han vant sig vid för längesedan. Men den var inget emot det tydliga ogillande de visade Maria. Han undrade om hon tänkte på det, eller om hon blivit så van att hon inte brydde sig om det. Det skulle dröja länge innan hans kollegor skulle acceptera att kvinnor arbetade vid polisen.

”Jag följer inte med er in, jag klarar det bara inte. Jag såg honom inatt. Jag var egentligen inte i tjänst, utan skulle bara … Men här är det, varsågoda”, sa syster Svensson, vände på klacken och gick snabbt därifrån. Ryggtavlan avslöjade att hon hade börjat gråta på nytt, men den här gången verkade hon inte vilja ha någon tröst. Maria gjorde ingen ansats att ge någon heller.

Poliserna utanför dörren såg ganska bleka ut.

”Godmorgon, kommissarien”, sa den ene av dem lågt.

”Godmorgon. Är det här innanför som mordet har skett?”

”Ja, den mördade, docent Forsberg, hade tydligen två rum här. Ett kontorsrum och ett behandlingsrum. Han finns i behandlingsrummet. Vi går helst inte in där igen, om ni ursäktar, det är nog något av det värsta jag har sett, kommissarien.”

”Är det något vi behöver veta?” frågade han och tänkte på att betona ordet *vi*. Som en markering, bara.

”Docent Forsbergs chef har varit här flera gånger. Han verkar inte tillhöra det här sjukhuset så jag har inte riktigt förstått hur deras roller hänger samman. Men han ville att vi skulle hämta honom när ni kommit. Med er tillåtelse, så kan jag …”

”Visst, hämta honom”, sa Carl och öppnade dörren.

Det första rummet de kom in i var kontorsrummet. Det påminde vagt om prosektor Eklunds rum, inte minst de många böckerna, men inredningen var mer imponerande. Ett gigantiskt blankpolerat mahognyskrivbord tog upp mycket av ytan, med docent Forsbergs egen stol på ena sidan och två besöksstolar på den andra. Carl noterade att möblemanget uppvisade samma mönster som det i tjänsterummen på Anatomiska institutionen, där besöksstolarnas sitsar var något lägre än läkarnas egna. Var detta ett generellt mönster? Det var ganska ironiskt, och visade att det fanns sprickor i den gudaliknande akademiska självkänslan. På Rasbiologiska institutet hade det inte varit så, men där var man kanske så stolt över sin ras och hårfärg att den typen av förstärkning inte behövdes.

När Carl öppnade dörren till behandlingsrummet förstod

han varför de båda poliserna inte velat gå in igen, även om han tyckte att de borde kunna ta sig samman. All belysning var tänd och rummet badade i ett skarpt elektriskt ljus. Att väggarna var målade i en obehaglig ljusgrön färg förstärkte alltsammans. Rummet var nästan tomt, så när som på en sjukhusbrits mitt på golvet. Britsen hade hjul och verkade vara avsedd att köra omkring patienter på. Ovanpå britsen låg en man. Otaliga remmar spände över hans kropp. Kraftiga bruna läderremmar med stora spännen i blankt stål. Starka nog att hålla fast ett lejon eller något annat stort vilt djur. Carl visste precis hur sådana remmar kändes. Känslan i själen var värst, för den gick inte över bara för att man lossade på dem. Remmarna löpte över mannens panna, axlar och sedan tätt vidare nedåt över kroppen. Varför behövde Erik Forsberg en brits med så många remmar? Fanns det verkligen sjukdomstillstånd som krävde en så total hjälplöshet hos patienten?

De uppborrade hålen i docent Forsbergs huvud var identiska med dem i prosektor Eklunds. I alla fall såg de likadana ut i Carls ögon. Fast den här mannen vilade inte i vatten, så allt annat var annorlunda. Svartröda strilar av levrat blod ledde från såren, genom håret, över britsen och ned på golvet.

Det rådde inte någon tvekan om att det var samme gärningsman, så mycket förstod Carl direkt. Morden fick honom att tänka på ett konstverk, som en av Gustave Dorés bilder eller Charles Baudelaires dikter. De var vidriga, hemska, vackra, existentiella. Han var glad att Maria inte kunde läsa hans tankar, för i så fall skulle hon förmodligen vägra att arbeta med honom någonsin igen.

fredagen den 30 november
SANKT ERIKS SJUKHUS, STOCKHOLM

22

”Helvete! Jävla, förbannade helvete!”

Maria hörde statspolisintendent Tage Berglunds röst nästan lika tydligt som om han också varit i docent Erik Forsbergs kontorsrum, trots att han befann sig någonstans i andra änden av telefonledningen och det var kommissarie Carl Hell som höll i telefonluren, inte hon.

Hells ansikte var precis lika outgrundligt som det varit i docent Forsbergs förfärliga blodindränkta behandlingsrum. Han hade inte med en min visat vad han tänkte eller kände när han såg på den döde mannen, och hon kunde inte spåra vare sig rädsla, irritation eller ilska i hans ansikte nu heller. Möjligen ett svagt stråk av skadeglädje i de mörka ögonen. Men kanske såg han alltid ut så när han talade i telefon, hon kunde inte avgöra det.

”Du får reda upp den här jävla röran!” hörde hon Berglund ryta och då lade Hell på telefonluren. Fortfarande utan att röra en min, som om situationen var fullkomligt normal. Det var imponerande, fick hon erkänna. Själv skulle hon aldrig ha vågat göra så, inte ens om hon varit man och kommissarie. Hon hade svårt att föreställa sig att någon av de andra kollegorna skulle ha vågat det heller.

Precis när Hell lagt på telefonen kom en man klädd i en lång vit rock in i rummet.

”Professor Augustin Wallin”, sa mannen och sträckte fram handen med ett vänligt leende. Hans varma bruna ögon bakom glasögonen var en välkommen kontrast till morgonens ohyggligheter. Liksom professor Viktor Rantzius hälsade han lika artigt på henne som på Hell.

”Detta är en chock”, fortsatte professorn, ”varken jag eller någon annan här har egentligen någon aning om hur vi borde bete oss. Ni får säga ifrån om vi gör något fel.”

”Så ni var docent Erik Forsbergs närmaste chef?” frågade Hell med sin vanliga avsaknad av talang för kallprat.

Om professor Wallin tog illa vid sig så visade han det inte, för han hade samma vänliga tonfall när han fortsatte.

”Jag innehar professuren i psykiatri vid Karolinska institutet där Erik var docent, så på sätt och vis, ja, men det är ganska svårt att förklara hur det hänger samman. Dessutom var situationen i just Eriks fall lite speciell.”

”På vilket sätt?” vågade sig Maria på att fråga.

”Eriks tjänst var ett experiment skulle man kunna säga. Tanken var att han skulle sitta som spindeln i nätet i Stockholms sinnessjukvård. Rotera mellan de olika sjukhusen och institutionerna enligt ett treveckorsschema för att kunna bedöma och koordinera de vårdbehövande. Se till att alla fick rätt vård, oavsett vilken social klass de tillhör. Det var det som var poängen, det och att i största möjliga mån försöka få in de förebyggande åtgärderna i den psykiatriska vården. Uppfånga tendenserna innan sjukdomarna fått alltför fasta grepp om människor.”

”Men docent Forsberg hade ändå någon form av bas här, har jag förstått det rätt?” frågade Hell.

”Ja, precis. Avdelningen här hos oss är den avdelning han hade eget patientansvar för. De andra avdelningarna tjänstgjorde han vid som en garant för att vården praktiserades lika vid alla inrättningar, där hade han inget eget ansvar.”

Maria försökte föreställa sig docent Forsberg i de många olika miljöer han besökt i sin yrkesroll. Hon såg sig om på hans kontorsrum, med det dyra möblemanget och alla statusmarkeringar. Det var svårt att tänka sig honom bland de allra mest utsatta på Högalids vårdhem och på fattigvårdsinrättningarna.

”Så för att kunna arbeta med detta på så många institutioner som möjligt roterade docent Forsberg mellan olika arbetsplatser hela tiden?” frågade Hell och tog fram en cigarett ur sitt silveretui. Maria hade aldrig träffat en människa som rökte så mycket.

”Ja, det är riktigt”, svarade professor Wallin.

”Så om någon ville få tag på honom vid en viss tidpunkt var det inte så enkelt att veta var han befann sig?”

”Nej, precis, det var nog svårt för honom själv att veta var han skulle befinna sig till och med. Som jag förstått det blev hans schema ofta ändrat på grund av akuta händelser och inte sällan med kort varsel, dessutom”, sa professor Wallin.

”Det måste ha blivit ganska rörigt för honom”, inflikade Maria.

”Ja, jag hade tyckt så om det gällde mig själv. Men det var hans egen idé. Han föreslog något liknande redan innan han började sin anställning hos oss för några år sedan, medan han fortfarande var överinspektör över sinnessjukvården i riket. Han höll en hel del föreläsningar om det och till slut började han övertyga folk. Och det var uppenbart för alla att tanken hade starkt stöd från politiskt håll. För egen del kan jag bara hålla med honom, det finns onekligen en poäng med att någon ska ha den fulla överblicken. Den psykiatriska praktiken kan skilja sig åt absurt mycket även mellan sjukhus som ligger intill varandra och formellt är underställda samma institution. Inte minst kan det uppstå mycket djupa klassmässiga skillnader som inte riktigt hör hemma i ett modernt samhälle. Så får det verkligen inte vara. Det är en speciell situation just nu, när allt mer förs över till Beckomberga. På sikt är som ni säkert vet tanken att all psykiatrisk verksamhet ska koncentreras dit. När vi väl fått över så många som möjligt kommer det att bli mycket bättre."

Beckomberga sjukhus, tänkte Maria. Deras nya stolthet. Beläget långt från livet i staden, långt från den omgivande världen. Kanske skulle det bli bättre för de stackars människor som behövde hjälp, eller så blev resultatet det motsatta: en egen sluten värld som ingen annan hade insyn i. En värld där de intagna, till skillnad från människorna på innerstadens arbetsinrättningar och sinnessjukhus, verkligen kunde gömmas undan och glömmas bort. Som om de aldrig funnits.

"Docent Forsberg var tydligen utlånad till Uppsala också ibland?" sa Hell.

"Uppsala?" upprepade professor Wallin förvånat. Detta var uppenbarligen en nyhet för honom.

"Forsberg besökte en fånge i häktet i Uppsala för några dagar sedan. Häktespersonalen hade ringt till Uppsala hospital och då skickade de dit honom. Enligt hans egen uppgift var han utlånad", fortsatte Hell.

"Det är mer än vad jag vet, är jag rädd", sa professor Wallin. "Trots att jag ju borde veta. Jag ska försöka ta reda på mer om saken åt er."

Professor Wallins okunskap om vad docent Forsberg haft för sig i Uppsala var märklig, tyckte Maria. Varför kände han inte till det? Eller hade Forsberg haft hemligheter? Var det de hemligheterna som dödat honom? Men kanske gjorde hon en höna av en fjäder, kanske hade han bara mycket att hålla reda på. Det måste han väl ha, om han hade ansvar för psykiatrin på flera olika sjukhus. Det fanns inget som sa att Wallin behövde veta precis vad han gjorde eller var han befann sig. Hur mycket visste till exempel statspolisintendent Berglund om vad hon och Hell gjort de senaste dagarna?

”Docent Forsberg hade inte arbetat här så länge, stämmer det?” frågade Hell.

”Han studerade här en gång i tiden, men var inte den tidigare professorns favorit. Eriks möjligheter här var mer eller mindre låsta fram till hans pension. Det handlade inte om någon personlig motvilja eller konflikt på något sätt, det var bara det att Erik var alldeles för intresserad av att sammankoppla det fysiska med det psykiska, vad många inom psykiatrin föraktfullt brukar kalla för hjärnanatomi.”

”Hjärnanatomi?” frågade Hell och Maria såg alla hjärnorna som prosektor Gustaf Eklund haft på sitt rum för sin inre syn. Grå, flytande, en del uppskurna. Hon försökte svälja illamåendet.

”Ja, hur sjukdomarna avtecknar sig i hjärnan. Mer naturvetenskapligt inriktat än den moderna psykiatrin, kan man väl säga. Det var en hätsk konflikt i vår sektor för något tiotal, eller kanske snarare tjugotal, år sedan om detta. Från kritik på föreläsningar och i tidningsartiklar gick det med åren över i saboterande av tillsättningen av akademiska tjänster. Ja, det blev verkligen lågt och barnsligt till slut. I grunden handlade det om en strid kring huruvida förklaringen till sinnessjukdomar ligger i det fysiska eller i det psykiska, och naturligtvis också en strid om psykiatrins självständighet från anatomin."

"Det låter onekligen barnsligt", sa Hell med sin sedvanliga avsaknad av finkänslighet.

"Ja, verkligen. Det är det minsta man kan säga", svarade professor Wallin och skrattade till.

Kanske var det så man talade till varandra inom överklassen? Rakt på sak, och med en nypa oförskämdhet. Skrattade åt oartigheten istället för att tystna. Kanske var det bara sådana som hon som gick i fällan och uttryckte sig underdånigt?

"Men ändå ville docent Forsberg vara kvar i Stockholm?"

"Ja, men jag vet inte varför. Han hade ju ingen familj här heller. Kanske hoppades han på min tjänst i framtiden, men det är långt tills dess, vi är ungefär lika gamla. Var lika gamla, rättare sagt. Ni får ursäkta, men det är så ohyggligt och ofattbart det som hänt att det är svårt att ta in. Men Erik var mer än meriterad för en professur någon annanstans, i till exempel Uppsala eller Lund där de mer har en inriktning som liknar hans egen. Eller rentav i utlandet, han var känd internationellt och hade goda kontakter på många håll. Han var visserligen några vändor i Lund, men kom snart tillbaka. Kanske kunde han inte släppa det kliniska arbetet och patientkontakten, eller så ville han bara vara kvar i Stockholm. Men det är svårförståeligt, en professur är trots allt en professur. Det är inte bara en fin titel, utan också en garant för en trygg tillvaro och ekonomisk säkerhet, och vad jag vet kom Erik inte från några rika förhållanden."

"Var situationen här så hopplös?" frågade Hell.

"Ja, det är inte gott om tjänster precis. Det har alltid varit svårt att få tjänst och det har alltid funnits konflikter. Docent Nils Hansen skrev en hel del om det i flera tidskrifter för ett tiotal år sedan, innan det löste sig för honom i Uppsala."

"Varför skrev docent Hansen om tjänstetillsättningar vid Karolinska, har han sökt sig hit någon gång?" frågade Hell med ett något mer intresserat tonfall än tidigare.

"Ja, men det var längesedan. Han och Erik studerade tillsammans om jag minns rätt, men ingen av dem hade någon större tur när det kom till tjänstetillsättningarna här, även om båda sökte tjänster flera gånger. På tal om Hansen råkade jag springa på honom igår. Han deltar tydligen i den där stora fyradagarskonferensen på Karolinska institutet. Väldigt spännande konferens för övrigt, jag ska själv dit i eftermiddag."

"Så docent Hansen har varit i Stockholm i flera dagar?"

"Ja, det bör han ha varit. Om han har deltagit hela tiden. Konferensen började ju redan på onsdagskvällen för dem som ville vara med på välkomstmiddagen."

"Vet ni om docent Forsberg också tänkte delta?"

"Ja, det tänkte han. Han skulle till och med hålla föredrag och förmodligen vara med hela tiden. Denna typ av sammanhang är ju otroligt viktiga för att vi ska kunna hålla oss à jour med utvecklingen inom vårt område, och för att vi ska kunna visa upp oss också om man ska vara ärlig. De är avgörande för våra internationella kontakter."

"Då borde det med andra ord ha varit betydligt enklare än vanligt att veta var docent Forsberg skulle befinna sig?"

"Ja, jo, när man tänker på det. Visst måste det ha varit betydligt enklare."

fredagen den 30 november
KAROLINSKA INSTITUTET, STOCKHOLM

23

”Högt ärade kollegor, stort tack för er uppmärksamhet. Om ni har frågor står jag med glädje till ert förfogande”, avslutade Viktor sitt föredrag. Han hade talat tyska hela förmiddagen. Det var nästan två år sedan han gjort det sist, men språket hade kommit tillbaka som om det varit igår, det hade aldrig lämnat honom.

När såväl applåder som frågor var överstökade klev han ned från podiet. Det var dags för paus och den kom lägligt. Visserligen tyckte han om att hålla föredrag, vanligen älskade han det. Njöt både av att få tala om vetenskap och av att uppträda. Men idag var han trött. Han och Henrik hade inte hunnit spela så länge på morgonen, men det var längesedan sist och han skulle förmodligen få träningsvärk. Det hade inte blivit särskilt mycket sömn heller. Kvällen hade blivit senare än vanligt, och dessutom hade Henrik råkat väcka honom mitt i natten när han kommit tillbaka in efter sin nattliga promenad. Vad skulle sådana promenader vara bra för? Han skulle till och med kunna råka illa ut, han som var så rik och berömd och baktalad. Avskydd i vissa kretsar. Nidporträtterad i tidningarna, och lätt att känna igen. Och det fanns gott om galningar nuförtiden, de verkade bara bli fler och fler. Sedan hade det inte blivit mer sömn, för när Henrik väl märkt att han var vaken hade han velat prata länge.

Stackars Henrik, som var så hederlig och ville så väl att han nästan utplånade sig själv ibland. Arbetade för mycket. Tog på sig alldeles för mycket ansvar, trots att han borde lära sig att säga nej emellanåt. Särskilt till M. Sluta slösa bort sitt liv och börja njuta av det istället för att bekymra sig så mycket. Livet var trots allt inte oändligt. De var redan minst halvvägs igenom det, och det var knappast den bästa halvan som var kvar.

Dessutom kunde det ta slut när som helst. Plötsligt var det över och man skulle inte ens märka det. En olycka, ett slaganfall. Ett vårdslöst steg ut i gatan. Ett oväntat ögonblick gick förbi och så hade man gett någon den sista kyssen, ögonkastet eller orden som kunde vara hur förflugna, ogenomtänkta eller rentav idiotiska som helst men som skulle få gigantiska proportioner bara för att de var de allra sista. Man glömde dem aldrig. Viktor skulle aldrig glömma de sista orden han sagt, eller snarare skrikit, till Martin innan han försvann ut genom dörren för sista gången. Inte dem han hade fått tillbaka heller. De orden var med honom varje dag, följde honom vart han än gick.

När salen började tömmas på folk såg han att kommissarie Carl Hell stod i bortre änden av den. Lång, svartklädd och som alltid gravallvarlig. Vad gjorde han här? För det var väl inte den medicinska konferensen som lockade honom. Det fanns bara ett sätt att få reda på det, tänkte Viktor och styrde stegen åt hans håll.

”Men god dag, kommissarien, vilket oväntat nöje. Vad gör ni här? Har ni en ny kropp som ni behöver få undersökt?” sa han när han kommit fram till Hell, för vad skulle man annars säga? Han hoppades att han lyckades låta trevlig trots att han var trött.

”På sätt och vis. Kan vi tala ostört någonstans”, blev det korta svaret medan de följdes åt ut ur salen genom trängseln.

”Naturligtvis. Det enklaste är nog om vi väntar på att alla går in i föreläsningssalen igen. Då blir det tomt här ute. Eller ska vi gå iväg någonstans?”

”Nej, här blir bra. Det tar inte särskilt lång tid. Men ni missar en del av konferensen.”

”Det gör ingenting alls. Jag lovar att nästa föredrag inte intresserar mig överhuvudtaget.”

Det visade sig att planen inte var riktigt genomtänkt, för ute i den stora trapphallen utanför föreläsningssalen fanns inte en enda bänk. Viktor var alldeles för trött för att stå upp och samtala så han slog sig ned på den blankslitna stentrappan istället. Förhoppningsvis var den inte alltför smutsig. Sitta i trappan var kanske inte särskilt professorslikt eller värdigt, men det var å andra sidan inte han heller. Inte egentligen. Hell verkade inte heller särskilt bekymrad om sin värdighet, för han slog sig utan synbar tvekan ned bredvid honom.

Kommissarien var en intressant person, det kunde man inte komma ifrån. Förmodligen var han inte särskilt respektfull mot regler och traditioner han heller. Och dödligt vacker med sitt mörka hår och sina allvarliga ögon. Men det fanns något där i hans ögon, ett slags inre mörker, som var oemotståndligt för människor som förstod sig på sådant. Som en magnet eller ett gift. Han hoppades att Else var försiktig. För *det* hade han i alla fall förstått av hennes reaktion kvällen innan. Han hade förstått varför också. Trodde han i alla fall. Eller så kanske det bara var en lättsam lek för henne? Det hade hänt förut. Men mannen framför honom kunde nog lätt visa sig vara betydligt mer än vad hon räknat med. Som Martin varit för honom. En lek, som blev till allvar, som blev alldeles för allvarlig. Självutplånande. *Niemand hat ein Leben ohne Hindernisse*, ingen har ett liv utan hinder, brukade Martin ömt viska till honom som ett slags förlåt för sina mörka stunder när han rasat färdigt. När minnena av skyttegravarnas helvetiska inferno och skuldkänslorna över att han överlevt och över framgången ansatt honom för hårt. *Niemand hat ein Leben ohne Hindernisse.*

De andra hade nog inte förstått hur djupgående mörkret varit i Martin utan trott att det befann sig allra längst bort från skrattet. Att det försvann när han var lycklig. Att en skrattande Martin var en lycklig Martin. Tolkat de glada dagarna som bra dagar. Ljusa och bekymmersfria. Inte förstått att mörkret fanns där jämt, särskilt när han verkade som gladast. För när glädjen var som störst var skulden också det. När livet kändes som mest, kändes blodet på händerna också som starkast. Minnena av andras blod och död, av smuts och skräck och mörker. Av krigets helvete. Det var då han stod på randen av avgrunden, inte när han var dyster. Det var i den sprudlande glädjen man måste vara som mest försiktig.

Viktor undrade vad den allvarlige mannen som satt bredvid honom i trappan ville tala om. Om han nu ville tala om något alls, han verkade inte särskilt talför.

”Den här gången gäller det inte en kropp, utan två kroppar”, sa kommissarie Hell till slut.

”Två? Jag har inte ens varit borta från Uppsala i två dygn. Hur är det möjligt? Vad har hänt?” frågade Viktor.

”Först vaktmästare Evert Johansson på Anatomiska institutionen, det känner ni förstås till. Han dog i sin cell. Självmord eller mord, vi vet inte ännu. Förgiftning trodde doktor Astrid

Wik preliminärt. Och nu docent Erik Forsberg på Sankt Eriks sjukhus här i Stockholm.”

”Erik Forsberg? Namnet låter bekant. Vänta, så ska jag se efter.”

Viktor tänkte inte visa att han kände till mordet redan, och hade ingen lust att redogöra för mötet med det där bisarra sällskapet i Tennispaviljongen. Vad trodde de att de skulle kunna åstadkomma med sina kotterier, egentligen? Han visste att konferensprogrammet med alla talares namn var uppsatt på en stor anslagstavla utanför föreläsningssalen. Han reste sig från trappan och sträckte på sig. Knäna kändes lika stela som ryggen, det märktes att han inte var tjugo längre. Han skulle förmodligen få en ryslig träningsvärk så småningom. I ögonvrån såg han att Hell reste sig upp och följde efter.

”Här har vi det. Docent Erik Forsberg. Han skulle tala i eftermiddag. Psykiatriker. Jag hade förmodligen skolkat från det föredraget och gjort något annat. Ett så långt psykiatripass hade jag inte klarat av. Nu lär det bli inställt i alla fall, det utgår jag ifrån. Det hade varit horribelt om de genomförde det som om ingenting hänt. Är du här för att du vill att jag ska titta på kroppen? Jag står till ditt förfogande i så fall, även om jag i ärlighetens namn inte brukar ägna mig så mycket åt sådant längre.”

”Egentligen inte. Jag hade hoppats att doktor Wik skulle kunna undersöka hans kropp eftersom hon ju också obducerade prosektor Gustaf Eklund. Vi tror att det är samma mördare, nämligen.”

”Samma? Men jag trodde att vaktmästaren var den skyldige?”

”Nej, det var knappast vaktmästaren. Men jag har en annan känslig fråga som ni helst ska hålla för er själv. Har ni varit tillsammans med docent Nils Hansen hela tiden under konferensen?”

Viktor kunde inte låta bli att skratta till, trots att det egentligen inte var det minsta roligt. Inte alls. Varken den här historien eller tanken på att vara tillsammans med Hansen.

”Nej, så lite som möjligt, faktiskt” sa han uppriktigt. ”Universitetet satte oss på samma tåg och bokade in oss på samma hotell, det är allt. Och så befinner vi oss i samma sal hela dagarna, men där är ju många andra också. Jag försöker hålla mig så långt borta från honom som jag bara kan, jag tror inte att jag sett honom sedan igår någon gång.”

”Vet ni vad han gjorde igår kväll?”

”Nej, det vet jag inte. Jag tillbringade både kvällen och natten hos goda vänner, Else och Henrik Meuler. Tyvärr kan jag inte hjälpa er med några uppgifter om vad Hansen hade för sig, hur gärna jag än velat. Men professor Serafim Grönquist, professor Herman Lundborg och professor Folke Sandstedt, som ni har träffat, bor också på samma hotell. De kanske vet. Är det något annat ni undrar?”

”Nej, inte för ögonblicket. Ni får ursäkta att jag störde”, sa Hell utan att röra en min när Elses namn kom upp.

Kanske hade Viktor ändå totalt missbedömt alltihop. Det hörde inte till vanligheterna, men det var trots allt fullt möjligt, någon gång måste det hända.

”Ingen fara. Ingen fara alls. Det var ett trevligt avbrott. Inte de tragiska omständigheterna såklart, men trevligt att ses. Hoppas vi gör det igen snart, men utan dödsfall. Nu ska jag försöka smyga in i föreläsningssalen igen. Har jag tur lyckas jag störa professor Nilsson-Ehles med säkerhet fullkomligt urtrista föredrag”, sa han och sedan gick de åt varsitt håll.

24

Henrik slängde ilsket de två fotografierna ifrån sig på skrivbordet och drog ett djupt andetag. Varför hade någon skickat dem till honom? Vad hoppades de uppnå med det? Det var hopplöst, skulle det här aldrig ta slut?

Fotografierna hade kommit i ett brunt kuvert utan skrift utanpå. Lämnat med bud i förlagshusets reception, med order om att det skulle direkt till direktör Meuler. Ingen annan fick öppna det, inte ens sekreteraren, hade stadsbudet inskärpt. Det var strikt konfidentiellt.

I kuvertet fanns ingenting annat förutom de två små fotografierna. Inget brev, inte ett förklarande ord. Henrik hade visserligen förstått alltsammans tidigare. Det vill säga innan han såg de två bilderna på Else halvnaken i famnen på en främmande man. Bilderna var ganska suddiga, uppenbarligen fotograferade i smyg på något sätt, kanske genom ett fönster. Miljön liknade hennes hotellrum i Uppsala, men det gick inte att avgöra säkert trots att han varit där den där natten när Else aldrig kom. Fotografierna var inte särskilt bra, de var alldeles för korniga, och skulle aldrig kunna användas till någon offentlig uthängning. Men det var väl inte syftet heller. De var nog bara avsedda för hans ögon, precis som bilderna av Viktor och Martin som han fått för några månader sedan. Inget brev hade följt med de bilderna heller. Bara det outtalade budskapet att någon visste. Och att någon kunde ta tag i det hela även om inte han gjorde det. Någon som också visste att Sverige inte var Berlin. Det gamla Berlin vill säga. Att det här inte fanns några rektorer, prefekter och professorer som skulle skriva på protestlistor mot förbudet av homosexualitet och kämpa mot omänskliga lagparagrafer och för rätten att älska vem man vill. Ingen Magnus Hirschfeld. Och ingen som skulle tolerera hur Else levde heller.

Viktor hade bara skrattat åt det där med fotografierna när han berättade, sagt att det inte var något att bekymra sig om. Det var väl ingen som brydde sig om det nuförtiden. Lagen som förbjöd homosexualitet skulle dessutom falla när som helst, hade han fortsatt. Men den hade inte fallit ännu och även om Viktor var en stjärna när det gällde medicin och naturvetenskap visste han ingenting om juridik. Den lagen skulle inte falla på länge även om någon hade lämnat in en motion om det, och Viktor kunde fortfarande dömas till straffarbete för kärlekens skull. För att inte tala om de sociala följderna. Det skulle inte behövas något domstolsbeslut. Fotografierna skulle räcka för att rasera allt, oavsett hur ansedd han var som vetenskapsman, hur mycket han än var ordförande för Medicinska Överkollegiet. Karriären som han månade så mycket om skulle gå förlorad. Ännu värre var kanske risken att få en galen läkare med sjuka idéer på halsen. Den sorten var det gott om, det hade Henrik fått lära sig under det här året. När Viktor sa att ingen brydde sig om det längre hade han fel, för de som hatade fanns överallt. Viskande, väntande, planerande, bidande sin tid. Lika redo att förstöra och förgöra som de alltid varit.

Men om fotografierna av Else bara var för hans ögon så var de onödiga. Efter femton år tillsammans kände han henne alltför väl, hade sett det alldeles för många gånger för att inte förstå. Han hade nästan känt sig lättad över att det inte var prosektor Gustaf Eklund på de där bilderna. Att det faktiskt var så att han ljugit för honom under det där förfärliga telefonsamtalet. Att Else var oskadd och lycklig, att inget ont hade hänt henne.

Men naturligtvis brydde han sig, och tog illa vid sig av bilderna. Blev sårad och svartsjuk. Men det stannade där. Det måste stanna där. I sina svaga stunder önskade han att han var den sortens man som ställde sin fru mot väggen, skakade sanningen ur henne, domderade och bestämde. Kanske till och med slog. Som värnade traditioner och respekt istället för individens frihet och lämnade henne vid minsta tecken på förestående skandal, eller gjorde som svinet docent Erik Forsberg föreslagit en gång och fick henne inlåst. Men det var han inte. Han var civiliserad. Respekterade hennes frihet. Det var en principsak. Han var inte som de. Inte som de hatande. Han skulle kunna döda vem som helst som gjort det mot henne som Eklund påstod att han gjort, men vad hon gjorde frivilligt var hennes sak, oavsett hur mycket det sårade honom.

De hade varit gifta så länge att Henrik inte kunde föreställa sig ett liv utan henne. De flesta såg bara honom, det visste han. Mannen, förlagsdirektören, författaren, juris doktorn, riksdagsmannen. Men det var hon som var medelpunkten i deras liv tillsammans. Den energiska och äventyrliga, levande och obändig, och det var därför han älskade henne. Han skulle aldrig ha bott i Paris eller Berlin om det inte varit för henne. Förmodligen skulle han inte ha suttit i riksdagen heller och uttalat sig om den ena juridiska frågan efter den andra. Doktorstiteln hade han tvingats till av andra och förlaget hade han ärvt. Bara dikterna var hans egna, hans alldeles egna. Poesin som han inte hade någon som helst kraft till längre. Orden som inte ville komma. Tomrummet som han inte kunde fylla, liksom han visste att hon inte kunde fylla sitt.

Och bilderna, hur ont de än gjorde, kunde inte ändra på hans känslor för henne. För kärleken var större. Den måste vara så stor att den kunde hantera även friheten. Han var inte en svartsjuk galning som trodde att kärlek, ägande och ensamrätt var samma sak. Dessutom var hon inte den enda som gjort saker hon inte borde.

Det var ännu en uppfattning han inte delade med steriliseringsfanatikerna. Synen på friheten. Och han var livrädd för att smittas av deras inskränkthet. Deras moralism och bakåtsträvande kvinnosyn, deras syn på individen. Aldrig hade det väl varit så tydligt som nu hur en humanistisk samhällssyn ställdes mot en klinisk.

Han kanske inte borde vara fullt så svartsynt. Han hade själv funderat på att bli läkare en gång i tiden och visste att många av dem som ville att medicinen skulle ha en nyckelroll i samhällsutvecklingen ville göra samhället bättre. Ville hjälpa så många som möjligt. Det sympatiserade han med, givetvis. Men för en del av dem handlade det bara om makt. Makt och förakt för de svaga. Som det gjort för Eklund och för Forsberg. Om att använda biologin för att bevara den ordning de tyckte att samhället skulle ha.

Antalet människor som stämplades som sinnesslöa växte för varje dag. Var det verkligen frågan om degeneration eller hade samhället i själva verket förändrats på ett sätt som gjorde det svårare för vissa? Eller handlade det rentav, som han själv misstänkte, om korrigeringshysteri och social ingenjörskonst? För ingenting och ingen kom undan korrigeringslustan nuförtiden. Först hade man låst in dem som inte passade in, sedan hade man låst in dem på undanskymda platser. Och nu skulle man korrigera deras kroppar, korrigera bort deras arvsanlag från folkmaterialet. Var skulle det sluta? Var det bara han som kände vanmakt inför ett samhälle som närmade sig humanismens yttersta gräns, utan att först se efter vad som fanns på andra sidan?

Henrik var fortfarande chockad över att han var den ende som reagerat på den syn på kvinnan som framkommit i diskussionen om steriliseringslagen. Besattheten av sexualmoralen, den ständiga användningen av uttryck som "sexuellt vidlyftig" och "sexuellt opålitlig". Men de gällde bara kvinnor. Män kunde tydligen inte vara för sexuellt vidlyftiga, hur många de än låg med. I alla fall inte så länge de höll sig till kvinnor. Henrik mindes de föraktfulla uttalandena om kvinnor som blivit gravida utanför äktenskapet, att de gott kunde få lära sig en läxa. Som skulle få välja mellan att göra abort och sedan steriliseras eller inte få göra abort alls och att detta skulle vara nyttigt för dem. På vilket sätt skulle ett så ohyggligt val kunna vara nyttigt för någon? Ett val mellan stigma och förbannelse? Ett val mellan två sorters skuld. Vilken människosyn vittnade det om?

Arvshygienisterna som med grumlig logik blandade biologism med ständiga predikningar om skötsamhet och moralism. Var det den typen av människor som skickat bilderna till honom? Sådana människor som han måste skydda Else och Viktor ifrån? Människor besatta av andras moral, men inte av sin egen. Efter middagarna som följt på debatten om steriliseringslagen hade en hel del av de andra deltagarna gått vidare till prostituerade, passat på eftersom deras familjer ändå väntade sig att de skulle komma hem sent.

Många av steriliseringsivrarna var också starkt positiva till nazismen, det visste han. Gustaf Eklund hade definitivt varit det. En del bar till och med små hakkors innanför sina rockslag. Han hade sett dem glittra till vid oförsiktiga rörelser. Nazisternas beundrare fanns i alla partier och samhällsklasser. Inte minst i borgarklassen. Henrik träffade dem dagligen. Militären och polisen var också infekterade av nazismens läror. De som skulle upprätthålla ordningen om något skulle hända. De vars uppgift det var att skydda befolkningen. Vilkas liv och hem skulle de försvara till varje pris och vilka skulle de vända ryggen till om nazismen spred sig? Eller rentav hjälpa till att förgöra?

Henrik hade försökt diskutera med de steriliseringsfrälsta läkarna. Kunde det inte snarare handla om att olika grupper hade olika möjligheter? Att bildning så att säga kom utifrån och inte inifrån, hade han invänt. Det var en fullständig missuppfattning, hade de hävdat. Rent evolutionsmässigt var det så att de som fortfarande var på botten i det moderna samhället måste bära på sämre anlag än de andra. Sedan hade de spelat ut överklasskortet. För vad kunde överhuvudtaget en som han, född både med silversked och med ett förlag i mun, veta om sådant? Ingen av dem hade vågat nämna att han var jude, men han visste att flera av dem tänkt på det. Att han var en främling som hotade deras rasmaterial. Hur många hundratals år måste man befinna sig på en plats innan man slutar betraktas som en främling?

lördagen den 1 december

SANKT ERIKS SJUKHUS, STOCKHOLM

25

Eva Svensson bröt samman framför henne. Den olyckliga sjuksköterskan hade lyckats hålla emot så länge kommissarie Carl Hell var i rummet, kanske skrämde han henne, men så fort han gått ut kom tårarna. Mängder av tårar.

”Ni förstår, jag, vi, vi ...”

Mascaran rann längs hennes pudrade kinder i tjocka, svarta, oljiga floder. Hon tog upp en rosablommig näsduk ur fickan och försökte torka bort det värsta men det gjorde bara det hela ännu värre. Den svarta kladdiga färgen smetades ut kring ögonen så att hon såg ut som en gammaldags stumfilmsskådespelerska. När hon sedan torkade näsan fick även den svarta färgfläckar. Maria visste inte om hon borde säga till henne lite diskret eller om hon skulle vara tyst, men valde till slut det förstnämnda och lånade ut sin egen rena näsduk.

”Jag kan inte, jag kan inte säga hur ... Jag är rädd, jag, vi ...” sa syster Svensson medan hon torkade bort mascaran från näsan.

”Det kommer att bli bra ska ni se”, sa Maria trots att hon själv tyckte det lät dumt, trots att det inte fanns en enda möjlighet att det skulle kunna bli bra. ”Berätta nu vilken relation ni och docent Erik Forsberg hade med varandra.”

Relationsfrågan var droppen. Hela den solkiga historien liksom rann ur syster Svensson. Hur det börjat, hur det fortsatt. Hur smutsig det fått henne att känna sig, men hur hon ändå inte kunnat sluta. Hur han bundit fast och förnedrat henne.

”Jag kunde inte bryta, förstår ni. Han och jag, vi … Sedan hade han fotografier också. Gud vet var de är någonstans. Och vad jag ska ta mig till om någon skulle hitta dem. Det var därför jag kom hit inatt, trots att jag inte var i tjänst. För att försöka hitta de där fotografierna. Snälla ni, förstör dem om ni träffar på dem”, bad hon och började storgråta igen.

Docent Forsberg hade onekligen varit mycket förtjust i fotografier och av allt att döma även i att fotografera. Bland hans papper hade de hittat hundratals bilder när de under fredagen gick igenom hans arbetsrum. Hundratals människor som stirrat rakt upp på henne. Hon hade svårt att glömma dem trots att hon nu satt här och försökte föra ett samtal, försökte få syster Svensson att berätta så mycket som möjligt. Det var svårt att frigöra sig från de maniska, deprimerade och avtrubbade ögonen på bilderna. De plågade, tärda ansiktena. Alla de nakna människorna var fotograferade i helfigur, oftast i märkliga vridna positioner och de var alldeles för magra. Så mager som man bara blev av långvarig undernäring.

Forsberg tycktes ha studerat dem, studerat dem noga. Betraktat dem som objekt, sina objekt. Sida upp och sida ned berättade om dem i detalj. Matvanor, toalettvanor, menstruationscykler. Hur många gånger de skrattat under dagen, och på vilket sätt. Hur många gånger de skrikit och gråtit. Hur länge de sovit, vad de bett om, vad de gjort och vad de inte gjort. Hur många gånger de behövt spännas fast med våld eller medicineras.

Det hade varit plågsamt att gå igenom anteckningarna och

bilderna, och det var ännu mer plågsamt att tänka på dem nu, efter syster Svenssons berättelse. Vad två vuxna människor gör frivilligt tillsammans var visserligen deras ensak. Men hur frivilligt hade det här varit egentligen, om han nu kunnat utpressa henne med de där fotografierna? Eller utnyttjat sin ställning och fått henne att tro att hon var tvungen. Fått henne att ställa upp gång på gång på gång. Maria visste att det hela varit nästan ofarligt för Forsberg, även om historien skulle ha kommit fram. Han kanske redan hade roat sig med att skicka runt bilderna under blöta kvällar. Samhällets tolerans för skandaler, den sortens skandaler, berodde helt och hållet på vem man var. Och den var alltid hög när det gällde stora män. Ingen skugga skulle ha fallit över docent Forsberg. Han skulle förmodligen ha fått uppskattande ryggdunkningar och blinkningar. Kanske en tillsägelse för syns skull. För Eva Svensson skulle karriären däremot ha varit över. Ingen skulle anställa en sjuksköterska som gick med på att spännas fast på en patientbrits och leka våldtäkt. Maria hade inte hittat några av just de fotografierna ännu, men lovade sig själv att hon skulle gömma undan dem och förstöra dem om det visade sig att de inte hade något med utredningen att göra.

Dörren till det angränsande rummet var stängd, men den kunde lika gärna ha varit vidöppen. Både Marias och syster Svenssons blickar drogs hela tiden till den, till rummet där Forsberg legat fastspänd på britsen. Rummet där allt blod verkade ha runnit ur hans kropp. Maria förbannade sig själv för att hon så tanklöst utsatt syster Svensson för det.

Hon kunde inte släppa tanken på syster Svenssons skräck för fotografierna, även sedan kvinnan gått därifrån. För Maria visste hur det där med status fungerade. Hög status var som ett vaccin mot dåligheter, låg status innebar att man kunde utsättas för vad som helst. Docent Forsbergs rum visade tydligt vilken status han haft. Tillräckligt hög för att kunna ta sig många friheter. Här fanns personligt hållna brev från akademiska storheter i olika delar av världen, tonvis av böcker, diplom, utmärkelser och en pompös oljemålning som föreställde honom själv.

Maria ansträngde sig för att tänka logiskt och kliniskt om Forsberg. Då skulle hans hemska död inte beröra henne lika starkt som mordet på prosektor Gustaf Eklund gjort. Hon skulle göra sitt yttersta för att skaffa sig en uppfattning om mannen, utan att tänka på hans död överhuvudtaget, medan Hell löste obduktionsfrågan. Han hoppades på att kunna få doktor Astrid Wik att komma ned från Uppsala och obducera Forsberg också.

Maria började gå igenom bokhyllan. Böckernas titlar tydde på att han varit duktig på språk. Flera var skrivna på något hon gissade var spanska, bland annat en tjock bok, *Manual de Anatomía Patológica General*, med massor av bilder. Hon hade blivit illamående bara av att bläddra i den och snabbt satt tillbaka den i hyllan. Bilderna gjorde på nytt morden levande för henne. Till och med miljön och redskapen var desamma som de varit på mordplatserna. Några böcker var på ryska, hon kände igen bokstäverna, andra på engelska. Hon kände igen en av titlarna men hade glömt varifrån. Kanske hade prosektor Eklund också haft den eller så hade hon hört talas om den i ett annat sammanhang. Kanske när hon fortfarande försökte bli sjuksköterska. Hon lyfte ned en gammal bok ur hyllan, det var en dammig skrift på tyska. Marias österrikiska mormor hade hjälpt henne att dryga ut skoltyskan, så hon började bläddra i den. Men det var inte den typen av tyska som vare sig hennes skollärare eller mormor hade kunnat. Texten sa henne inte så mycket, mer än att hon förstod att det handlade om experiment med hjärnoperationer genomförda för längesedan på något som hette *Préfargier Asylum*.

De skulle försöka hitta gemensamma nämnare mellan docent Forsberg och prosektor Eklund hade Hell sagt. Saker som band dem samman. Och visst fanns det samband, men bara på det professionella planet verkade det som. Av allt att döma hade de båda männen i stort samma intresseområden: arvshygien samt neurologiska och psykiatriska sjukdomar. Deras många gemensamma engagemang visade att de måste ha varit bekanta på något sätt. Även om där bara fanns en handfull brev som de skrivit till varandra var det uppenbart att de haft mycket med varandra att göra i tjänsten. Båda hade varit engagerade i framarbetandet av den nya steriliseringslagen och förmodligen suttit i samma rådgivande kommittéer. Hon kunde inte låta bli att undra om de båda männen delat andra intressen också. Som att spänna fast sjuksköterskor. Men det fanns ingenting som tydde på att Eklund hade den sortens böjelser. Förutom att hans hustru påstått att han var en hustyrann hade ingen sagt något sådant om honom. Inte ens den där docent Nils Hansen, som tydligen hamnat i slagsmål med honom vid något tillfälle. Än så länge utgjordes likheterna mellan de båda männen bara av intresset för sinnessjukdomar och hjärnan.

Men medan Eklund angrep det hela från ärftlighetssynpunkt och som anatom var intresserad av att studera hjärnan, tycktes Forsberg ha varit mer inriktad på sinnessjukdomarna i sig och på hur man skulle kunna bota dem. Komma tillrätta med dem både psykiskt och fysiskt. Men, tänkte Maria, frågan var väl kanske hur mycket det handlade om omtanke om de sjuka och hur mycket det handlade om att höja deras egen status. Ära och vetenskapliga upptäckter verkade väldigt viktigt för dem.

Forsbergs många brev från internationella kollegor talade om jakten på nya och mer effektiva – moderna – vägar att bota sinnessjukdomarna. Och att underlätta för samhället. Men var fanns människorna, de sjuka? De nämndes aldrig.

Docent Forsberg hade uppenbarligen varit grundligt trött på den syn som professor Augustin Wallin beskrivit som den gamla linjen. På tanken att de sinnessjuka i första hand var sjuka. Istället verkade han ha haft siktet inställt på att hitta den rent fysiska orsaken till sinnessjukdomarna. Nu skulle de botas till vilket pris som helst, även om det råkade vara mer plågsamt än själva sjukdomen. Behandlingarna var många och varierade. På en del håll injicerade man patienterna med malariainfekterat blod för att ge dem feber, eftersom feber uppfattades som lugnande. Särskilda avdelningar fanns tydligen redan både i Lund och Uppsala och på många håll utomlands. På andra experimenterade man med olika slags chockterapier.

Maria förstod inte hur hon skulle kunna ta sig igenom de hundratals breven på olika språk och med alla latinska termer. Det kändes som en hopplös uppgift, de skulle behöva vara flera stycken, alla med olika språkkunskaper. Eller kanske behövdes det inte, för redan efter ett trettiotal brev stod andemeningen klar. Visionerna om att vägen till framtidens sinnessjukvård låg i att lämna de yttre behandlingarna bakom sig och ta sig in i hjärnan. Att det var där som lösningen fanns. Att steriliseringarna bara var en preventiv åtgärd, att det som måste till var en städning i huvudet på det befolkningsmaterial som redan fanns. Det enda brev som avvek var från prästen på

Sankt Eriks sjukhus, som var argt och anklagande. Hon läste det igen. Visst hade de hittat ett liknande brev på prosektorns rum, var det inte samma avsändare till och med? Peter Winter? Prästen klagade över likhanteringen, men varför ställdes brevet till en psykiatriker? Men när hon läste vidare förstod hon att prästen vänt sig till Forsberg i hopp om att få hans stöd för att stoppa att lik från Stockholms olika vårdinrättningar skickades för dissektion istället för begravning. Nåja, det var ingenting som de inte redan visste. Hon undrade vad Forsberg svarat. Om hon vågade skulle hon föreslå Hell att de gick och pratade med prästen. Eller så kunde hon helt enkelt ringa upp honom själv.

Hon ville så gärna lösa det här, nu när hon fått chansen att vara med. Komma med en genial idé, bevisa sitt värde. Såväl för Hell som för sig själv och resten av poliskåren. Både för sin egen skull och för de andra polissystrarnas. Men idéerna ville inte komma. Hur hon än funderade över morden, hur hon än vände och vred på det de visste kom hon tillbaka till samma sak. Den mänskliga hjärnan. Att intresset för hjärnor var vad som förenade de båda offren. Eller så gjorde hon för stor sak av det. Det kunde handla om precis vad som helst. Kvinnor, ära, svartsjuka, girighet, utpressning. Så länge de inte visste något mer fanns det alldeles för många möjligheter. Hon skulle inte ta upp det med Hell ännu, hon måste fundera lite till först. Kanske gå igenom några av Forsbergs många journaler för att få en uppfattning om vad han var för läkare. Eller var det lika bra att berätta om idéerna direkt?

lördagen den 1 december

SANKT ERIKS SJUKHUS, STOCKHOLM

26

Den höga smällen fick honom att hoppa till. När han vände sig om såg han hundratals brev ligga utspridda som en stor oregelbunden solfjäder över hela golvet i docent Erik Forsbergs kontorsrum. Först trodde Carl att Maria drämt brevhögen i golvet med vilje, att hon blivit trött på alltsammans och fått nog, men hon såg alldeles för olycklig ut för att det skulle kunna vara så. Nästan gråtfärdig. Högröd i ansiktet skyndade hon sig fram och började fösa samman breven. Han satte sig på huk och började snabbt samla ihop brev han också, men hans hjälp verkade ovälkommen, den verkade bara göra henne ännu mer generad.

Carl hade lite dåligt samvete över att han tvingade henne att arbeta så intensivt. Eller samvete och samvete. Han visste att han i alla fall borde ha haft det. Hon såg trött ut. De lysande blå ögonen var minst en nyans mattare än de varit innan de reste till Uppsala, liksom ansiktsfärgen. Och det var väl på grund av tröttheten som breven åkt i golvet. Men hon klagade inte. Inte så mycket som en suck eller ett stön hade hon undsluppit sig, inte på hela veckan. Det hade varit rätt att bråka med statspolisintendent Tage Berglund för att hon skulle få följa med. Men det hade han varit säker på redan från början. Han borde kanske tala om det för henne på något sätt.

”Jag tror att det handlar om hjärnan”, sa Maria plötsligt och rodnade. Hon satt fortfarande på huk, med blicken mot golvet och den utspridda brevhögen som snabbt blev allt mindre.

”Hjärnan?” upprepade han samtidigt som han insåg hur dumt det måste låta.

Nu såg hon ännu mer generad ut, men han hoppades att hon skulle våga fortsätta. Han var säker på att hon var intelligentare än någon av hans andra kollegor och ville verkligen höra vad hon hade att säga.

”Ja, alltså. Hjärnan. De verkar ha varit besatta av den mänskliga hjärnan, de båda döda läkarna”, mumlade hon snabbt.

Ingen av hennes manliga kollegor skulle ha vågat lägga fram en egen teori i ett fall som detta. Ingen. Han undrade hur mycket mod det krävt.

Maria hade dessutom rätt i det hon sa. Det var det mest iögonenfallande med såväl docent Forsberg som prosektor Gustaf Eklund, deras intresse för hjärnan. Och så det där med steriliseringslagen. Den verkade de också ha varit besatta av, vilket de tyvärr inte var ensamma om. Även om Carl var enig med henne var det en förklaring som nästan gjorde det hela ännu mer oklart och komplicerat. För inte blir man väl mördad för att man är intresserad av hjärnor? Männens gemensamma fascination för hjärnforskning förklarade inte heller vaktmästare Evert Johanssons död. Den hängde fortfarande som en besvärande lös tråd mitt i alltsammans. Docent Nils Hansen och docent Forsberg hade besökt honom i häktet och nu var han död. Liksom Forsberg. Det var ungefär vad de visste. Men vilket hade förhållandet varit mellan honom och de båda döda läkarna? Att prosektor Eklund hade haft med honom att göra var ju självklart. Men vilket samband fanns det med Forsberg, förutom besöket i häktet? Professor Augustin Wallin hade ännu inte kunnat förklara varför Forsberg varit i Uppsala. Eller så gjorde han själv för mycket av det.

Omständigheterna kring Johanssons död var också oklara. Och Carl skulle aldrig få veta vad det var han velat berätta för honom, det som varit så viktigt att bara Carl fick höra. Dödsorsaken var förgiftning hade doktor Astrid Wik bekräftat i telefon när han ringt upp henne för att höra om hon hade möjlighet att resa till Stockholm. Men det kunde innebära många olika saker. Han kunde ha förgiftats av någon av de besökande läkarna eller stulit tabletter från någon av de båda männens väskor när de besökte hans cell. Han kunde till och med ha stoppat i sig preparaten tidigare, det var lite oklart hur lång tid det tog innan de verkade, eller smugit dem med sig in i häktet. De skulle förmodligen aldrig få veta vilket. Varken Forsberg eller Johansson kunde berätta något om det. Bara docent Hansen, som dök upp på alldeles för många ställen. Kanske var han skyldig, eller så var han också i fara. Hansen som han ännu inte hade lyckats få tag på, trots att han försökt. Var Hansen fortfarande kvar i Stockholm, eller var den där konferensen slut nu?

Men Maria hade rätt. Hjärnan var det tydligaste sambandet. Var det inte den det handlade om måste det vara något de ännu inte upptäckt. Oavsett vilket måste de kartlägga sambanden mellan de båda männen. Försöka komma på vad som förenade dem. Förklara varför just de av alla landets läkare låg döda med två hål i sina huvuden. Att de känt varandra stod bortom allt tvivel, frågan var hur väl. Hade de träffats ofta eller sällan? Haft intensivt samröre, eller bara distanserat och kollegialt?

”Jag har inte hittat någon riktig kalender här, bara en tunn anteckningsbok med spridda noteringar och namn. Men docent Forsberg måste väl ändå ha haft en, eller hur?" frågade Maria, samtidigt som hon reste sig med de många breven i famnen, nu ordnade i en prydlig hög.

Ja, han måste ha haft en, tänkte Carl. Han måste ha haft en förbannat detaljerad kalender med sitt omöjliga schema. Men var fanns den kalendern nu? Den var inte här och den var inte hemma hos honom heller. Konstaplarna som hade sökt igenom Forsbergs hem hade inte heller hittat något som liknade en kalender. Hade någon tagit den? Mördaren? Fanns det något i den som behövde döljas, som de inte fick se?

Prosektor Eklund hade gömt sin kalender, den hade inte mördaren fått tag på. Om han eller hon nu överhuvudtaget hade letat efter den. Den lilla kalendern hade legat gömd bland breven. Fanns svaret i den? Kalendern låg fortfarande i Carls väska, han kunde lika gärna göra ett försök att tyda de spretiga anteckningarna och den svårlästa handstilen. Jämföra den med Forsbergs sporadiska anteckningar, eftersom de var allt de än så länge hade att jämföra med innan de hittade hans riktiga kalender. Om de hittade den, för den här mördaren verkade inte vara en person som lämnade något åt slumpen.

Maria verkade ha fått samma idé, för hon lade ifrån sig breven på skrivbordet, noga med att lägga dem långt från kanten, och tog upp ett litet tunt vaxduksinbundet häfte. Hon satte sig ned och började bläddra i det.

"Den 16 januari", sa Maria, "har han gjort en anteckning. *Möte med Eklund m.fl. kl. 8.* står det. Det är första stället han nämns på. Fast det är ju den första månaden som finns med i häftet, så det behöver inte betyda något."

Carl tog upp prosektor Eklunds kalender och bläddrade fram till den 16 januari. Där upptog dagen flera sidor. Men precis som han väntat sig var anteckningarna osammanhängande och obegripliga. Chifferaktiga. Ord som *hjärnan*, *ärftlighet* och *arvsmassan*, men utan närmare förklaring. En hel del latinska termer som inte sa honom någonting överhuvudtaget. Ibland fanns datum och klockslag, eller otydliga referenser uppenbart avsedda enbart för Eklund själv.

Dr Meuler såg han plötsligt att det stod på en av sidorna i Eklunds kalender. *Meuler*. Det var som om namnet skrek åt honom. *Dr Meuler*. Och inte bara på den sidan upptäckte han när han hastigt började bläddra igenom den. Det fanns på flera ställen. *Meuler, Meuler, Meuler*. Flera datum, ganska många, minst fem stycken. Spridda över hela året. Precis som det stått *Dr Meuler* där i dagboken på den sista dagen, vilket fått honom att gå till Gustavianum och var anledningen till att han träffat henne överhuvudtaget.

Else hade sagt att hon aldrig haft med prosektor Eklund att göra förut, att det varit första och enda gången de setts. Men när hon sagt det kände hon och Carl inte varandra. Det var annorlunda nu. Nu kunde hon ha sagt det. Nu efteråt. Hon borde ha rättat sin lögn. Såvida hon inte hade något att dölja, vill säga.

”Den 19 mars. *Eklund, Meuler*”, sa Maria.

Där var det igen. Meuler. Samma sak. Liksom den sista april och flera andra dagar. Meuler, Eklund och Forsberg. Om och om igen.

”Det finns en Meuler i journalerna också”, sa Maria sedan, som för att göra det hela ännu värre. ”En kvinna. Elisabeth, Elsie, Else. Något i den stilen, jag ska leta upp det igen. Men där stod inte så mycket, hon verkar inte ha varit inlagd, utan bara varit hos Forsberg vid några tillfällen. Hon kanske inte ens var patient på riktigt.”

Maria bläddrade bland alla sina papper och till slut verkade hon ha hittat vad hon letade efter.

”Precis. *Fru Else Meuler. Misstänkt manisk, kommit rättsvägen. Rekommenderas vård, men maken motsätter sig. Anbefaller tvångsinläggning. Förslagsvis Beckomberga.* Mer än så står det inte. Pratade inte ni med en doktor Meuler i Uppsala? Det kanske är ett vanligare namn än jag trodde.”

Vem var hon egentligen, undrade Carl? Doktor Else Meuler, som berättat så mycket om sitt liv, medvetet eller omedvetet avslöjat att bakom hennes lekfulla yta fanns såväl äventyrslusta som råstyrka. Som uppenbarligen var en person som visste vad hon ville och såg till att få det. De här uppgifterna passade extremt illa med den bild han hade av henne, vad kunde detta handla om? Och varför hade hon inte ändrat sin historia när det gällde Eklund? Han hade till och med berättat för henne om hans kalender redan första gången de sågs, så hon kände till att namnet fanns på åtminstone ett ställe i den. Han visste att hon absolut inte var dum. Puck. Hur var det nu Puck var? Lekfull, men knappast att lita på. Hur beskrev han sig själv i pjäsen? *I am that merry wanderer of the night.* Men å andra sidan, hon behövde trots allt inte berätta någonting för honom, hon var inte skyldig honom något. Hon var fri att spela spelet som hon ville. Naturligtvis kunde hon det. Och han misstänkte att hon var en mästerspelare. Men spela spelet kunde fler göra. Frågan var vad det betydde, hennes val av spelstrategi. Det kunde vara alltifrån att hon hade glömt det, även om det inte var särskilt troligt, till att hon hade något att dölja. Carl tyckte inte om att bli lurad. Ingen tycker om att bli lurad. Särskilt inte om man inte vet om man är medspelare eller bara en spelbricka.

lördagen den 1 december
STORGATAN 38, STOCKHOLM
27

Kommissarie Carl Hells trappuppgång luktade rent. Rent och såpa. Någon måste nyss ha skurat den för det fanns fortfarande våta, hala fläckar kvar som inte hade torkat. Else gick försiktigare än vanligt för att inte råka sätta foten i någon av dem och halka. Visserligen var hennes kläder redan lite skrynkliga efter tågresan från Uppsala men något värdigare fick hennes entré gärna vara.

Hon tvekade en stund utanför hans dörr. Såg sig omkring, men lyfte sedan handen och ringde på. Det var ingen mening att tveka. Hon tänkte ändå genomföra det. Låta sig svepas med, spela spelet, för en stund skingra tomhetskänslorna bara för att få skuldkänslor som sedan måste betvingas på nytt någon annanstans.

Men det var inte som de andra gångerna, så här brukade hon inte göra – träffa någon igen. Det hade alltid varit deras tysta överenskommelse, hennes och Henriks. Eller var det kanske egentligen bara hennes överenskommelse med sig själv?

När Carl öppnat dörren kysste hon honom så fort hon kom in i hallen. Och innan ytterdörren hann slå igen hade hennes ytterkläder hamnat i en hög på golvet. Kappa, hatt och skor i en enda röra.

Han var precis som hon mindes honom. Fast den här gången utan skuggan av andra, dåliga händelser. Den här gången var det bara hon och han. Efter en stund lyfte han upp henne på hallbyrån. Knäppte upp hennes blus. Sakta. Drog upp hennes kjol. Hon knäppte snabbt upp hans byxor och drog honom in i sig.

Men när de låg i hans säng efteråt förstörde han allting. För plötsligt frågade han om prosektor Gustaf Eklund och då kom alltsammans tillbaka igen. Hårda händer, stirrande kranier, skvalpande hjärnor. Sjuka gubbfantasier om tuktning, fostran och makt. Hat. Saliv i örat och äckliga viskningar.

”Gustaf Eklund? Varför drar du upp den människan nu?” fräste hon.

”Du finns i hans kalender. Många gånger.”

Svaret oroade henne. Hon hade bara träffat prosektor Eklund den där enda gången, den där förfärliga gången. När hon nätt och jämnt hunnit undan. När hans händer, samma händer som genom åren måste ha skurit sönder tusentals lik, varit överallt på henne. Nej, hon ville inte tänka på det. Minnet skulle bort helt enkelt. Hon tänkte leva som om det aldrig någonsin hänt, annars skulle han vinna i alla fall.

Fast nu spelade det ingen roll, nu fanns det betydligt allvarligare problem. Så stora och viktiga att det som Eklund gjort mot henne kändes som en bagatell. Tydligen fanns namnet Meuler på många ställen i hans kalender. Och hon var inte den enda med det namnet, det fanns en till. Hade Henrik träffat honom utanför riksdagen? Den där vidrige Eklund? Var det därför han viskat ”hälsa din judeman” i örat på henne? Visste Henrik vad som hade hänt? Hade han fått för sig att han skulle skydda henne på något sätt? Han som kunde vara så beskyddande, som skulle göra allt för hennes skull. Henrik som hade talat med Viktor länge häromnatten. Som inte kände till att hon märkt att han lämnat sängen och gått ut ur lägenheten.

”Jag har aldrig träffat karln mer än den gången. Den enda gången”, fräste hon medan hon rättade till sina kläder och rafsade samman ytterkläderna. ”Men jag är väldigt glad över att jag aldrig behöver träffa honom igen!” fortsatte hon och bet sig sedan ilsket i läppen för att hon avslöjat vad hon tyckt om Eklund, även om hon inte berättat varför.

Med de orden lämnade hon Carls lägenhet och smällde igen dörren. Skulle hon träffa honom igen? Spelade det någon roll? Spelade någonting någon roll överhuvudtaget?

Inte förrän hon var hemma i sin egen hall märkte hon att Martins bok var borta. Den låg inte i väskan längre. Boken som hon absolut inte ville bli av med, som var alltför värdefull för henne. Den som förutom fotografiet från Tiergarten var det enda bandet hon hade kvar till det som gått förlorat.

lördagen den 1 december

STORGATAN 38, STOCKHOLM

28

Carl låg kvar i sängen sedan hon stormat iväg. Han hade fått vad han bett om, därom rådde det ingen tvekan. Förmodligen vad han förtjänade också. Men han hade ännu inte bestämt sig för om han ångrade sig eller inte. Det hade varit omöjligt att inte fråga. Omöjligt. Det skulle ha varit både fegt och dumt att låta bli, och han var ingetdera intalade han sig. Men han hade kanske kunnat göra det på ett annat sätt. Ansträngt sig lite. Försökt linda in det. Eller så kunde han tagit en annan väg och ställt henne mot väggen och frågat om uppgifterna i docent Erik Forsbergs journaler också. Frågat om varför hon, en rik och välutbildad kvinna, hamnat på hans mottagning på Sankt Eriks sjukhus och nästan blivit utsatt för tvångsåtgärder. Men det hade han inte gjort. Och nu var hon borta. För alltid? Knappt inne i hans liv förrän hon var ute igen.

Han reste sig upp. Tände en cigarett och plockade upp boken hon tappat på golvet. *Mephistopheles* av Martin Wickman. Martin från fotografiet vid hennes säng. Uteserveringen i ett höstligt Tiergarten. En av Tysklands främsta författare, enligt Else. Som han aldrig hade hört talas om tidigare, fast det kunde lika gärna vara ett mått på hans egna läsvanor som på Martin Wickmans status.

Han öppnade boken. På första sidan fanns en dedikation. *Nemo, ich liebe dich für immer und ewig*, Nemo, jag älskar dig för tid och evighet. Vem var Nemo? Han kände igen namnet från hennes inramade fotografi men visste inte vem av dem det var. De hade varit åtta personer på bilden, så mycket mindes han. Tre kvinnor och fem män. Sex möjliga kandidater, således, för han hade knappast dedicerat boken till sig själv. Och inte till Else heller, för hon var ju Puck. Ett ganska träffande smeknamn på henne. Hans Holmgrens namn kom han också ihåg, inte för att det var träffande utan för att det var ganska elakt. Knappast något han skulle ha valt själv. Då återstod fem. Inte för att han hade med det att göra överhuvudtaget. Han hade varken träffat Wickman eller läst hans böcker.

Han bläddrade lite förstrött i boken. Han var osäker på om hans tyska var tillräckligt bra för att han skulle kunna ta sig igenom den, det var längesedan han fått användning för språket. Men han kunde göra ett försök. Han hade inte något bättre för sig. Inte nu, sedan hon gått sin väg. Dessutom var han nyfiken både på henne och på hennes vänner. Utbrottet nyss hade inte minskat den nyfikenheten, tvärtom var han mer nyfiken än någonsin.

Språket, eller snarare hans egna språkliga brister, tog emot under de första tjugo sidorna. För Wickman uttryckte sig lekfullt, genialt och med många metaforer och referenser. Boken var inte lättläst, den krävde förmodligen en väldigt god kännedom om den stora tyska litteraturen för att verkligen komma till sin rätt. Där hjälpte det inte att man läst lite Goethe, Schiller och Mann. Men snart sögs han in i berättelsen. En fasansfullt mörk historia, där skillnaderna mellan de goda och de onda var uppluckrade, där deras handlingar inte gick att skilja åt. Där även de goda och ädla bar på ondskan, där den drogs fram ur dem alla. Förgjorde både dem själva och världen omkring dem. Allt var Mefistofeles verk, en demon som strök genom Berlin och likt sin namne i Faustlegenden ville förstöra det som var rent och vackert. Förgöra lyckan, slita älskande från varandra, splittra vänskap, så hat och främlingskap. Svek, ränker, falskhet och utplånande vettvilligt begär. Som en djävulsdans i allt snabbare takt, eller kanske snarare en dödsdans ledd av djävulen. Men här fanns inga räddande änglar som kunde rycka ut i sista stund, som i Goethes Faustdrama. I Wickmans verk fanns bara ogenomträngligt mörker och oundviklig förgörande undergång.

Var det vad Else trodde att prosektor Gustaf Eklunds kalender och Carl själv skulle förorsaka? Undergång? I så fall kände hon honom illa. Av allt att döma hade Eklund varit en vidrig person vars död gjort världen aningen bättre. Det tyckte i alla fall Else. Docent Forsberg verkade inte ha varit mycket bättre. Och han själv var inte beredd att förstöra någons liv över en sådan sak. Men han ville ha svar, ville veta. Måste få veta. Om inte annat så för att skydda henne.

söndagen den 2 december
POLISHUSET, STOCKHOLM

29

Maria visste inte riktigt vart hon skulle ta vägen. Hon kunde inte gå därifrån och inte in i kommissarie Carl Hells rum, men hon kunde definitivt inte stå här heller och se ut som om hon försökte höra vad som sades.

”Det är en jävligt besvärlig situation, det här”, hörde hon statspolisintendent Tage Berglunds hesa men dånande röst rakt igenom den stängda dörren. ”Jävligt besvärlig. De är på mig som iglar, politikerna. Den där Hans Holmgren är värst av alla. Han är som en helveteskurir för allt deras jävelskap! Men han är inte ensam. Både den där Göran Almqvist och Henrik Meuler har varit med på mötena, jag har varit tvungen att träffa dem flera gånger. De är två av Stockholms finaste jurister, en professor och en doktor, och det skulle inte förvåna mig om den där Meuler blir justitieminister en dag. Du måste sköta det här perfekt, förstår du. För min skull och för din egen. Exemplariskt! Det måste få ett slut och det så snart som möjligt!”

Hade Berglund talat till henne på det där sättet hade hon blivit skräckslagen, men hon hade svårt att föreställa sig Hell sjunka ihop som en skamsen skolpojke. Fast man kunde aldrig veta, hon kunde inte se dem.

Hon hörde Hells röst också, men den var lägre och hon

kunde inte urskilja orden. Plötsligt slets dörren upp och hon fick bråttom att flytta sig några steg bakåt så att de inte skulle tro att hon stått och tjuvlyssnat. Även om det var vad hon gjort. Berglund sa inte ett ord till henne. Bara blängde och nickade kort. Hell såg mest tankfull ut, inte orolig men inte glad heller. Och inte fullt lika självsäker som vanligt.

”Han lugnar sig snart, det gör han alltid”, sa han när de kommit in på hans tjänsterum.

Kommissarie Hells rum var lika udda som han själv. Inte likt något av de andra polisernas. På skrivbordet fanns inget annat än en stor välanvänd askkopp full av cigarettfimpar. Det bekräftade bara det hon redan visste om hans rökvanor.

Väggarna pryddes av tavlor som såg väldigt moderna ut. Det var omöjligt att se vad de skulle föreställa. Fåtöljen i hörnet med läslampan intill måste vara provocerande för de andra i huset, möbler som signalerade vila sågs nog inte som särskilt passande. En polis vilade inte, han handlade. Fast frågan var om Hell någonsin vilade. Det var inte det intrycket hon fått av honom under den här veckan. Det skulle inte förvåna henne om han hade ställt dit dem bara för att provocera.

Det var första gången de träffades på polishuset. Ja, hon hade naturligtvis sett honom där många gånger, men inte talat med honom. Kanske var det därför han verkade annorlunda. Hon fick erkänna att det kändes konstigt att vara tillbaka. Nästan som om den ovanliga och spännande veckan bara varit en dröm. Hon hade väntat sig att huset skulle vara nästan tomt en söndagsmorgon, men det hade varit förvånansvärt många där och de hade gett henne en hel del raljerande kommentarer. Vad fick du göra för att komma med på den där resan? Delade ni rum? Jojo, det finns många vägar att göra karriär på, och många sätt att hålla sig varm under kalla nätter. Och annat i den stilen. Några av de andra polissystrarna var avundsjukt nyfikna och ställde frågor som: Hur är han egentligen? Är ni …? Har ni …? Annars verkade de flesta vara mindre benägna att prata med henne än vanligt.

”Vi måste klarlägga sambandet mellan prosektor Gustaf Eklund och docent Erik Forsberg”, avbröt Hell hennes tankar. ”Ingenstans har vi funnit några tecken på att de umgåtts privat. Polisen i Uppsala har frågat runt och varken Eklunds familj eller vänner vet vem Forsberg är. De har vare sig arbetat på samma plats eller studerat tillsammans. Kopplingen dem emellan måste ändå vara professionell, precis som kalendrarna antyder. Det är mest sannolikt i alla fall. Det leder tillbaka dit hela tiden, oavsett vilket spår man följer. Till din idé om hjärnan.”

”Och steriliseringslagen. Den länkar dem också till varandra. Det måste finnas massor av människor som haft med dem båda att göra. Eller råkat ut för dem, som patienter eller som motståndare om man ska gå på vad fru Eklund berättade. Men ett intresse för hjärnan och steriliseringslagen är väl inte precis något man blir mördad för. Det är inget riktigt motiv”, vågade hon sig på att säga.

”Riktigt motiv?” frågade han.

”Ja”, sa hon och kände hur hon rodnade. ”Som kärlek, hat, svartsjuka och hämnd.”

Hell såg road ut. Svaga antydningar till smilgropar syntes till och med i hans kinder, vilket fick henne att rodna ännu djupare.

”Den sortens motiv finns nog nästan bara i böcker och filmer. Verkligheten är för det mesta torftig. Folk mördas för betydligt mer jordnära saker. Girighet, pengar, droger och fylleri.

Inte särskilt romantiskt alls, är jag rädd. Vi koncentrerar oss på deras yrkesroller i första hand."

Sättet han sa det på fick henne att misstänka att han inte var särskilt romantiskt lagd. Eller så var det precis tvärtom. De allra värsta cynikerna brukade vara det. Romantiker. Bara väldigt, väldigt besvikna sådana.

Maria fick erkänna att hon skulle bli besviken om han hade rätt. Girighet kändes som ett ganska futtigt mordmotiv. Morden var så utstuderade, det borde ligga något djupare bakom dem. Men det fanns olika slags girighet. Vetenskaplig girighet, till exempel. Suget efter berömmelse, utmärkelser och framgång. Vetenskapliga landvinningar, sitt namn i historieböckerna. Visst kunde man väl tänka sig att någon kunde mörda för det.

Båda läkarna hade varit mycket framgångsrika. För framgångsrika? Hade de upptäckt något som någon annan ville få äran för? Eller kommit för nära någon annans upptäckt? Eller bara väckt gränslös avundsjuka? Hell hade muttrat något om att den där professor Herman Lundborg var fanatisk i sin gärning, fanatisk i sitt sökande efter de biologiska rasskillnaderna. Och det var säkert många andra vetenskapsmän också. Hade prosektor Eklund och docent Forsberg snubblat över någon avgörande upptäckt?

Hon mindes vad doktor Astrid Wik sagt, att den person som utfört morden måste ha varit väldigt insatt i medicin för att veta var hålen skulle placeras. Som en skicklig läkare, till exempel. Men varför skulle en läkare välja att mörda en annan läkare, eller som i det här fallet två, på det här sättet? Skulle inte en medicinkunnig person välja mer sofistikerade metoder? Någon med gedigna medicinska kunskaper skulle kunna utföra alltihop så att ingen ens kunde ana att det var frågan om ett mord. Som när det gällde vaktmästare Evert Johansson, där det ju var omöjligt att veta om han tagit livet av sig eller blivit mördad. Morden på Eklund och Forsberg var raka motsatsen, de var nästan en uppvisning, definitivt avsedda att synas. Sättet männen dött på kunde knappast beskrivas som någon effektiv mordmetod heller. Det var snarare en ganska riskabel metod ur förövarens synvinkel.

Hon redogjorde för sina funderingar för Hell, trots att hon både rodnade och stammade under tiden. Samtidigt som hon retade sig på att hon inte verkade kunna berätta något för honom utan att staka sig, bekymrade hon sig också för vad han skulle tycka om hennes framfusighet. Men när det gällde den verkade hon ha oroat sig i onödan.

”Du kan mycket väl ha rätt, Gustavsson”, sa han vänligt.

”Kanske finns det fler upplysningar i prosektor Eklunds kalender”, sa hon.

”Kanske. Men den är i stort sett omöjlig att tyda”, svarade han kort.

Skiftet i hans röst fick henne att känna sig dum. Tyckte han att det var ett dumt förslag? Hade hon gått för långt? Trampat honom på tårna i sin iver att göra ett bra arbete?

”Kalendern får bli en senare fråga”, fortsatte han med något mildare tonfall. ”Vi får inte glömma de där breven från sjukhusprästen. De är i och för sig inte hotfulla, framförallt inte det som skickades till docent Forsberg, men det framgår tydligt hur han känner i frågan.”

Sjukhusprästen, ja. Det hade hon glömt bort att berätta för honom. Att hon tagit tag i det redan.

”Jag frågade om honom på Sankt Eriks sjukhus igår och han är tydligen död. Dog redan i februari.”

”Död? Hur dog han? Inte genom att någon borrade två hål i hans skalle, hoppas jag.”

”Nej, det var en olyckshändelse. Som jag förstod det hittades hans kropp i vattnet nedanför sjukhuset. Det verkar inte ha funnits någon misstanke om brott. Polisen avskrev det genast som en olycka. Eller självmord. De tyckte tydligen att han var en sorglig människa, en vuxen ogift man som bodde hos sin syster.”

”Ring upp henne och be henne komma hit imorgon bitti.”

måndagen den 3 december
POLISHUSET, STOCKHOLM

30

Kvinnan framför dem såg lätt alkoholiserad ut, hade luggslitna kläder och alldeles för mycket smink. Luktade malkulor, billig parfym och gammal alkohol, det var ingen behaglig blandning. Carl hade aldrig gissat att hon var syster till en präst. Det var inte så att han hade några problem med människor som såg slitna ut, snarare väldiga fördomar mot präster. Han var tveksam till om hon verkligen skulle ha något väsentligt att berätta, men ville styra bort utredningen från prosektor Gustaf Eklunds kalender. Kalendern där namnet Meuler återkom gång på gång, det var så tydligt att han visste att det bara var en tidsfråga innan Maria skulle inse sambandet. Hon var alldeles för skärpt för att inte lista ut det. Och namnet Meulers roll i allt det här var något han måste få reda ut själv.

”Min bror kom helt enkelt inte hem från arbetet en dag”, sa fröken Winter. ”Vi bor här på Kungsholmen, så han hade inte långt eller så. Jag satt uppe och väntade till midnatt och sedan gick jag och lade mig. Jag trodde bara att det hänt något på sjukhuset, ibland fick han stanna kvar om någon patient var olycklig eller döende. Men när han inte hade kommit hem morgonen efter heller gick jag ut för att leta. Vi har ingen telefon, så vad skulle jag göra?”

Varken Carl eller Maria sa något, så kvinnan fortsatte.

”När jag kom till Sankt Eriks såg jag kalabaliken nere vid vattnet. En klunga människor som skrek och ropade. Peters kropp var fastfrusen i isen. De fick hacka bort honom. Flera fingrar slets loss när de höll på. Det var fruktansvärt. Om jag bara gått ut och letat redan på kvällen, hade det kanske aldrig hänt. Då skulle han kanske fortfarande vara i livet. Jag förstår inte hur det kunde hända. Han var så frisk och stark. Och brann så mycket för sitt prästkall, för att hjälpa de olyckliga och sjuka människorna vid sjukhuset.”

Peter Winters syster såg uppriktigt ångerfull ut. Maria lade en hand på hennes arm och frågade:

”Vad var det som hade hänt?”

”De sa att det var en olyckshändelse, att han ramlat i vattnet. Men det är så konstigt, han hade inget alls där nere vid vattnet att göra. Vi bor ju åt andra hållet. De sa att han stank sprit, men han drack aldrig. Det är inte som att jag försöker göra honom bättre än han var, men han tyckte spriten stod för så mycket elände i samhället och brukade bli riktigt arg på mig när jag drack.”

Fröken Winter tog upp en näsduk och snöt sig ljudligt. Sedan var hon tyst en stund och tycktes studera Carls tavlor. Det var tavlor han lyckats köpa för en spottstyver på en av auktionerna efter Stockholmsutställningen, trots att de var målade av kända konstnärer. Publiken hade uppenbarligen inte varit redo för den moderna konsten, och inte hans kollegor heller att döma av deras kommentarer när han satte upp dem.

”Vet du vad hans arbete bestod i? Förvarade han några papper hemma?” frågade han.

”Nej, han pratade nästan aldrig om det. Frågade jag något sa han alltid att en sjukhuspräst har tystnadsplikt gentemot patienterna. Peter tog hela livet på ett så otroligt stort allvar, särskilt sitt arbete. Det enda jag vet är att han var arg över det där med de döda."

"De döda?"

"Ja, hur de skickades runt och skars upp. Mer sa han inte, och jag ville inte veta. De döda ska man lämna ifred, dem vill man inte väcka. Men Peter förde något slags dagbok över dem. Någon vecka efter hans död kom en av de fina läkarna och hämtade den. Forsgren, Forslund eller något liknande hette han, så den var förmodligen viktig. Hoppas att Peters arbete kom till någon nytta. Han som obducerade honom kom också och hälsade på och berättade att Peter varit berusad och drunknat, men jag kan inte tro det."

Så docent Erik Forsberg dök upp än en gång. Om bara inte han själv också varit död hade han börjat bli ganska misstänkt. Eller i alla fall väldigt intressant. Men det rådde ingen tvekan om att han och prosektor Gustaf Eklund mördats av samma person. Snart skulle de få det bekräftat av doktor Astrid Wik också, även om det egentligen var onödigt.

Så fort Winters syster hade gått ringde Carl upp mannen som obducerat honom, det visade sig vara samma person som tillåtit doktor Wik att obducera docent Forsbergs kropp trots att hon inte arbetade vid Karolinska. För kollegialitetens och gammal vänskaps skull, som han uttryckt det. Men han kunde bara bekräfta vad fröken Winter redan sagt. Visst var det märkligt att en person som är känd för att inte dricka plötsligt blir så berusad att han ramlar i vattnet och drunknar eller fryser ihjäl. Men det händer trots allt, det är inte orimligt. Han hade stött på det förut. Naturligtvis var det inte omöjligt att någon tvingat i mannen spriten och sedan knuffat honom i vattnet, men det måste ändå vara mindre troligt, för att uttrycka det milt. Och några skador som kunde tyda på våld hade kroppen inte haft. Obducenten hade lämnat sina resultat till polisen och tydligen hade de inte heller tyckt att det fanns några frågetecken. Och nej, han visste ingenting om prästens verksamhet på sjukhuset, han var patologisk anatom och hade inte så mycket med de levande människorna att göra. Inte heller visste han varför docent Forsberg kommit och hämtat prästens anteckningar. Kanske hade de arbetat tillsammans på något sätt. Men om de undrade kunde de alltid ta kontakt med den nuvarande sjukhusprästen. Kanske visste han något?

”Vad tror ni, Gustavsson?” frågade han Maria.

”Jo, han borde vara den som har flest svar”, sa hon. ”Han heter Anders Svensson och arbetade tydligen vid sjukhuset redan innan Peter Winter förolyckades. Han var en av dem jag talade med i telefon, men han var inte särskilt meddelsam”.

Winters efterträdare hade inte varit särskilt road av att komma till polishuset heller, trots att det praktiskt taget låg bredvid sjukhuset. Men till slut hade han surmulet dykt upp. En ganska ung, överviktig och finnig man i en säckig kostym och solkig prästkrage. Inte särskilt prästlik. Kanske hade inte sjukhuspräster särskilt hög status inom prästyrket?

”Vi undrar om ni var insatt i Peter Winters arbete och korrespondens, särskilt de brev han skickade till olika personer angående likhanteringen. Han verkar ha reagerat häftigt på alltsammans.”

”För att uttrycka det milt, ja. Överreagerade, snarare. Skickade brev till höger och vänster. Han var inte precis någon realist. Det är ju ändå rätt naturligt att människor dör på Stockholms sjukhus och att kropparna måste tas om hand. Jag menar, de är ändå sjukhus. Människor dör där. Varje dag, mer eller mindre. Känner ni till Sankt Eriks historia? Att det vuxit fram ur Stockholms norra arbetsinrättning? Numera är det mer ett renodlat sjukhus, eftersom en hel del av de andra verksamheterna förts in under Högalids vårdhem. Men en del gamla strukturer lever kvar i det fördolda."

"Såsom?"

"Såsom hanteringen av de döda. Det var den som Peter reagerade på och ville stoppa. Ni förstår, långt före sjukhustiden fanns avtal om likförsörjning av Karolinska institutet och av Anatomiska institutionen i Uppsala. Alltså, avtal om att hålla dem med lik för att möjliggöra deras verksamheter, det vill säga utbildning och forskning. Jag tror att det här systemet är mer än hundra år gammalt. De fattiga, brottslingar och sinnessjuka som dog vid Södra och Norra arbetsinrättningen eller på andra sinnessjukhus och i arrestlokaler, fördes till någon av de två institutionerna för dissektion och anatomiundervisning. Redan i början av 1800-talet protesterade fattigvården mot det här, man ville begrava dem nämligen. Det ryktas att man kompromissade genom att ta de vanartiga till dissektion medan de duktiga fick begravas. Ett rykte, som sagt, men det spreds och skapade en stor rädsla. Skapar, borde jag väl säga, för själva likhanteringen har ju inte upphört."

"Hur många människor gäller det?"

"Peter försökte ta reda på det, men det var tydligen svårt. Han hittade bara kortfattade notiser i sjukhusets årsberättelser, om att ett visst antal lik skickats till Karolinska institutet under året. Men där framgår inte hur det gick till eller vad som hände sedan, och utifrån övriga officiella uppgifter från Sankt Eriks kan man tydligen inte heller få reda på det. Att så stora delar av verksamheten just nu flyttas till Beckomberga försvårar också insynen. På Karolinska berättade man självklart inte något för Peter heller, även om de förmodligen har noggranna register. Peter skrev brev både till anatomerna och till flera politiker, men ingenting hände. Men jag vet att han trodde att det handlade om hundratals eller kanske tusentals kroppar sammanlagt under alla år, människor som inte fått den kristliga begravning som de borde fått utan skickats för dissektion. Vad som sedan hänt med kropparna är väldigt svårt att få klarhet i. Man får väl bara hoppas att de fått något slags begravning."

Carl tänkte på alla skeletten i Anatomiska institutionens samling i Uppsala. Preparaten, hjärnorna och de utställda kranierna. Barnskeletten, de inlagda organen. Fostren som simmade runt i sin sprit. Gamla tiders maniska samlande. Det fanns samlingar på Karolinska också, det visste han. Den uppenbara frågan var inte om de fått en begravning eller inte, utan snarare om det verkligen inte var betydligt fler kroppar än så det handlade om.

"Känner ni till hur likhanteringen fungerar rent praktiskt?" frågade Carl prästen.

"Inte i detalj, det är mycket hemlighetsmakeri. Peter försökte gräva i det, men sedan dog han plötsligt. Jag begriper inte varför han fick för sig att dricka en massa sprit på det där viset, jag har nog aldrig sett honom berusad. Han verkade snarare vara en överdrivet präktig person som trodde att man hamnade i helvetet om man tog ett glas öl ibland. Det visar hur lite man känner en människa egentligen, även om det kanske förklarar hans paranoia. Jag menar, om han egentligen drack i hemlighet. Men som jag förstått det går hanteringen till ungefär så här: Någon dör på en av institutionerna i staden. Kroppen förs till

Karolinska institutet eftersom det finns en regel om obduktion. Där finns en samordnare som avgör vad som ska hända med liket. Släktingar som kan betala för en begravning får naturligtvis kroppen. Men det är många som inte kan det, väldigt många. En del har inga släktingar, och andra har inga rättigheter alls: självmördare, sinnessjuka, arbetsdömda, utfattiga. Deras kvarlevor tillhör så att säga samhället. Samordnaren fördelar dessa kroppar mellan Karolinska institutet och Anatomiska institutionen i Uppsala för att det ska bli rättvist."

"Hur görs fördelningen?" frågade Maria.

"Jag vet inte, jag tror att tanken är att de båda institutionerna ska få varannan kropp, det vill säga lika många. Fast Karolinska är mycket större och har så många medicinstudenter att de borde behöva fler. Kanske rör det sig om ett visst antal på ett år eller så kan de önska sig vissa typer av kroppar beroende på forskningsområde, jag vet som sagt inte. Men jag skulle inte bli förvånad om de håller på att konstra med det där. Ingenting förvånar mig längre. Men det gör mig ledsen och arg. Peter påstod att han hade hittat fel i de olika listor han lyckats få tag på, särskilt sedan han jämfört listorna med varandra. Han menade att patienter flyttats mellan de olika vårdinrättningarna och så att säga ibland försvunnit i hanteringen. Det kan ju ha många orsaker, de kan helt enkelt ha rymt, till exempel. Men Peter menade att samordnaren på Karolinska måste ha gjort fel på något sätt."

"Vem är det som samordnar likhanteringen?"

"Doktor Fredrik Renström. Han är kirurg från början, men nu vet jag inte om han gör något annat än samordnar likhanteringen. Han börjar bli lite till åren, nämligen."

måndagen den 3 december

KAROLINSKA INSTITUTET, STOCKHOLM

31

Doktor Astrid Wik lade tillbaka huvudsvålen så bra det gick. Drog lite i huden och försökte få skarvarna att ligga så fint som möjligt, efter omständigheterna. Det skulle inte gå att få ihop det perfekt. De två stora såren i tinningarna gjorde det inte precis enklare, de skulle bli omöjliga att dölja. Drog man ihop skinnet och sydde samman dem skulle ansiktet stramas upp till oigenkännlighet, få docent Erik Forsberg att se ut som ett monster snarare än en människa. Det fick bli som det blev, oavsett vilket skulle han inte bli sig riktigt lik. Hon gjorde ett försök att kamma håret över såren istället, trots att den biten egentligen inte var hennes sak överhuvudtaget. Men den dödes hår var fortfarande stelt av levrat, torkat blod och lade sig inte alls som hon ville.

Hon hade arbetat sedan tidig morgon, men nu var hon äntligen klar med docent Forsbergs kropp och hade fått vad hon behövde. Det var dags att avsluta det hela. Hon viftade till sig ett av biträdena som stått tålmodigt väntande vid den dödes fötter. Inte sagt ett ljud medan hon skar, bände och tittade i mikroskop om vartannat.

”Det går bra att sy ihop honom nu. Var särskilt noga med snitten i huvudet. Han verkar inte ha haft någon familj, men man vet aldrig om det kommer någon närstående och vill se honom", sa hon till biträdet.

Sedan gick hon ut ur obduktionssalen. Den var betydligt större och modernare än den hon var van vid från Uppsala. Och vilken utrustning de hade! Dessutom var det skönt att ha biträden så att man inte behövde göra allting själv. Hon förstod Viktor när han sa att han funderade på att söka sig hit, han som var så van sedan tidigare att arbeta vid stora toppmoderna institutioner. Det var nästan konstigt att han inte gjort det redan, att han valt Uppsala istället för en firad position här i forskningsfronten. Själv skulle hon gärna söka sig hit.

Hon mindes hur tveksam hon varit till Viktor, när hon hört att han sökt professuren på hennes institution. Och givetvis skulle få den, det hade hon förstått direkt så fort hon hört hans namn. Hur skulle de kunna tacka nej? Alla hade blivit överrumplade och glada. För henne hade glädjen varit blandad med oro. Hur skulle det kännas att vara assistent åt någon som hade en sådan stjärnstatus? Skulle det överhuvudtaget finnas något utrymme alls kvar åt henne? Och så hade det blivit det bästa som kunde hända. Nu visste hon inte om hon skulle vilja vara kvar om han sökte sig därifrån. Kanske kunde de söka sig hit båda två, kanske skulle det vara lättare för henne att få en tjänst här om han, som de garanterat skulle försöka värva om de kunde, krävde det? Hon skulle prata med honom om det så snart de var tillbaka i Uppsala båda två.

När hon tagit av obduktionskläderna och tvättat händerna noga i sprit flera gånger såg hon på klockan. Den var bara strax efter elva och hennes tåg tillbaka till Uppsala gick inte förrän vid tvåtiden. Dessutom var det inte särskilt långt till järnvägsstationen.

Innan hon åkte tillbaka måste hon ge poliserna besked om obduktionen. Om vad som verkligen hänt docent Forsberg, hänt i hans huvud, hänt med hans förstånd. Eftersom polishuset låg i närheten kunde hon lika gärna gå förbi istället för att ringa. Det skulle få tiden att gå, för hon hade ingen lust att tillbringa flera timmar på järnvägsstationen. Kanske skulle hon träffa den där unga vackra poliskvinnan igen, henne var hon nyfiken på och skulle gärna lära känna bättre.

måndagen den 3 december

POLISHUSET, STOCKHOLM

32

Kommissarie Carl Hell lade på telefonluren och reste sig upp. Ansiktet var lika outgrundligt som vanligt. Han nämnde inte vad samtalet handlat om utan satte bara på sig hatten och lade sin rock över armen.

”Jag är tillbaka om några timmar”, sa han. ”Fundera vidare på kopplingen mellan prosektor Gustaf Eklund och docent Erik Forsberg under tiden så tar vi tag i den där doktor Fredrik Renström imorgon. Jag hör av mig senare om tid och plats, ses vi inte i eftermiddag skickar jag ett bud hem till dig.”

Sedan lämnade han rummet, uppenbarligen för dagen. Det var inte första gången han bara gick utan förklaring. Hon blev lika irriterad varje gång. Inte för att han gick, men att han aldrig ville ge henne hela bilden, aldrig berätta vad som verkligen var på gång. Vem han pratat med i telefon, till exempel. Men hon borde inte klaga. Det var förstås tack vare honom som hon fick syssla med det här överhuvudtaget.

Plötsligt kom doktor Astrid Wik oväntat in genom dörren med en glad hälsningsfras. Maria kom av sig fullständigt, trots att hon inte borde ha blivit särskilt överraskad. Hon visste att doktor Wik var i Stockholm för att delta i obduktionen av docent Forsberg, men ändå.

Hon hade inte riktigt kommit över drömmen häromnatten, förmodligen berodde den mest på alldeles för mycket arbete och för lite sömn. Hon var så trött att verkligheten och halvslummern nästan flöt ihop. Och doktor Wik var sig lik från drömbilden. Munnen hade samma färg, det röda håret var likadant det med. Tanken på hur Wiks kyssar skulle smaka dök upp i hennes huvud som från ingenstans och gjorde henne generad.

”Vi är klara med docent Erik Forsbergs kropp nu”, sa doktor Wik glatt. ”Jag tyckte att det var trevligare att komma hit och berätta det själv istället för att bara ringa. Är allt väl, förresten?”

Maria kände sig fortfarande förlägen i doktor Wiks sällskap, vilket givetvis var irrationellt. Hon kunde knappast känna till vad Maria drömt om. Tankeläsning låg i alla fall inte inom medicinvetenskapens möjligheter ännu. Inte ens för någon som var duktig på att skära i hjärnor.

”Jo, allt är bra. Är ni färdiga med obduktionen?” svarade hon medan hon ansträngde sig för att låta distanserad.

”Ja, det är tveklöst samma person som har mördat docent Forsberg och prosektor Gustaf Eklund. Tillvägagångssättet är naturligtvis olika, det är ju skillnad på att spännas fast på en brits och på att drunkna, så att säga. Det verkar inte vara riktigt detsamma som hänt inuti huvudet heller. Men trepaneringshålen är identiska. Det skulle vara ganska osannolikt om två separata gärningsmän lyckats med det. Jag är ärligt talat förvånad över att någon lyckats med det överhuvudtaget. En intressant skillnad är att det hos Forsberg inte finns några extra skärsår i hjärnan. I hans fall verkar gärningsmannen ha injicerat något, kanske någon form av alkohollösning”, sa doktor Wik och verkade precis som förra gången de träffades obesvärad av att prata om obehagliga saker.

”Vad kan den ha haft för effekt?”

”Jag vet faktiskt inte. Kanske samma, kanske en annan. Jag ska försöka ta reda på det, jag ska fråga Viktor, professor Rantzius alltså, när jag är tillbaka i Uppsala. Men en sak är klar. Det måste vara en väldigt skicklig person som har utfört det här. Som har lyckats hålla liv i offren medan han eller hon borrat och skurit i dem. Forsberg var också både vid liv och vid medvetande hela tiden, liksom Eklund drogad med curare eller någon liknande substans.”

Maria visste inte vad hon skulle svara. Det var svårt nog att prata med doktor Wik som det var, redan innan den ohyggliga hjärnkirurgin och curaren kom på tal. Hon ville helst inte tänka på hur det varit för prosektor Eklund och docent Forsberg att ligga där paralyserade och hjälplösa medan någon borrade i deras huvuden. Med tanke på deras kunskaper om hjärnan måste de ha förstått vad som höll på att hända. Hon rös.

”Ja, visst är det otäckt”, sa doktor Wik och klappade henne lite förstrött på armen. ”Men imponerande också, det kan man inte komma ifrån. Väldigt imponerande. Inte många skulle lyckas med det.”

”Ska ni tillbaka till Uppsala nu?” sa Maria i ett försök att byta samtalsämne.

”Ja, med tåget vid lunchtid, så jag måste snart rusa. Ska ni också dit igen?”

”Jag tror det, men jag vet inte när. Inte imorgon åtminstone, för då ska vi till samordnaren av likfördelningen på Karolinska institutet.”

”Karolinska institutet? Vad i all världen ska ni göra där?” sa doktor Wik förvånat.

”Det var en präst här som berättade om likhanteringen, ja,

ni är kanske också inblandade i den. Och kommissarie Carl Hell tyckte att vi borde prata med den som samordnar den. Renström tror jag att han hette.”

”Ja, honom har jag träffat. Det är en tragisk figur, minst sagt. En duktig kirurg en gång i tiden har jag hört, men sedan slutade han operera. Jag undrar om det inte var någon skandal för längesedan, en otrohetsaffär som gjorde att han fick sluta. Jag ska höra mig för om det, så kan jag berätta vad jag fått reda på när ni kommer till Uppsala nästa gång. Kanske rentav över en kopp kaffe?” sa hon, log, och klappade hennes överarm en gång till.

Maria nickade bara till svar och rodnade lätt. Sedan var doktor Astrid Wik försvunnen.

måndagen den 3 december

HUMLEGÅRDEN, STOCKHOLM

33

”Ska vi sätta oss någonstans?” frågade Carl när hon väl kom, en halvtimme senare än de bestämt.

Else nickade bara till svar, inte glatt men inte argt heller. Avmätt. Han undrade om hon valt att klä sig i grått för att göra det tydligare för honom vilket humör hon var på, eller om det bara var en tillfällighet. Hon hade till och med tryckt ned en strikt grå filthatt över huvudet. Hatten nådde nästan ända ned till den lika grå pälskragen och bara enstaka bruna lockar stack fram.

De gick sakta förbi Kungliga biblioteket och hittade en avskild bänk på baksidan av byggnaden. Det var kallt och dimmigt, men det regnade i alla fall inte. Humlegården var verkligen inte till sin fördel så här års. Bladlösa trädstammar, brunt fuktigt gräs och dimma. Gångarna var leriga efter nattens regnväder, här och där till och med täckta av is trots att luften kändes alldeles för mild för det. Men vädret passade deras sinnesstämningar. Hon hade inte precis kastat sig om halsen på honom den här gången, istället betedde de sig nästan som om de var två fullständiga främlingar som av en ren tillfällighet hamnat på samma bänk.

”Jag är ledsen”, sa han till slut efter en stunds tystnad. ”Jag är ledsen om jag var taktlös senast. Det var inte min mening. Jag ville bara veta. Förlåt.”

Tänk om hon vetat hur olikt det var honom att säga förlåt. Att erkänna och backa. Men det visste hon inte, för henne var det förmodligen bara normal och förväntad artighet. Det minsta man kunde begära.

”Jag vill ha min bok. Har du min bok med dig?” svarade hon med sval röst.

Den Pucklika lekfullheten var som bortblåst, rösten fortfarande kylig. Hennes grågröna ögon såg trötta och allvarliga ut, den rödmålade munnen log inte. Men den skrek inte heller. Hon var snabb i rörelserna när hon tog boken ifrån honom. Stoppade ned den i väskan och gjorde en ansats att gå därifrån. Ut ur hans liv, förmodligen för alltid.

”Jag läste din väns bok. Den är ett mästerverk”, sa han och hon stannade upp. Satte sig ned igen. Det fanns uppenbarligen något hon kunde tänka sig att prata om. Ett halmstrå som han grep för att ha kvar henne en liten stund till.

”Visst är den. Martin skrev bara mästerverk. Det var hans förbannelse, för de åt upp honom inifrån. Och inte bara honom”, sa hon allvarligt.

”Älskade du honom?”

Hon såg förvånad ut, nästan som om hon tyckte att det var en underlig fråga.

”Självklart älskade jag honom, alla älskade honom. Älskar honom. Han är sådan, man är liksom tvungen. Inget blir någonsin sig likt där han dragit fram. Men jag älskar inte honom på det sättet som du antyder. Alla älskar honom som det yrväder han är. Vild, otämjbar och katastrofal. Men han älskade bara en enda. Och den personen förgjorde han. Inte med avsikt, men ändå, förgjorde fullständigt. Det måste ha varit som att bli älskad av ett åskväder eller något liknande.”

”Var är Martin nu?”

”Jag vet inte. Ingen vet. Han är bara borta. Uppslukad av Berlin, Tyskland eller världen. Det är därför den här boken betyder så mycket. Det var den sista han skrev. Den är viktig, liksom fotografiet du såg i Uppsala är viktigt eftersom det är det sista, det allra sista av oss alla tillsammans. Kanske kommer vi aldrig någonsin mer att befinna oss på samma plats igen.”

”Vem är Nemo?”

”Det är inte min sak att berätta. Du får ta reda på det själv.”

Hon försökte inte gå sin väg längre, så han tog hennes hand. Kände benen i den rakt igenom den tunna handsken. Hon drog inte bort den. Ingen av dem sa något.

”Jag kommer att behöva prata med honom”, sa han efter en stund, fortfarande med hennes hand i sin. ”Henrik. Det förstår du väl? För visst är det han som är omnämnd i den där kalendern och inte du?”

Han hade inte insett det förrän statspolisintendent Tage Berglund sagt det där om att han hade fått stå till svars inför två av Stockholms finaste jurister, en professor och en doktor. Henrik Meuler kallades alltid direktör Meuler i tidningarna, inte doktor Meuler. Men en person som själv var hög akademiker skulle förmodligen använda hans doktorstitel om han skulle skriva upp hans namn någonstans. Som prosektor Gustaf Eklund i sin kalender. Men han sa ingenting om att namnet figurerade i docent Erik Forsbergs kalender också, och att Uppsalapolisen för bara en liten stund sedan ringt och berättat att Henrik Meulers bil synts både vid prosektorns bostad och vid Anatomiska institutionen under natten då han mördades. Han borde kanske ha berättat det, men vem visste om det skulle göra mer skada än nytta. Elses oro var redan påtaglig.

Hon nickade sorgset. Forsbergs beskrivning av henne som manisk var mer långsökt än någonsin.

”Han skulle aldrig kunna göra något sådant. Samröret med prosektor Eklund hade bara med hans arbete att göra”, sa hon lågt. ”Han skulle aldrig, aldrig göra något sådant här.”

”Om inte jag pratar med honom, så gör någon annan det. Förr eller senare.”

”När?”

”Inte genast imorgon, för då ska jag till Karolinska. Men så snart som möjligt.”

”Han är en god man. Den godaste tänkbara.”

Sedan satt de tysta en stund. Men hon hade fortfarande inte dragit undan sin hand. Kanske var det ett gott tecken. Han kände henne inte tillräckligt väl för att veta vilket, på sätt och vis var de fortfarande främlingar.

”Ses vi igen, eller är det här ett farväl?” frågade han till sist.

Hon nickade bara och kysste honom lätt. Så lätt att det nästan inte kändes. Ett svar som kunde betyda vad som helst, eller inget alls.

Sedan gick hon. Han satt kvar en stund och följde henne med blicken. I höjd med Linnéstatyn började hon sakta lösas upp av dimman, som hade tätnat medan de satt där. Hon blandade sig med de diffusa skuggorna av andra människor som rörde sig i parken. Snart var hon försvunnen.

Han kunde ha sagt så mycket mer. Oroa dig inte. Jag skulle skydda dig, även om du nog mer är en som skyddar än en som skyddas. Jag skulle skydda honom också. För din skull. Men jag måste få veta. Tar inte jag reda på sanningen, även om jag måste dölja den, så gör någon annan det.

måndagen den 3 december

BERNS SALONGER, STOCKHOLM

34

Viktors hand vilade på Elses rygg. Ett lätt tryck, så lätt att hon förmodligen knappt märkte det. Ledde henne runt i dansen under de väldiga kristallkronorna i en av Berns största salonger. Runt bland alla de andra paren som var förälskade, uttråkade eller tvingade av konventionerna att dansa. Lyssnade på hur hennes långa pärlhalsband klirrade i takt med den långsamma och ganska trista musiken. Kände doften av hennes parfym och hur tyget i hennes klänning rörde sig.

Henrik satt vid ett av borden närmast de dansande paren. Drack konjak och rökte sakta en cigarill. Ibland verkade han försjunken i tankar och ibland iakttog han dem, honom och henne. Men inte svartsjukt, det skulle ha varit fånigt. Tvärtom var hans blick varm och ibland smålog han mot dem. Ett lugnt och tankfullt leende som fick honom att se ung ut igen. Han verkade inte riktigt lika allvarlig som vanligt, han behövde nog fler sorglösa kvällar. Stunder som tog honom bort från allt det som bekymrade honom, fick honom att släppa på allvaret och ansvaret för en stund. Else var å andra sidan tystare än vanligt, hennes humör var helt annorlunda än det varit häromkvällen.

”Viktor, jag är trött”, viskade hon. ”Vi dansar bara klart den här dansen också. Sedan sätter vi oss ned.”

När musiken började klinga av tog hon hans hand som för att leda tillbaka honom till bordet där Henrik satt, men plötsligt ändrade hon sig och drog in honom i dansen igen samtidigt som orkestern började spela en ny melodi, lika trist som den förra.

”Snälla Viktor, vi dansar en gång till. Bara en dans till.”

”Jag trodde du var trött. Är du säker?”

Hon lutade pannan mot hans axel och viskade:

”Titta inte, men M kom just in. Titta inte sa jag! Jag orkar bara inte med honom ikväll. Snälla du, bara en dans till.”

Naturligtvis tittade han. Gör man inte alltid det när någon säger så? Han såg att M slagit sig ned hos Henrik och börjat småprata. Hur hade han hittat dem här? Dans hade väl aldrig intresserat honom? Bortsett från allt annat var mannen verkligen som ett häftplåster, som ständigt dök upp och störde. Ett rätt outhärdligt och irriterande häftplåster med sin präktiga attityd och självgoda leende, precis som han alltid varit. Nuförtiden tydligen rätt så insyltad med Henrik genom politiken. Av allt att döma verkade han jobba hårt på att bli ännu mer insyltad. Och inte bara med Henrik, han var knappast så politiskt inflytelserik att M, med sina ambitioner, skulle nöja sig med honom. Om han någonsin skulle nöja sig. M hade lyckats bli en politisk tjänsteman med fingrarna i lite av varje. Det passade honom nog bättre än skrivandet någonsin gjort, där hade han aldrig lyckats särskilt bra. Viktor hade alltid tyckt att M var tråkig och efterhängsen, en black om foten. Det hade varit hans första intryck redan då de träffats för allra första gången, den där kvällen på Renates fyrtioårsfest, och det hade hållit i sig sedan dess. En människa som man liksom aldrig lyckas bli av med. Mer efterhängsen än någon av de andra kunde ana. Fast just den här kvällen skulle han för en gångs skull ha velat tala med honom. Men vad gjorde han inte för Elses skull? Speciellt efter allt som hänt på sistone.

De började dansa igen. Musiken var fortfarande lika tråkig. Han förde henne långsamt över dansgolvet, allt längre bort från Henrik och M, ända tills de befann sig så långt ifrån dem som det bara var möjligt att komma utan att lämna dansgolvet.

”Kom så smiter vi”, viskade han och drog henne med sig.

Det fick henne att skratta till trots att hon verkade vara så allvarsam ikväll. Fnissande smet de ut på balkongen, som om de varit okynniga ungdomar igen, i en annan tid, i en annan stad, i ett annat liv. Fast skulle man vara ärlig hade de aldrig varit ungdomar tillsammans. Han hade ju redan varit i ungefär samma ålder som hon var nu när de träffats första gången. När hon och Henrik först anlänt till Berlin 1924. Det kändes som om det var en livstid sedan. Inget var sig längre likt. Såväl han själv som livet och världen hade blivit något helt annat sedan dess.

Inte förrän nu insåg han hur tunn hennes festklänning var och hur kall natten var. Hon som var så späd dessutom. Han tog av sig sin smokingjacka och lade den över hennes axlar. Sedan såg de ut över staden tillsammans. Mörkret låg tungt över Berzelii park, någonstans hördes en spårvagn rassla förbi men annars var det tyst. Inte ens musiken nådde ut till dem på balkongen. Genom trädens kala svarta grenar kunde man här och där urskilja det svarta vattnet i Nybroviken och Dramatens belysning. Stockholm, med sitt vatten och sina öar. Där man liksom i Uppsala överlevde snarare än levde, och som låg så långt från resten av Europa att det nästan var som att resa tillbaka till en annan tid. Som att leva i en bubbla skild från resten av världen, från det riktiga livet.

Viktor lade armen om Else och hon lutade sitt huvud mot honom. Hennes blick var långt borta, förmodligen lika långt borta som tankarna. Ibland kom andra gäster ut på balkongen för att få frisk luft. Vad såg de? Ett kärlekspar? Ett snedsprång mitt i Stockholmssocieteten? Konspiratörer, eller rätt och slätt två vänner? Det var omöjligt att veta. Men vad begrep andra människor egentligen, och vad spelade det för roll vad de trodde?

Det hade alltid varit en av hans ledstjärnor. Att inte bry sig om vad andra människor trodde eller tyckte, inte låta deras förutfattade meningar styra honom eller definiera vem eller vad han var. Inte låta deras fördomar och inskränkta principer sätta upp riktlinjer för hans eget liv. Henrik oroade sig för honom, det visste han, inte minst sedan allt det där med fotografierna började. Men det behövde han inte göra. Det fanns ingenting som skrämde honom längre. Han var alldeles för gammal och hade upplevt alldeles för mycket för att vara rädd för någonting överhuvudtaget.

Med Else var det annorlunda, hennes tillvaro var mer ömtålig. Han lade försiktigt kinden mot hennes huvud. Hennes lockar kittlade honom på halsen.

"Jag hoppas att du är försiktig", sa han så plötsligt att han nästan överraskade sig själv. Men det behövde sägas. Av mer än ett skäl.

"Försiktig?" sa hon undrande och rätade upp huvudet för att kunna se på honom.

"Var försiktig bara", sa han igen och kysste henne på pannan. "Kom så går vi in igen, det börjar bli kallt. Det är någon som har tagit min jacka och jag fryser."

tisdagen den 4 december

KAROLINSKA INSTITUTET, STOCKHOLM

35

När doktor Fredrik Renström vaknade ur medvetslösheten låg han utsträckt på operationsbordet. Han kände det kalla stålet under ryggen genom den tunna skjortan. Den starka lampan ovanför honom bländade, gjorde ont i ögonen. Men han kunde varken blunda eller vända bort huvudet. Varför i all världen vaknar jag här, tänkte han irriterat. Han visste att operationen var nära förestående, men det var inte dags än. Kanske hade det hänt något? Kanske hade han svimmat så att de varit tvungna att genomföra den direkt? Men då borde han ju inte vakna mitt i alltihop.

De planerade ett sista desperat försök att skära bort cancern som åt upp honom inifrån. Hade han inte varit kirurg själv hade han kanske trott att det fanns något hopp. Men nu var han ju det trots allt, och visste att ingen operation kunde rädda honom. Den var meningslös, ett onödigt ingrepp som de ville genomföra för sina samvetens skull. Det enda han kunde hoppas på var att få dö där på operationsbordet, av misstag.

”Så”, sa en röst vars kropp han inte kunde urskilja, ”äntligen vaken igen. Du har varit borta en stund. Men det är trevligt att veta att du lyssnar nu.”

Han försökte vrida sig för att se vem det var som talade till honom, men han var som förstenad. Varken musklerna eller rösten lydde. Allt han kunde göra var att ligga stilla och lyssna.

”Det är dags nu, förstår du”, fortsatte rösten. ”Dags för dig att följa dem. Det var väl inte så här som du hade tänkt dig att det skulle sluta, men det blir så sällan som man tänkt sig. Eller hur? Du vet säkert vad som hänt de andra. Och då vet du vad som kommer att hända nu också.”

Doktor Renström förstod genast att detta var slutet. Det var inte det slut han hade väntat på. Men han var redo, hade varit redo för döden ett bra tag. På det här sättet skulle det gå fort i alla fall, inte de månader av ökande lidande som han varit förberedd på. Han kände sig nästan lättad.

Metallställningen fixerades kring hans huvud. Ställningen som han själv ritat och låtit tillverka. Skruvades fast. De små fiffiga skärcylindrarna på sidorna skruvades sakta åt. Lite för hårt. Dem hade han varit särskilt stolt över, de var nästan geniala. Längre och längre in åt de sig, genom hud, genom ben. Så sakta att han kände de enskilda tänderna i eggen. Hörde hur kraniet knakade och gav vika på båda sidor samtidigt. Precis samtidigt. Mitt i alltsammans kände han en pervers stolthet över det. Han visste att han inte skulle behöva vänta så länge nu, att det snart skulle vara över. Smärtan var överväldigande, men han hade haft gott om tid att vänja sig vid smärta. Den var inget problem. Huvudsaken var att slutet var nära. Han välkomnade det. Hade han tur skulle han bara glida in i medvetslösheten igen och sedan omärkligt vidare in i döden.

Ett plötsligt ljud i det yttre rummet fick hans baneman, eller räddare beroende på hur man såg på det, att stanna upp. Sluta inte nu, ville han skrika men kunde inte för rösten var fortfarande borta. Fortsätt, hjälp mig över till den andra sidan, lämna mig inte i denna smärta. Men gestalten tog bara ett extra kraftigt skruvtag och sedan blev det mörkt. Kom tillbaka! försökte han skrika, men fortfarande kom inget ljud över hans läppar.

tisdagen den 4 december
KAROLINSKA INSTITUTET, STOCKHOLM

36

Morgonen var rysligt kall och hon var trekvart för tidig. Arbetena vid Slussen gjorde det omöjligt att veta hur lång tid det skulle ta från den södra till den norra sidan av staden även om hon gick till fots. Ibland, som idag, hade hon tur och då gick det fort, men det hände att hon kunde få stå och vänta hur länge som helst. Maria undrade när den nya fantastiska Slussen äntligen skulle bli färdig. Den som skulle göra slut på Slusseländet för alltid och som alla pratade om. Och hur fantastisk den skulle bli egentligen. Bygget tog i alla fall en evighet.

Hon hade inte velat komma försent till den avtalade tiden med kommissarie Carl Hell och därför stod hon här ensam i den kalla och mörka decembermorgonen. Hon skulle bli tvungen att stå här länge och hon var redan genomfrusen.

Med tanke på hur tidig hon var skulle hon hinna in på Karolinska institutet och leta upp var den där liksamordnaren satt och ändå hinna ut igen och passa tiden med Hell. Det skulle vara ett mer effektivt utnyttjande av tiden än att stå här. Då skulle hon slippa vänta i kylan också.

Det var inget svårt val. Frestelsen var för stor. Några steg bara, uppför en liten trappa, in genom en dörr och sedan var hon inne i värmen. Innanför dörren fanns en stor, ganska ödslig hall, men inte alls lika skrämmande som den på Sankt Eriks sjukhus. Kanske berodde det på att denna inte var avsedd för patienter, här fanns ingen som behövde skrämmas eller injagas underdånighet utan bara kollegor.

”Jag letar efter doktor Fredrik Renström”, sa hon till den sjuksköterska som satt vid ett bord i bortre änden av hallen som för att vakta dem inne i huset från dem utanför.

”Han finns på andra våningen. Uppför trappan, korridoren till vänster och sedan sista dörren på höger sida”, svarade sköterskan. ”Jag tror att han är inne redan. Har ni avtalat tid?”

”Ja, men jag är lite tidig. Det är så kallt ute att jag tänkte att jag kunde gå in så länge.”

Sjuksköterskan log mot henne i samförstånd, hon verkade förstå precis vad hon pratade om. Båda hade värdelösa tjänstekläder.

Korridorerna var nästan lika labyrintiska som på Sankt Eriks sjukhus. Fast till skillnad mot där var de pyntade med anatomiska utställningsföremål, lite på samma sätt som Anatomiska institutionen i Uppsala fast inte med riktigt lika många. Hon kunde inte låta bli att stanna och se på dem även om de var otäcka. Hon hade ju gott om tid. Ett skelett här, en hylla med inälvspreparat där. I ett hörn stod ett avhugget huvud. Hon stannade upp, inte kunde hon väl ha sett rätt? Inte ens här kunde väl någon ha satt ett avhugget huvud på en piedestal. När hon tittade närmare såg hon att det inte var ett huvud utan en byst täckt av människohud. Balsamerad och draperad över en gipsstomme. Varför i all världen gjorde man något sådant? Det var nog det värsta hon sett. Värre än preparaten och liken i Uppsala. Hon ville inte tänka på var resten av kroppen fanns och hur det gått till när den och huden skiljts från varandra.

Hon ökade stegen för att snabbt komma därifrån. Korridoren verkade aldrig ta slut, det fanns hur många stängda dörrar som helst och alla såg nästan likadana ut. Vitmålade och med små namnskyltar. Men till slut lyckades hon hitta fram till rätt dörr. På väggen bredvid satt en klocka som visade att hon skulle möta Hell om en halvtimme. Men han skulle förmodligen inte uppskatta om hon började prata med doktor Renström utan honom, så det var nog lika bra att gå tillbaka och fortsätta vänta. Hon suckade och vände sig om för att gå, men hejdade sig. Något kändes fel. Det var något med lukten, det var en lukt hon kände igen. Söt och metallisk, inte direkt obehaglig, men som trots det gav henne gåshud över hela kroppen. Hela Anatomiska institutionen i Uppsala hade varit indränkt i den lukten.

Försiktigt knackade hon på dörren, men fick inget svar. Trots att det förmodligen var det sista hon borde göra tryckte hon sakta ned handtaget och öppnade den. Rummet innanför var mörkt, men en smal ljusspringa i dess bortre ände avslöjade att det var tänt i ett inre rum. Hon försökte smyga sig fram i mörkret, men råkade välta ned något på golvet. En bok? En väska? Det var omöjligt att avgöra, men det rådde ingen tvekan om att det var ett tungt föremål, för braket var öronbedövande högt i morgontystnaden. Alla i byggnaden borde ha hört det.

Någon hade i alla fall gjort det, för plötsligt släcktes ljuset i det inre rummet. Maria hejdade sig. Hon visste på ett ungefär var ljusspringan, och därmed dörren, varit. Hon kunde inte vända om innan hon fick reda på vad som var på gång, vem som gömde sig där inne. Om det nu inte bara var som hon inbillade sig. Kanske hade det inte varit tänt trots allt.

Kanske borde hon ha känt sig rädd och kanske borde den rädslan ha manat henne till försiktighet istället för nyfikenhet. Men det hon kände liknade snarare primitiva jaktinstinkter.

Plötsligt stötte hennes framsträckta händer emot en vägg. När hon famlade utefter den hittade hon fram till dörren och knuffade upp den. Nu gällde det bara att hitta strömbrytaren. Hon strök med fingrarna längs väggen närmast dörrposten, där den borde sitta. Ett stycke bort hittade hon äntligen en knapp och slog på ljuset. Hon blev omedelbart bländad. Innan hennes ögon hann vänja sig fick hon en lätt knuff av någon som rusade bort mot dörren och sekunden senare smälldes den igen. Därefter vreds låset om. Hon ryckte i handtaget, men förgäves. Hon var inlåst. Det fanns inte en chans att hon skulle kunna bryta sig igenom den bastanta dörren.

Men hon var oskadd åtminstone. Knuffen hade varit väldigt lätt. Inte avsedd att göra henne illa, bara att få bort henne från dörren. Då var det värre ställt med den andre personen i rummet.

Lukten av blod hade visserligen förberett henne, men inte tillräckligt. Det var precis lika otäckt som på docent Erik Forsbergs rum, nästan värre. På ett slags provisoriskt operationsbord låg kroppen av en man i sextioårsåldern. Eller kanske var han ännu äldre, han såg väldigt tärd ut. Grå och avmagrad, nästan lika undernärd som människorna på docent Forsbergs bilder varit. Huvudet satt fastspänt i en konstig metallställning och i tinningarna gapade två stora hål. Tjockt rött blod rann i långsamma rännilar från såren, ned på bordet och vidare till golvet där det samlades i stora svartröda pölar. En del av det hade redan börjat koagulera och bildade brunsvarta klumpar mitt i allt det röda. Hon kände kväljningarna som kramper i mellangärdet. Allt kom tillbaka som ett slag i magen. Prosektor Gustaf Eklund liggande i sin grå vätska, docent Forsberg i sitt hav av blod och så nu den här mannen.

Nu när hon var ensam, utan män som hon behövde bevisa något för, kunde ingenting hindra illamåendet. Hon sprang fram till en liten väggfast vask och kräktes gång på gång. När det inte fanns någonting kvar att kräkas upp tvättade hon av sig i ansiktet. Inte förrän då grep paniken tag i henne. Så nära hon varit mördaren, för det måste vara mördaren som knuffat undan henne. Hur stor fara hade hon varit i egentligen? Och hur stor var faran nu? Hon rusade fram till dörren, ryckte och ryckte i handtaget trots att hon visste att det var meningslöst. Men hon måste försöka ta sig ut på något sätt. Det fanns inga garantier för att mördaren inte kom tillbaka eller väntade i rummet utanför. Bara väntade på henne och försökte tänka ut något sätt att döda henne på. Borra hål även i hennes huvud. Konservburksöppna henne, som doktor Astrid Wik förmodligen skulle ha uttryckt det. Hon bultade hårt på dörren.

”Släpp ut mig!” skrek hon tills hon blev alldeles hes, men ingenting hände.

Plötsligt började mannen hon trott var död att skrika.

tisdagen den 4 december

KAROLINSKA INSTITUTET, STOCKHOLM

37

Byggnaderna framför honom var stora och imponerande, inte helt olika Anatomiska institutionen i Uppsala eller Sankt Eriks sjukhus. Fast här på Hantverkargatan förtogs anslaget lite av det formliga myllret av byggnader, där de stora och ståtliga blandades med små och oansenliga. Det gav ett slarvigt intryck snarare än stiligt. Carl undrade vad som skulle hända med alla dessa byggnader och alla de andra sjukhusen som låg kringströdda på Kungsholmen när det nya och moderna Karolinska sjukhuset stod färdigt i Solna.

Medan han väntade på att Maria skulle komma tände han en cigarett utanför entrén. I denna byggnad satt alltså doktor Fredrik Renström och bestämde vilka döda, utfattiga och oönskade människor som skulle skickas vart. Vem som skulle få dem, om och varför de skulle skäras upp. Kanske vilka som skulle ställas ut också, även om det tydligen inte hörde till vanligheterna att man gjorde så numera. Varför doktor Renström ägnade sig åt detta var en gåta när han en gång i tiden tydligen hade varit en skicklig och lovande kirurg. Hur kunde man gå från att kämpa för att rädda liv till att samordna likhantering? Enligt ryktena hade han haft en kärleksaffär med en överläkares fru. Eller var det rentav en professors? Oavsett vilket hade det inneburit slutet på hans medicinska karriär. Carl hoppades att han älskat henne, så att det åtminstone varit värt det.

Han undrade hur riksdagsman Henrik Meuler såg på sådant. På mitt och ditt, eller kanske snarare min och din. Och vad han skulle göra om han fick veta, vad det stod i hans makt att göra. *När* han fick veta, var kanske den riktiga formuleringen. Stockholm var inte särskilt stort. Inte tillräckligt stort för den typen av hemligheter. Om han och Else fortsatte var det egentligen bara en tidsfråga, även om det efter deras sista möte var omöjligt att veta hur det skulle bli.

Carl fick erkänna att han var nyfiken på honom, Henrik Meuler, och på dem alla, Diaboliaderna. På vilka hemligheter de bar på. Inte minst Henrik Meuler. Han skulle bli tvungen att tala med honom, nu när han visste att det var honom det stod om i kalendern. Och på alldeles för många andra ställen också. Förutom att hans bil enligt Uppsalapolisen iakttagits både utanför prosektor Gustaf Eklunds hem och Anatomiska institutionen, fanns både hans och Elses namn i anteckningar och journaler. Dessutom verkade han ha varit med på något slags morgonmöte med statspolisintendent Tage Berglund, ett möte som gjort Berglund tillräckligt nervös för att vara beredd att avsluta utredningen genom att lägga skulden på fel person.

Han undrade var Maria blivit av, det var inte likt henne att komma försent. Nu hade han snart väntat i tio minuter. Kanske hade hon gått in för att värma sig? Han kunde lika gärna gå in som att stå här och vänta, så han slängde cigaretten på marken, stampade på den och styrde stegen mot ytterdörren. Där gick han nästan rakt in i en sjuksköterska.

”Är ni också från polisen?” undrade hon.

”Ja, hurså?”

”Jag hoppas att er unga kollega hittade rätt och inte har gått vilse i korridorerna. Hon skulle bara gå och leta upp doktor Fredrik Renströms rum, men sedan kom hon aldrig tillbaka.”

”Var ligger hans rum?”

Maria brukade inte försvinna på det här sättet och det oroade honom. Men inte behövde han väl oroa sig? Trots det halvsprang han ändå genom de långa kala korridorerna som här och där var prydda med små anatomiska skräckkabinett. Men han gav sig ingen tid att stanna och titta på dem. Var fanns det där förbannade rummet? En kirurg kom emot honom med en stor läkarväska i handen. Håret täcktes av en operationsmössa och ansiktet av en operationsmask.

”Vet ni var doktor Fredrik Renströms rum ligger?” frågade Carl.

Den stressade läkaren viftade bara med handen i riktning framåt i korridoren och gick sedan vidare med snabba steg.

Carl fortsatte och till slut såg han dörren. Att han kommit rätt framgick av den lilla namnskylten. Enkel, med svart text på vit kartong och fastsatt på väggen med två ljusgröna häftstift. Ingen stor glänsande mässingsskylt här inte. Det hade varit lätt att gå förbi utan att se den.

Doktor Fredrik Renströms dörr var olåst så han gick rakt in. Rummet var tomt och såg ut som vilket trist kontorsrum som helst, bara lite kalare. Men från ett angränsande rum hördes skrik. Carl kände på handtaget till dörren som ledde dit, men den var låst.

”Hallå?” skrek han.

”Kommissarien?” hördes Marias röst där inifrån. ”Hjälp! Jag är instängd. Och han lever!”

Han såg sig snabbt omkring, men nyckeln fanns ingenstans,

det fanns ingenting annat att välja på än att försöka få upp dörren med våld.

”Gå bort från dörren!” skrek han och kastade sig mot den.

Han fick upprepa rörelsen flera gånger innan dörren gav vika. Sedan ramlade han in i rummet och som genom ett under föll han inte utan lyckades återfå balansen. Men det kändes som om axeln gick sönder på kuppen. Den brinnande värken bekräftade att han inte var byggd för att slå in dörrar. Han fick bita ihop för att inte visa hur ont det gjorde. Skulle man ägna sig åt att slå in dörrar borde man nog se ut som statspolisintendent Berglund.

Men han glömde smärtan när han såg Maria och vad han nästan ramlat rakt in i. Rummet såg ut som ett slakthus. Maria var blek och täckt av blod. Framför henne på ett bord låg en man, lika blodtäckt han.

”Jag är ledsen”, sa hon. ”Jag skulle ha väntat. Han skrek. Jag tog loss …”

Sedan svek rösten henne. När Carl lade armen om henne kände han hur hon skakade.

”Mår du bra? Är du skadad?” frågade han.

”Det är hans, allt blodet är hans. Inte mitt, inget av det. Nu blir ni också blodig, kommissarien. Jag tog loss … kanske gjorde jag det värre?”

”Det är bra”, sa han bara. ”Du är bra.”

Sedan släppte han henne och gick fram till mannen som låg på britsen. Blek och blodig. Utmärglad, lite mumieaktig. Han såg livlös ut, det gick inte att urskilja några andetag.

”Menar du att han lever?” frågade han Maria.

”Vet inte. Jag trodde att han var död, men så började han skrika. Jag visste inte vad jag skulle göra, jag tog loss honom för att få stopp på blodet. Mördaren var här, knuffade mig, jag ..."

"Var mördaren här?"

"Jag fick bara en skymt. Klädd som en kirurg som skulle operera. Det var ju på sätt och vis det som skedde, en operation. Jag kunde ha tagit ..."

Jag med, tänkte Carl. Fan också! För det måste ha varit mördaren han mött i korridoren. Han kunde inte minnas annat än operationskläderna, inte ens om personen varit lång eller kort, tjock eller smal. Så otroligt dumt av honom att inte reflektera över att det garanterat inte utfördes operationer i den här byggnaden. Men just nu var det viktigaste att Maria var oskadd. Varför i all världen hade hon inte väntat på honom? Och varför hade mördaren inte skadat henne? Knuffen kunde inte räknas. Hur kunde en brutal mördare låta ett farligt vittne komma undan på det här sättet? De hade varit ensamma, vad som helst hade kunnat hända. Hon hade också kunnat ligga här med två stora hål i huvudet eller blivit dödad på något annat ännu värre sätt. Han var oändligt tacksam för att det inte var så, men man kunde inte komma ifrån att det var konstigt.

"Vi måste skaffa hjälp", sa han till Maria men i samma ögonblick kom en korpulent man i vit rock in genom dörren med orden:

"Fredrik! Där är du ju! Du skulle ju ha varit med på mötet för en halvtimme sedan! "

När mannen såg den medvetslöse eller döde kollegan på britsen, Carl och den blodiga Maria bleknade han. Men han tappade inte fattningen, det var ändå en läkare de hade med att göra och han hade väl sett en del blod och död tidigare. Han verkade hantera chocken genom att gå in i sin yrkesroll.

”Vilka är ni! Vad gör ni här? Är det ni två som har gjort det här?” röt mannen, vilket vittnade om en ganska stor portion mod.

”Kommissarie Carl Hell, statspolisen”, sa Carl, vilket fick mannen att lugna ned sig lite. ”Vi vet inte om din kollega här lever eller är död. Men om han lever behöver han hjälp omedelbart.”

Mannen gick fram till doktor Renströms kropp och undersökte honom snabbt.

”Han lever, men bara precis. Den av er som stoppade blodflödet har förmodligen räddat livet på honom, så här långt i alla fall. Men det är osäkert om det räcker. Han behöver hjälp omedelbart! Kan någon av er ringa och den andre springa ned i huset efter hjälp? Be operatören att koppla er till kirurgen och berätta vad som hänt. Se till att de förstår att det är bråttom.”

Två timmar senare satt de på mannens rum. Maria rentvättad och klädd i en lånad läkarrock. Fast hon såg fortfarande ut att frysa.

”Han kanske överlever”, sa mannen som till slut presenterat sig som professor Magnus Meyer. ”Men det är mycket osäkert. Oavsett vilket kommer han förmodligen aldrig att återfå medvetandet under den korta tid som han har kvar. Ja, ni kanske inte vet det men Fredrik är allvarligt sjuk i cancer, han hade varit död inom några månader oavsett. Men vad är det för vettvilling som gjort det här? Rena medeltidstortyren! Är det samma galning som jag har läst om i tidningarna? En hänsynslös mördare som går runt och har ihjäl läkare? Och nu här, på min egen avdelning!”

”Ja, det är sannolikt samma gärningsman. Finns det någonting när det gäller doktor Renström som ni kan erinra er som skulle kunna förklara varför just han har valts ut?”

Men det verkade inte som om professor Meyer kunde hjälpa dem, varken när det gällde vad som hänt doktor Renström eller med deras frågor om likhanteringen. Trots att han var Renströms närmaste chef, verkade han inte särskilt insatt i hans arbete. Enligt honom själv berodde det på att Renströms arbetsuppgifter visserligen låg under hans ansvar, men utan att han hade någon direkt insyn i dem. Renström hade inte på något sätt varit inblandad i forskningen eller den medicinska praktiken, utom på så sätt att det var hans uppgift att tillhandahålla likmaterial. Renström hade inte haft varken med psykiatri eller med hjärnforskning att göra och inte hade han visat något intresse för det heller, vad professor Meyer kunde erinra sig. Renström hade, i den mån han engagerade sig i någonting överhuvudtaget längre, varit intresserad av kirurgi i dess rent funktionella form. Han hade konstruerat en del kirurgiska instrument, till exempel.

”Varför slutade han sin kirurgkarriär?” frågade Carl.

”Om ni vet att han slutade, vet ni säkert också varför.”

”Ja, det vet jag. Men jag vet inte vem det gällde.”

”Det är väl ingen mening att hemlighålla den där gamla historien längre, nu är ju båda döda. Hennes namn var Saga Meuler, ingift faster till den där riksdagsmannen ni vet. Jag undrar om det inte till och med var så att hon gick och dränkte sig efteråt. Om det var för skammen eller ett brustet hjärta vet jag inte, men dog gjorde hon i alla fall. En tragisk gammal historia. Som jag fått det berättat för mig skötte Renström det hela ytterst osnyggt. Försökte utpressa sig till fördelar under hot om att ställa till skandal, kärlekshistorier blev ju ännu värre skandaler på den tiden. Men mannen vägrade. Det hela tog sig till slut sådana proportioner att ledningen här såg sig föranledda att ingripa, och det blev trots hans förhoppningar och intrigerande slutet på Renströms karriär. Professor Meuler är också död nu, men han arbetade kvar långt efter händelsen. En ytterst framstående anatom, för övrigt. En av våra bästa någonsin. Professor Meuler hade inga egna barn så han hade stora förhoppningar om sin brorson, den där riksdagsmannen alltså. Hoppades att Henrik Meuler skulle ägna sig åt medicin och lät honom till och med sommararbeta här efter ett år som medicinstudent i Uppsala. Resultatet blev att brorsonen bytte från medicinstudier till juridik, han fick väl nog av anatomin efter den där sommaren, och professor Meuler blev oerhört besviken, även om det naturligtvis är betydligt klipskare att satsa på juridiken än medicinen när man är arvtagare till ett förlag. Även om det knappast går att jämföra med Bonniers eller Norstedts i storlek, behöver han ju inte oroa sig för pengar."

tisdagen den 4 december

KAROLINSKA INSTITUTET, STOCKHOLM

38

”Du kanske borde gå hem? Vila dig i några dagar?” sa kommissarie Carl Hell när professor Magnus Meyer till slut lämnat dem ensamma. Hans röst lät varmare än vanligt och hans blick var allvarlig.

Maria skakade bara på huvudet. Hem? Hem till den trånga enrumslägenheten? Vad skulle hon göra där? Nej, hon ville inte vara ensam där, eller ännu värre ensam tillsammans med sin mamma som inte skulle ge henne en lugn stund om hon fick reda på vad hon varit med om. Som skulle bråka eller gråta tills Maria gick med på att börja arbeta tillsammans med henne på fabriken istället, där man inte riskerade att komma i vägen för galna mördare och hade en trygg inkomst. Men de skulle få släpa in henne och binda fast henne om de skulle kunna tvinga henne att stå där. Det hade alltid varit hennes mardröm. Att arbeta hela dagen i den dammiga slamriga fabrikslokalen, prata om män, sjukdomar och allt de drömt om men aldrig fått, allt medan åren gick och armarna blev mer ledbrutna, andningen alltmer ansträngd och kroppen tyngre.

Just nu var hon varken rädd eller arg, snarare avtrubbad. Hon kände ingenting för den svårt skadade mannen eller för den risk hon själv utsatt sig för. Inget alls. Inte ens inför det faktum att hon lika gärna kunde varit död själv. Bara tomhet och en självisk oro för att allt det som hänt doktor Fredrik Renström var hennes fel. Ingen mer än hon, kommissarie Hell och doktor Astrid Wik visste att de skulle komma hit idag. Prästen kunde kanske ha gissat det, men han hade inte kunnat veta säkert.

Maria suckade och såg på Hell. Hur skulle hon berätta det här? Skulle hon säga något överhuvudtaget? Att det kanske var hennes fel alltsammans, för att hon berättat för doktor Wik att de skulle hit idag och besöka doktor Renström, att hon måste vara den enda förutom de själva som visste. Wik som, och det borde hon verkligen ha kommit ihåg, enligt professor Viktor Rantzius var duktig på hjärnor. Och hon hade inte ens berättat om det för utredningens skull, utan av själviska orsaker. Bara för att hon ville ha något att säga henne. Bara för att Wik skulle stanna lite längre och lyssna på just henne och tycka att hon var intressant. Så onödigt och patetiskt alltsammans! Vad skulle Hell säga? Han som alltid var så överdrivet korrekt och aldrig sa saker han inte borde. Eller ens saker han borde, för den delen. Skulle han ta det på allvar eller avfärda det som lika absurt som hon hoppades att det var? Bli arg och idiotförklara henne? I vilket fall som helst skulle det innebära slutet på hennes polisarbete, så mycket förstod hon. När han fick veta skulle hon få gå tillbaka till att vara arrestvakt och ledsagare till arbetsinrättningar. Kanske räckte hennes idiotiska beslut att gå i förväg ensam in till doktor Renström för det. Omdömeslöst, var det minsta man kunde säga. Men hon måste ändå tala om det för honom. Det var hennes plikt. Detta handlade ju inte om henne, utan om människor som blev mördade på bestialiska sätt. Fast kunde doktor Wik verkligen vara mördaren? Det trodde hon inte egentligen. Eller ville inte tro det, för självklart kunde hon vara det.

Men när Maria väl samlat mod och berättat reagerade Hell knappt, han tittade inte ens åt hennes håll. Istället verkade han ha tankarna någon annanstans, så långt borta att det till och med var osäkert om han ens hört vad hon sagt. Hon upprepade samma sak en gång till.

”Det kan jag inte tänka mig, varken att du berättade det för henne eller att doktor Wik är en mördare”, svarade han efter ännu en stunds tystnad.

Berodde hans tankspriddhet på vad hon gjort, vad som kunnat hända? För det var osannolikt att själva mordförsöket förorsakat den, vid de tidigare två morden hade han snarare blivit fokuserad.

”Det var ju doktor Wik själv som sa att det måste vara en läkare eller åtminstone en mycket medicinkunnig person som utfört det här. Varför skulle hon leda in våra tankar i den riktningen om hon själv var inblandad?” sa han sedan och visade att han inte var riktigt så frånvarande som han verkade.

Maria nickade olyckligt. Han hade säkert rätt. Han måste ha rätt. Oavsett vilket hade hon berättat något hon inte borde ha berättat.

Men för hans del tycktes frågan vara utagerad. Sedan fortsatte de båda att under tystnad leta igenom doktor Renströms rum, som saknade den elegans som präglat de båda andra läkarnas. Maktspråket, tänkte hon, det var det som saknades. Här fanns inga statusmarkeringar, det var bara ett rum. I princip inga böcker, förutom de som direkt rörde byråkratin. De papper de hittade handlade alla om likhantering. Fullmakter, dödsattester, fördelningsprotokoll. Och klagomål från både Anatomiska institutionen i Uppsala och från Karolinska institutet över att de var förfördelade och att den andra institutionen fick fler lik. Och även här uppretade brev från prästen Peter Winter. Flera stycken. Renström var kanske den som hamnade mest i skottgluggen, med tanke på vilka arbetsuppgifter han hade. Hon undrade hur många personer prästen skrivit till egentligen. Det var uppenbarligen inte bara till de tre drabbade läkarna, för bland Renströms korrespondens fanns också ett antal brev från politiker som undrade varför i helvete de fått klagobrev från en sjukhuspräst angående Karolinska institutets likhanteringssystem.

Renström hade även en tunn och nästan oanvänd kalender. Den var ganska tom, bara spridda och korta notiser här och var. Möten och viktiga händelser, men de var inte många. Hans liv verkade ha varit inrutat och händelselöst.

Det fanns inget personligt i rummet, inte ens en tavla. Det var så här det såg ut hos någon som gett upp. Renström som varken fått karriären han drömt om eller kvinnan han förstört den på grund av. Hon som också hetat Meuler. Det var ett namn som dök upp hela tiden. Hade inte till och med statspolisintendent Tage Berglund nämnt en Meuler, när han skrikit på Hell häromdagen? Fast det skulle hon aldrig kunna säga något om, för då erkände hon att hon tjuvlyssnat på deras samtal.

Med tanke på vad hon ställt till med kände hon att hon borde bevisa sitt värde ännu mer än vanligt den här dagen. Försöka komma med ett bra förslag, gärna ett som inte hade med doktor Wik att göra, ett som kunde visa att hennes klantighet och dåliga omdöme inte var orsak till att ännu en person var död – eller så gott som, i alla fall.

”Vi borde kanske jämföra den här med prosektor Gustaf Eklunds kalender”, sa hon och viftade med den lilla boken i riktning mot Hell.

”Förlåt?” sa han frånvarande.

”Jämföra kalendrarna. Namnet Meuler finns med i den här också, liksom det gjorde i docent Erik Forsbergs anteckningar och journaler. Vi borde se om det finns i Eklunds kalender också.”

”Det kan vi i och för sig göra, även om det känns långsökt. Jag har inte med mig kalendern idag, bara. Den ligger nog hemma hos mig”, svarade han efter en stunds tystnad.

Hemma? Nog? Vem var oprofessionell nu? Hon hade inte väntat sig att han skulle vara så slarvig. Han som satte skräck i hela polishuset med sin noggrannhet. Bevismaterial var ändå bevismaterial, oavsett om man tyckte det var oviktigt. Hon var inte i en position att ifrågasätta honom öppet, men undrade vad han skulle ha sagt till henne om rollerna varit omvända. Om det varit hon som glömt en möjligt viktig ledtråd på en plats där den aldrig borde ha hamnat, och dessutom inte varit säker på om den verkligen var där.

Hon satte sig med doktor Renströms kalender igen. Den gick fort att bläddra igenom. Han avvek från de andra, han hade inte haft något stort kontaktnät. Kalendern var nästan tragisk, där fanns bara en handfull namn, fast de återkom gång på gång. Alltid samma, Meuler och några andra. Hon kände igen en rad andra politiker också och steriliseringsivrare. Kända personer allihop. Men doktor Wiks namn fanns inte där. Var det inte egentligen därför hon så gärna ville läsa Eklunds kalender – inte för att hitta ett visst misstänkt namn utan för att så att säga inte hitta det. Bevisa för sig själv att Wik med sitt burriga hår och vackra röda läppar inte var den som borrat sönder de tre läkarnas huvuden. Och att inget av det som hänt var hennes eget fel.

tisdagen den 4 december

MEULERS FÖRLAG, STOCKHOLM

39

”Nej, jag kände ingen av dem. Inte egentligen. Bara vagt genom debatterna runt steriliseringslagen. Den känner ni säkert till”, sa Henrik Meuler och satte sig ned på andra sidan det stora skrivbordet.

Han lät varken trevlig eller otrevlig, varken hjärtlig eller avmätt. Korrekt var väl den mest träffande beskrivningen. De allvarliga mörkt blå ögonen avslöjade inte om han ljög eller talade sanning. Han verkade fullständigt neutral, varken osäker eller nervös.

Så detta var Elses man. Politikern och förlagsdirektören, mannen som Berglund trodde kunde vara deras framtida justitieminister. Carl undrade vilken av rollerna Meuler själv trivdes bäst med, debatterna i första kammaren eller rollen som direktör här på förlaget där de befann sig. Oavsett vilket verkade han vara sin hustrus motsats. Carl visste att han hade doktorerat i juridik och det var ungefär så han uppträdde, som jurister brukade göra. Korrekt, eftertänksamt, felfritt. Mannen hade förmodligen inte fattat ett överilat eller ogenomtänkt beslut i hela sitt liv. Eller omoraliskt för den delen. Vad var det Else hade sagt? En god man, den godaste tänkbara. Felfri. Var det därför hon gift sig med honom? Carl undrade hur hon skulle beskriva honom själv om de hade känt varandra bättre. Inte som felfri, i alla fall.

Hon hade rätt i att hennes man såg ut som en filmstjärna, det fick han ge henne. Meuler var inte riktigt lika lång som Carl själv, men inte långt ifrån. Det blonda gråsprängda håret var bakåtkammat på ett sätt som underströk ansiktets vackra drag. Ett ansikte som garanterat skulle göra sig på filmduken. Ett hjälteansikte. Det var så här människor föreställde sig dem – hjältarna. Kanske var det så de såg ut också?

Carl hade dragit sig för det här samtalet. Funderat fram och tillbaka, men det fanns inget annat sätt. Framförallt inte sedan Maria börjat påtala att namnet Meuler dök upp alldeles för många gånger. Såg hon det skulle andra också göra det. Andra som skulle lägga ihop saker – anteckningar, journaler, bilar som var på fel platser. Och då skulle Meuler få någon annan på halsen, någon som var betydligt värre än honom själv. Else också. Någon som verkligen ville honom illa, eller dem båda. Illvilliga personer fanns det många av, om man skulle gå efter vad som stod i tidningarna. Men Carl var inte en av dem. Han skulle skydda henne, och honom också för hennes skull, hur absurt det än kunde verka. Så länge som möjligt eller åtminstone tills han visste vad som verkligen hänt. Och om det skulle behövas, längre än så.

”Jag måste tyvärr fråga er var ni befann er vid mordtillfällena, det vill säga de två morden och mordförsöket på doktor Renström som nu svävar mellan liv och död. Det är inte så att ni är misstänkt för någonting, direktör Meuler, men på grund av allvaret i situationen måste vi fråga alla som har något slags beröring med det hela. Ni är varken den förste eller den siste.”

Den allvarliga blå blicken igen. Den omisskännliga skärpan

bakom den. Det var svårt att lura någon som var disputerad i juridik. Meuler verkade särskilt svår att lura. Han undrade om Else lyckades, eller om Meuler redan visste mer om honom än omvänt. Det skulle inte förvåna honom om det var så.

”Ni skulle väl inte fråga om ni inte undrade, eller hur?” sa Meuler till slut.

”Nej, det skulle jag inte.”

”Vilka datum handlar det om?”

”Natten mellan den 26 och den 27, natten mellan den 29 och den 30 och inatt, eller kanske snarare tidigt imorse.

”Imorse?” frågade Meuler med en min som sa något i stil med vad i helvete gör du här i så fall? Han sa det naturligtvis inte rent ut, men det hade på sätt och vis varit en rimlig fråga. Väldigt rimlig till och med.

”Ja, precis”, nöjde han sig med att svara.

Meuler plockade fram en tjock läderinbunden kalender och började bläddra i den.

”Låt se. Nu vet jag ju inte vilka timmar det handlar om mer exakt, men den första natten var jag tillsammans med min hustru. Det var jag de båda andra nätterna också, men då var vi dessutom flera stycken. Professor Viktor Rantzius var med bland annat, som jag förstått att ni har träffat. Viktor stannade hos oss över natten vid båda de tillfällena. Ni kan kontrollera det hela med honom också, om ni vill.”

”Det behövs inte, ni är som sagt inte misstänkt för någonting, direktör Meuler.”

Sedan var det tyst en stund. Besvärande tyst. Meulers skarpa granskande blick lämnade honom inte. Mannen som var gift med Else. Som satt i riksdagen och som skrev poesi, dikter som brukade hyllas till och med av de elakaste och hårdaste kritikerna. Som läst medicin i Uppsala ett helt år, förmodligen bland annat på Anatomiska institutionen och som tillbringat en sommar i en dissektionssal och vars fru Carl kände betydligt bättre än han borde. Carl undrade vad han tänkte, men insåg att det inte var något han någonsin skulle få reda på. Det var nog inget som Meuler brukade berätta för folk överhuvudtaget. På den punkten var de i alla fall ganska lika.

”Jag skulle gärna hjälpa er med er utredning”, sa Meuler till slut, ”men jag har nog ingenting att bidra med är jag rädd. Kommissarien.”

Han hade sagt ”kommissarien” med ett så tydligt eftertryck att Carl förstod att samtalet var slut. Sättet han sa det på fick honom att ana att Meuler nog visste betydligt mer om honom och Else än han låtsades om.

40

Så fort kommissarie Carl Hell lämnat rummet reste sig Henrik upp och gick fram till fönstret. Men idag kunde inte utsikten göra något åt hans humör, trots det strålande solskenet. Den dämpade varken oron eller hjälpte honom med att komma fram till vad han borde göra. Vad han måste göra. Han önskade att Viktor varit där, att han hade haft honom att prata med om det här, men han hade rest tillbaka till Uppsala på morgonen.

Det hela var i och för sig inte oväntat. Han borde inte bli överraskad över att den där vidriga människan, den där förbannade prosektor Gustaf Eklund, skrivit in hans namn i sin dagbok. Hur många gånger kunde det handla om? Hur många gånger hade de träffats? Henrik hade tappat räkningen, visste bara att det var alldeles för många. Men just det bekymrade honom inte det minsta. Han var inte orolig för sin egen skull, det var han aldrig.

Han undrade hur länge det skulle dröja innan de kom på att han ljugit om den där första natten. Om de skulle komma på det överhuvudtaget. Men det spelade egentligen ingen roll, inte om man tänkte efter. Han hade inte sagt var de hade varit. Skulle de komma på att Else inte varit i Stockholm skulle han hävda att de varit tillsammans på hennes rum i Uppsala. Det var inget att oroa sig för.

Docent Erik Forsberg var värre, för bara Gud visste vad han hade skrivit ned. Äcklet Forsberg. Han kunde ha plitat ned vad som helst, insinuationer och rena lögner. Om honom själv, vilket han kunde leva med, eller om Else, vilket var betydligt värre. Och doktor Fredrik Renström, det gamla spöket från det förflutna. Men kanske var det över nu. Eller skulle det fortsätta?

Han betvivlade inte att kommissarie Hell var intelligent, för det var uppenbart. Kanske var han till och med intelligentare än han själv. Det hade känts som om hans svarta ögon borrade sig rakt igenom honom, som om de såg alla lögner. Men mannens utgångsläge var ändå värdelöst i just det här fallet. För Henrik hade känt igen honom från bilderna och visste precis vad han och Else gjort. Hur de kände varandra. Och det fanns ingen domstol i världen som skulle bortse från det om det skulle gå så långt.

Han skulle inte berätta för Else om det här mötet. Inte ställa henne mot väggen. Det var hennes ensak. Han förstod henne. Hon var som sagt inte den enda som någonsin gjort något hon inte borde. Men han skulle behöva prata med henne så fort som möjligt.

tisdagen den 4 december

KAROLINSKA INSTITUTET, STOCKHOLM

41

Det var irriterande att kommissarie Carl Hell verkade ha slarvat bort den där kalendern. Det var inte likt honom. Maria skulle vilja läsa den igen, jämföra och se om där fanns ett mönster i vilka namn som återkom. Kanske fanns Meuler där också. Och kanske hade prosektor Gustaf Eklund antecknat något om de andra båda offren. De som liksom han själv drabbats, den ene död och den andre så gott som. Borde inte kalendern kunna ge inblick i hur de kände varandra, om de nu gjorde det?

Maria fick visserligen ge Hell rätt i att det kändes betydligt mer prioriterat att reda ut likhanteringen. Den verkade ha varit doktor Fredrik Renströms huvudsakliga uppgift och något som faktiskt band honom till de två andra mordoffren. Särskilt till prosektor Eklund. Bandet till docent Erik Forsberg var ännu inte lika självklart. Kalendern avslöjade inte mycket av vad deras möten hade handlat om.

Bokföringen som doktor Renström hade arbetat med skulle kanske kunna berätta mer, men den hade hon inte lyckats hitta. Det var synd, enligt vad hon hade hört skulle den vara detaljerad och innehöll sannolikt viktig information.

Professor Magnus Meyer var så pass insatt i det hela att han visste att det rörde sig om en stor tjock bok i halvfranskt band med sida upp och sida ned av noggrann bokföring. Vi har ordning på våra affärer här, som han uttryckte det. Underförstått tyckte han kanske inte att det var så på andra håll. Men hur de än letade förblev boken borta. Kanske var det den hon vält ned på golvet i mörkret? Golvet hade varit tomt när hon sett sig om i rummet och hon utgick från att mördaren plockat upp det hon stött till, tagit det med sig ut i korridoren och där mött kommissarie Hell. De kunde inte med säkerhet veta att det var så. Men de hade inte lyckats binda någon av Karolinskas kirurger till platsen. Inte klädd på det viset. Och kirurgen hade haft en rymlig väska i handen, hade Hell sagt, tillräckligt rymlig för att dölja en stor bok.

”Men det är ingen fara”, sa professor Meyer. ”Vi gör alltid en kopia av allting som förvaras på en annan plats. Vi vill inte ha en upprepning av efterspelet till eldsvådan 1892. Där gick alltför mycket förlorat som inte kunnat återskapas.”

Det hade bara dröjt en halvtimme och sedan hade den oväntat tjänstvillige professorn varit tillbaka med en tjock arkivmapp under armen.

”Ja, detta är alltså kopiorna av vår likbokföring, från 1925 och fram till idag. Möjligen saknas några av de senaste kropparna. Men bara de senaste dagarnas i så fall. Vi har som regel att allt måste föras in så snabbt som möjligt. Säg till om ni behöver ännu äldre handlingar så ser jag till att någon plockar fram dem åt er.”

Maria ägnade resten av eftermiddagen åt bokföringen, den långa lista över lik som kommit in till Karolinska institutet från olika håll de senaste tio åren och sedan förts ut därifrån. Listan var lång, alltför lång, tyckte hon. Sjukhusprästen hade haft rätt, det var verkligen frågan om hundratals kroppar genom åren. När hon hörde professor Meyer säga förteckning hade hon tänkt sig ett tunt häfte, men hon hade haft fel. Sida upp och sida ned med namnen på döda människor, pedantiskt bokförda. Det fanns ingen möjlighet att gå igenom alla, den tiden hade de inte. Inte om avsikten var att få ut någon användbar information i alla fall. Särskilt som professor Meyer hade inpräntat att de inte fick lov att ta arkivmappen med sig. Maria skulle få anteckna allt som hon bedömde var viktigt.

Det kändes märkligt att sitta här, iförd kläder som dessa. Läkarrocken hon lånat för att slippa sina blodiga kläder kliade och luktade svagt av desinfektionsmedel. Den var inte särskilt varm, men det skulle nog inte ha gjort någon skillnad om den varit det. Maria frös inte av kyla utan av andra orsaker. Det var obehagligt att sitta på doktor Renströms rum ensam, hon skulle hellre haft människor runtomkring sig, men det var hon för stolt för att erkänna. Särskilt för Hell. Hon suckade och lutade sig över bokföringen igen.

Även om hon bara koncentrerade sig på de sista två åren rörde det sig om flera hundra kroppar, alla minutiöst bokförda med namn, ålder, avdelning och institution samt dödsorsak. Hon följde kolumnen för avdelning och institution. Erik Forsbergs avdelning på Sankt Eriks sjukhus återkom där med jämna mellanrum, allt som allt åttioåtta gånger under den perioden. Hon kunde ju börja med att koncentrera sig på det. Åttioåtta var en hanterbar siffra, trots allt.

Dödsorsaken på psykiatriska avdelningar verkade variera, allt från diarré och lunginflammation till självmord. Några hade kort och gott dött av viktminskning, vilket fick henne att minnas de avmagrade kropparna på docent Forsbergs fotografier. För en hel del av människorna hade det enbart angetts en psykiatrisk diagnos. Men inte dog man väl av sinnessjukdomar? Var det dessa människor som prästen Peter Winter undrat över? Hon skulle bli tvungen att jämföra de olika listorna med varandra. Prosektor Eklunds mottagarlista, doktor Renströms fördelningslista och patientförteckningarna från docent Forsbergs avdelning. Kanske också jämföra listorna från hans avdelning med de patientförteckningar som fanns från de andra vårdinrättningarna han arbetat vid för att se om det gick att få fram något mönster. Forsbergs egna papper verkade försvunna, eller så hade de aldrig funnits, men alla papper från Sankt Eriks sjukhus och de andra institutionerna han arbetat på fanns kvar. Var det så Winter gjort? Jämfört listor? Var det därför han hade slutat sina dagar infrusen i Barnhusvikens is?

Winter kunde mycket väl ha kommit något på spåren. När hon efter att ha läst om prästens brev undersökte Forsbergs listor igen verkade det som om han hade haft rätt, som om Forsberg medvetet skickat runt folk i staden. Slussat in människor från andra sjukhus till den avdelning på Sankt Eriks sjukhus som han hade varit ensam ansvarig för. Samma personer dök sedan inte sällan upp i Renströms likförteckning.

Många av de patienter som flyttats till Forsbergs avdelning hade alltså dött. Kanske var det så enkelt som att han låtit flytta dem som varit allra mest illa däran, och då var statistiken inte så märklig. Eller så fanns det en annan, betydligt obehagligare förklaring.

När kommissarie Hell en stund senare kom tillbaka berättade hon om sina funderingar för honom. Han tände ännu en av sina ständiga cigaretter och såg tankfull ut medan han lyssnade.

”Tänk om prästen hade rätt, fast i en mycket värre skala”, sa han.

”Hur då?”

”Tänk om han upptäckte att något inte stod rätt till, men trodde att det berodde på slarv och översitteri från läkarnas sida. Därför förpestade han deras tillvaro med en massa självpåtagen kyrklig rättfärdighet som präster brukar göra, du vet. Men förstod inte att det rörde sig om något annat, något som han absolut inte borde ha trampat in i. Något som de tre läkarna skulle dölja och försvara till vilket pris som helst.”

”Vad skulle det kunna vara?” frågade Maria.

”Jag vet inte. Men jag tror inte att det är något så enkelt som att försörja institutionerna med döda kroppar. Det måste vara något mer. Vi får gräva djupare i de där listorna. Jag föreslår att vi reser tillbaka till Uppsala och tar oss en förnyad titt på prosektor Eklunds rum och papper, jämför hans listor med de här. Och hör med professor Augustin Wallin om det finns någon substans i prästens misstankar och om han hört något om vad docent Forsberg hade i Uppsala att göra. Det här gör alltsammans ännu mer komplicerat. För enligt den teorin blir läkarna gärningsmän, fast det är de som dör. Eller så är det någon som håller på och sopar igen spåren. Ytterligare en person som varit med på det hela men som nu till varje pris vill dölja det. Ännu en läkare, tillräckligt skicklig för att kunna borra hål på rätt ställe, så att säga.”

Bara inte den läkaren var Astrid Wik, tänkte Maria.

tisdagen den 4 december
VILLAGATAN 13, STOCKHOLM

42

Henrik satt ensam i salongen, drack en konjak, rökte. Han behövde vara ifred och tänka. Sitta i tystnad och halvmörker och försöka få tankarna att räta ut sig. Han hade gett hembiträdet ledigt och Else hade ännu inte kommit hem. Om hon skulle komma hem, han var osäker på om detta var en av hennes Uppsaladagar eller inte. M hade som vanligt stämt möte med honom och några andra politiker och tjänstemän, men den här kvällen tänkte han inte gå dit. Inte svara i telefonen eller öppna dörren heller, om det visade sig att de envisades. De fick klara sig själva för en gångs skull, han orkade inte med dem idag. Den här kvällen tänkte han bara sitta här, fortsätta röka och dricka och fundera.

Tänka på vad han skulle göra åt den krypande, strypande, kvävande känslan av att någon höll på att stänga alla hans handlingsvägar. Att vad han än gjorde, vad som än hände, så fortsatte det bara. Känslan av att sitta fast och hjälplöst släpas mot undergången. Som om han var en viljelös bricka i någon annans spel. Polismannens kolsvarta ögon. Prosektor Gustaf Eklund och docent Erik Forsberg. Det gamla aset på Karolinska. Fotografierna, breven och hoten. Människor han älskade och människor han hatade.

Men han förstod fortfarande inte, förstod inte hur alltsammans hängde ihop. Hur och varför det hela börjat. De hade varit ute efter Else, så mycket stod klart. Eller var, för det hade kommit ytterligare ett kuvert med ett nytt fotografi nu på morgonen, trots att de tre läkarna var tillintetgjorda. På kommissarie Hell hade det verkat som om den tredje var döende om än inte död. Men varför? Vem kunde Else störa? Det förstod han inte. Var det för att komma åt honom, straffa honom? För prosektor Eklunds del kanske det varit så, men för de andras? Eller var det så att hon störde dem så mycket bara genom att vara sig själv? De kanske var sådana som tyckte att de som inte passade in i deras fantasivärld skulle omformas eller helt enkelt plockas bort. Beskäras så att de gjorde si och inte så, var på ett visst sätt och inte på ett annat. Uppförde sig inom den snäva ram som de satt upp. Men vem har rätten att bestämma hur någon annan ska leva?

Plötsligt vreds en nyckel om och sedan slog det i ytterdörren. Han var inte ensam längre. Han kände igen alla ljuden och visste i vilken följd de skulle komma. En väska landade på hallens stengolv, en hatt hamnade knappt hörbart på hatthyllan. Skor sparkades av så häftigt att de slog i väggen. Tysta men bestämda fotsteg närmade sig.

Hela lägenheten låg i mörker, han hade bara tänt en av de små lamporna på bordet bredvid soffan. Mörkret passade bra den här kvällen. Else tände inte heller, men det tog inte lång tid för henne att hitta honom. Snart stod hon i salongsdörren, men hon sa ingenting, stod bara och såg på honom en stund. Allvarligt, men samtidigt svagt leende. Han kunde inte låta bli att le tillbaka. Efter ett tag knäppte hon upp sin kjol och lät den glida ned på golvet. Drog av sig koftan. Sedan kom hon sakta emot honom i bara blus och underkläder. Satte sig på soffans armstöd alldeles intill honom, smekte med en iskall hand hans kind och stack sedan snabbt ned den innanför skjortan. Det var omöjligt att inte skratta, trots alla grubblerier och undergångskänslor. Trots allt som hänt under dagen och dagarna dessförinnan. Trots allt, helt enkelt.

Han satte långsamt ifrån sig glaset och släckte cigaretten mot askfatet. Sedan kysste han hennes vinterkalla läppar och hon kysste skrattande honom tillbaka. Röksmaken fick henne att grimasera, halvt på skämt och halvt på allvar, och knuffa honom ifrån sig ned i soffan. Han drog henne med sig och smaken av rök hindrade henne inte från att kyssa honom om och om igen. Hon fick upp hans skjorta, han fick av byxorna. Ingenting annat spelade någon roll, bara hans händer som drog av henne blusen och hennes kyssar, hennes hud och värme. Bara han och hon. Oavsett allt som hänt, allt hon gjort och allt han gjort, så älskade han denna människa. Han älskade att ha henne över sig i soffan och han älskade henne alla andra stunder, alla andra dagar. Han älskade hur kraftfull hon var i allt hon tog sig för, hur oförutsägbart hon gjorde livet och hur olik hon var honom själv. Ingenting kunde ändra på det och ingenting kunde få honom att sluta med det.

Kärlek.

Det var det som de inte begrep sig på, alla de där reglerings- och steriliseringsivrarna, som gick vilse i sin kliniska, sterila, funktionella och känslokalla värld. Det var därför de aldrig skulle kunna vinna, inte i längden. De förstod ingenting av hur kärlek fungerar. Förstod inte att människor gör vad som helst för kärleken. Precis som han själv. Det fanns ingenting, ingenting, han inte skulle göra för Elses skull.

onsdagen den 5 december

ANATOMISKA INSTITUTIONEN, UPPSALA

43

”Nej, docent Nils Hansen har inte kommit in idag. Jag har inte sett till honom på hela dagen. Inte igår heller, faktiskt, herr kommissarien. Men jag ska be honom ringa upp er när han kommer tillbaka”, informerade professor Herman Lundborg honom i telefonen.

Carl kramade telefonluren hårt i handen för att inte låta otrevlig när han för tredje gången försökte få veta när docent Hansen var väntad tillbaka. Det hjälpte inte. Han började uppenbarligen uppfattas som besvärlig, för professor Lundborg drog djupt efter andan innan han fräste:

”Ni skulle ju kunna prova att söka honom hemma om det är väldigt viktigt och brådskande, men det begriper ni säkert själv!” Sedan avslutade han samtalet, av allt att döma genom att smälla ned telefonluren i klykan.

De hade precis kommit tillbaka till Uppsala och som förra gången gjorde det honom på dåligt humör. Staden var alldeles för full av dåliga minnen. En del bra också, visst, men de hamnade i skuggan av de andra. Kallt var det också, långt under noll och sedan de var där sist hade det fallit minst tio centimeter snö. Han hade kört försiktigt, men bilhjulen hade ändå tappat väggreppet flera gånger. Varje gång det hänt hade han sneglat åt Marias håll, men antingen hade hon inte märkt det eller så tänkte hon inte låtsas om det.

Nu pulsade han fram genom snön, med låga skor och byxben som redan var blöta en bit upp på vaden. Snöskottarna jobbade frenetiskt, ännu var inte många trottoarer snöfria. Men förhoppningsvis var promenaden värd det. Äntligen skulle han kanske få tag på Hansen. Ett besök i hans hem skulle oavsett vilket vara intressant. Kanske rentav pigga upp så mycket att han glömde både Uppsala, snön och den molande värken i axeln för en stund. Det gjorde lyckligtvis inte riktigt lika ont som dagen innan när det varit svårt att köra bilen, men smärtan var fortfarande påtaglig.

När docent Hansens hushållerska någon halvtimme senare öppnade för honom såg hon bekymrad ut.

”Herr docenten är inte anträffbar”, sa hon och försökte dra igen dörren.

”Jag kommer från polisen, jag måste träffa honom.”

”Han är inte här. Jag får egentligen inte säga var han är. Jag … han vill inte att det ska komma ut förstår ni, han är så noga med sin hälsa men nu har han fått hjärtflimmer och legat i sängen i flera dagar. Men han vill inte att någon ska veta om det. Han är så ansatt som det är ändå, stackarn.”

”Stackarn” var inte precis det första ord Carl tänkte på när han tänkte på Hansen, men det höll han för sig själv. Till slut släppte hushållerskan in honom och ledde honom genom hemmet. Hon var nog den sämsta möjliga väktaren någon människa kunde ha.

Docent Hansens hem motsvarade hans förväntningar. Fanns det någonstans en fru Hansen, så hade hon inte fått vara med och bestämma om inredningen. Eller så var hon lika intresserad av rasbiologi som sin make. Väggarna täcktes antingen av bokhyllor eller av inramade planscher från olika rasbiologiska utställningar och föredrag. Där fanns också en del kranier, även om de var många färre än på prosektor Gustaf Eklunds arbetsrum. Någon skallmätningsutrustning såg han inte till, men han var säker på att det fanns en här någonstans.

”Han är sängliggande där inne, herr kommissarien”, sa hushållerskan och pekade på en dörr som stod på glänt. Svaga röster hördes genom dörrspringan.

Där låg han mycket riktigt. Den store rasbiologen med sina fläckfria gener, utslagen av hjärtbesvär trots att han inte kunde vara äldre än femtio. Blek och trött i sjuksängen. Flankerad av en stram, kostymklädd läkare. Han såg verkligen medtagen ut. Men inte så utmattad att han inte lade märke till Carl.

”Är det ni igen”, sa han irriterat.

”Precis. Jag igen”, sa Carl och tittade menande på läkaren i hopp om att han skulle lämna dem ensamma. Men läkaren satt lugnt kvar.

”Ni kanske känner till att det skett ett nytt mord och ett mordförsök?” fortsatte Carl. ”I Stockholm den här gången, på två läkare till, med samma tillvägagångssätt. Plus ett misstänkt mord på Anatomiska institutionens vaktmästare, om ni minns honom. Ni besökte honom i häktet strax innan han dog. Jag vill kontrollera en del nya uppgifter med er.”

”Kontrollera på då. Jag kan ju inte precis hindra er, eller hur? Jag får för tusan inte ens resa mig ur sängen”, sa Hansen med en nästan anklagande blick på sin läkare.

”Först har vi den här historien med prosektor Gustaf Eklund. Enligt flera vittnesuppgifter var ni inte bara oense utan det hela urartade i slagsmål.”

”Nu ska vi kanske inte överdriva!” fnös Hansen.

”Hur skulle ni beskriva det då?”

”Jag ser ingen anledning att beskriva det, det är fullständigt överspelat. Ointressant för er utredning, eller vad ni nu kallar era grova insinuationer. Förstår ni hur det känns när man har arbetat hårt för något i hela sitt liv och det dessutom verkligen gett resultat? Nej, självklart gör ni inte det, men ni kan kanske göra ett försök i alla fall. När man lagt ned sin själ och sedan inser att allt riskerar att omkullkastas? Och dessutom får veta att en person man räknat som sin vän är en av dem som försökt kullkasta det?”

”Varför kom just ni till häktet? När vaktmästare Evert Johansson satt häktad.”

”De ringde mig. Uppsala hospital. Häktet hade bett om hjälp och de hade ingen att skicka. Jag har ju faktiskt arbetat där en gång i tiden. Inte för att jag tyckte att det var min sak, men jag gick dit av ren ansvarskänsla. Ingen ska behöva må så dåligt i onödan, oavsett vad man gjort. Jag har ingenting med mannens olycksaliga död att göra. Han fick inte ens någon medicin av mig, han hade redan lugnat ned sig när jag väl kom dit.”

”Kände ni docent Erik Forsberg?”

”På ett avlägset kollegialt plan, vi var delvis engagerade i samma frågor, men vi träffades bara ett par gånger. Ja, vi var ju psykiatriker båda två i grunden, läste samtidigt på Karolinska institutet för en herrans massa år sedan, men umgicks inte. Men det har ni säkert redan tagit reda på. Annars vore ni väl inte här.”

”Och doktor Fredrik Renström? Likfördelare på Karolinska institutet?”

”Aldrig hört talas om människan!”

”Jag hörde att ni en gång i tiden ville bli anställd vid Karolinska institutet, men inte fick som ni ville.”

”Men herregud, det är ju åratal sedan! Nästan en hel livstid har passerat sedan dess! Tror ni verkligen att jag bryr mig om det nuförtiden? Ni kan väl inte på allvar misstänka mig för det som hänt. Det är absurt!”

Docent Hansen började jaga upp sig och hans läkare såg oroad ut. Mumlade något om risken för komplikationer om han inte tog det lugnt.

”Herr kommissarien, vad är meningen med det här? Komma till en sjuk man och bete er på det här viset. Jag försäkrar er att docent Hansens hälsa inte är av den konditionen att han kunnat genomföra de dåd ni talar om. Han har varit sjuklig länge. När det gäller det senaste dådet är era anklagelser direkt absurda. Han fick till och med avbryta den där konferensen han var på. Jag försäkrar er att min patient inte lämnat det här rummet på två dygn! Jag kan personligen intyga det. Jag eller min assistent har varit här tillsammans med honom precis hela tiden”, sa han med bestämd röst.

Betydde det att Hansen kunde avskrivas? Att han trots alla Carls förhoppningar var oskyldig, även om Carl egentligen hela tiden vetat inom sig att det var så. Att Hansen var en teoretiker men ingen hantverkare. Att det bara var Henrik Meuler som återstod. Den filmstjärnevackre Meuler med sina skarpa blå ögon som otvivelaktigt var tillräckligt intelligent för att kunna genomföra morden. Och han hade av allt att döma tillräcklig iskyla också. Han var dessutom mer bekant med anatomisk verksamhet än någon kunnat ana och hade haft sin bil på alldeles fel ställen den där natten, hade träffat de döda läkarna alldeles för många gånger och skulle förmodligen göra i stort sett vad som helst för att skydda sin hustru. Hur skulle Carl kunna leda bort misstankarna från honom nu?

onsdagen den 5 december
VILLAGATAN 13, STOCKHOLM

44

När Henrik gått hemifrån satt Else ensam kvar vid frukostbordet. Henrik hade tydligen gett hembiträdet ledigt fram till lunch och det passade henne bra. En morgon i stillhet och tysthet i det egna hemmet var välkommen. Han hade kokat extra starkt kaffe till henne för att hon sagt att hon var trött, och nu drack hon kopp efter kopp av det. Alldeles för många. Kaffet hjälpte henne inte utan gjorde det ännu värre, fick bara hennes oro att bli starkare. Hon var mer oroad än hon visat honom, till och med mer oroad än hon ville erkänna för sig själv. Hon var van vid att trycka undan negativa känslor, van vid att ta sig igenom dem genom att hålla blicken riktad mot horisonten. Eller genom att slå bort tankarna med olika tidsfördriv, bejaka, bedöva, berusa. Men den här situationen var alldeles för allvarlig.

Det var inte så att *han* verkat orolig eller bekymrad. Varken kvällen innan eller nu på morgonen. Han hade varit alldeles lugn. Till och med mer balanserad än vanligt, vilket var oroväckande för det var nästan omänskligt. Hans varma blå ögon, utan oro eller anklagelser. Han hade tagit hennes händer, kysst henne och sagt att han älskade henne. Och sedan bett henne säga att han varit hos henne den där natten. Den som börjat hos prosektor Gustaf Eklund och slutat hos Viktor. Bara det. Inte ställt några frågor, inte berättat något annat.

Varför ville han att hon skulle ljuga om det? Säga att de varit tillsammans i Uppsala fast det inte var så. Varför behövde han den lögnen?

Hade han förstått ändå, trots att hon inte berättat? Förstått vad prosektor Eklund gjort? Trots att hon inte ens berättat vad som hänt för Viktor, eftersom hon varit rädd att han i sin tur skulle berätta för Henrik. Henrik som var så god och ädel. Som skulle försvara henne mot allt och alla. Henrik som blev så arg om någon var ond eller orättvis. Hade Eklund pratat med honom? Det skulle inte förvåna henne om det var så, han hade varit en vidrig människa. För att inte tala om hur vedervärdig och hemsk docent Erik Forsberg varit. Hans påhopp, hot och äckliga förslag. Det han velat göra med henne. Han hade skrämt henne, men inte tillräckligt för att han skulle få som han ville. Hade han försökt hota Henrik också?

För hon visste vad Henrik var för ett slags människa. Vad han skulle göra med någon som gjort så mot henne. Han skulle inte bry sig om vilken fara han försatte sig själv i, trots att det verkade finnas så många som ville honom illa.

Kände han till kommissarie Carl Hell också? Förmodligen gjorde han det, hon skulle bli förvånad annars. Kanske hade de redan träffats?

onsdagen den 5 december

ANATOMISKA INSTITUTIONEN, UPPSALA

45

Maria verkade vara helt försjunken i prosektor Gustaf Eklunds och doktor Fredrik Renströms likbokföringslistor. Ibland hörde han henne vända blad eller sucka, men hon sa ingenting. Hon måste ha suttit där i flera timmar. Carl hade försökt prata med henne några gånger sedan han kommit tillbaka från docent Nils Hansen men bara blivit avsnäst. Han hade hämtat kaffe till henne, men hon verkade inte ens ha märkt det. Förmodligen var hon fortfarande chockad efter den traumatiska upplevelsen på doktor Renströms rum. Han undrade hur rädd hon egentligen hade varit och hur dåligt hon mådde nu. Men hon hade inte velat gå hem och han hade inte haft lust att tvinga henne. De flesta tyckte förmodligen att han var oansvarig som redan dagen efter tog med henne till Uppsala istället för att se till att hon vilade. Men vad som hjälpte mot chock och ångest var individuellt, det visste han bättre än många andra, och han ville inte tvinga henne att göra något som inte passade henne bara för att de sociala konventionerna förutsatte det. Mådde hon bättre av att arbeta var det bara bra, både för henne och för honom.

Hon var civilklädd, vilket var högst regelvidrigt. Men det kunde inte hjälpas, hennes uniform var fortfarande täckt av blod. Det var nog tveksamt om det skulle vara möjligt att någonsin få den ren igen. Carl hade hämtat henne med bilen utanför hennes hem på morgonen så att i alla fall ingen annan skulle få reda på det. Vilket slitet och nedgånget hus hon bodde i! På den värsta delen av Södermalm dessutom. Hon hade verkat skämmas, men det var han som borde skämmas, som bodde i en rymlig lägenhet på en dyr adress alldeles ensam.

Carl hoppades att hon hade rätt, att lösningen fanns i de där listorna. Kunde de ha en sådan tur? Kunde Henrik Meuler ha en sådan tur? Var sambandet som de så länge letat efter att de tre männen fuskat med bokföringen av de döda? Eller var det liksom docent Hansen bara ett halmstrå?

Men när man tänkte närmare på saken skulle det vara lätt att få personer att försvinna genom att manipulera likhanteringssystemet. Man skulle kunna mörda någon på ett av sjukhusen, sedan skulle kroppen kunna löpa genom hela det byråkratiska systemet och komma ut någon helt annanstans. Kanske till och med i en annan stad. Tillsammans skulle Renström, Forsberg och Eklund ha haft alla förutsättningar för att lyckas med det. Men varför? Carl hade svårt att se de tre männen som vare sig lustmördare eller människor som dödade för pengars skull. Men att möjligheten fanns och att de på något sätt tänjt på gränserna stod ganska klart. Varken professor Magnus Meyer, Forsbergs chef professor Augustin Wallin eller professor Folke Sandstedt, chefen på Anatomen, hade känt till så mycket, men de hade ändå bekräftat det Carl misstänkt. Att det krävdes uppgifter från samtliga tre institutioner för att man skulle kunna upptäcka hela förloppet.

Problemet med den teorin var bara att i så fall borde de tre läkarna vara förövare och inte offer. Såvida inte någon ville hämnas på dem. Eller skydda sig själv, kanske täcka över spår, avsluta det hela. Ännu en läkare, som de varit inne på tidigare? Och en duktig läkare, om man skulle tro doktor Astrid Wik.

Carl funderade på att säga något om det till Maria, men hon verkade inte särskilt intresserad av att prata. Även om han tyckte om tystnad blev han nästan lättad när hon till slut bröt den.

”Det är verkligen något konstigt med de här listorna”, sa hon. ”Titta här. Det är svårt att begripa hela systemet, eftersom registren är så olika. Doktor Renströms lista över Karolinska institutets likfördelning innehåller namn, dödsorsak, ålder, och vilket sjukhus eller vilken institution och avdelning som kroppen kommer ifrån. Och hur kropparna fördelats mellan släktingar, Karolinska och Anatomen förstås. Det är den mest noggranna listan. Prosektor Eklunds lista från Anatomen är mer av en mottagarlista, lite som en bokföring. Kroppar in och kroppar ut, varken namn eller institutionstillhörighet, bara dödsorsak och ålder. Nu har de döda människorna blivit objekt. Det ser nästan ut som om man medvetet velat avidentifiera kropparna.”

”Är det omöjligt att jämföra de båda förteckningarna? Att få reda på vilka människor det är? Skulle anatomerna här kunna identifiera någon person utifrån de här listorna, om man nu tänker att de skulle vilja välja av något skäl?”

”Om det är väldigt viktigt kan man med utgångspunkt från datum, ålder och dödsorsak identifiera dem på ett ungefär. Men det är besvärligt, för många av dödsorsakerna är ju väldigt vanliga, som lunginflammation och diarré. De flesta verkar ha dött av något av det.”

”Så då är det också ett blindspår? Att någon härifrån skulle kunna beställa särskilda kroppar från Renström på Karolinska och se till att de hamnade just på hans eller hennes eget bord.”

Maria bleknade och verkade rysa. Kanske tyckte hon att han uttryckt sig olustigt. Mådde hon dåligt blev det nog inte bättre av inredningen i prosektor Eklunds rum, med sina skallar och hjärnor i formalin.

”Om man ser på de personer som dött på docent Forsbergs avdelningar och där han angett dödsorsakerna så finns det ett annat obehagligt mönster.”

”Vilket?”

”Det verkar som om Forsberg, liksom prästen var inne på, flyttat runt patienter väldigt mycket. Eller snarare styrt dem, till den avdelning på Sankt Eriks sjukhus som han själv ensam hade kontrollen över. Varför vet jag inte, det framgår inte någonstans.”

Hade de tre läkarna fuskat med statistiken och styrt kropparna dit de ville? Det verkade vansinnigt. Men det passade med skallarna och hjärnorna i Eklunds hylla som så tydligt var systematiskt utvalda, Carl var för okunnig för att förstå om det handlade om vissa speciella sjukdomar eller skador, men det var ett alldeles för tydligt sammanträffande för att han skulle kunna avfärda det. Allt det här med docent Hansen och direktör Meuler hade fått honom att missa det uppenbara. Han borde ha tänkt på det tidigare, särskilt som Else påpekat det. Att en del av skallarna var alldeles för nya. För nya för att vara gamle Clasons. Och att de såg konstiga ut.

Han gick fram till hyllan och tittade på dem, lite närmare den här gången. En del hade hål, några mitt på hjässan och andra i tinningarna. Ungefär där hålen i mordoffrens skallar suttit. Hålens storlekar varierade visserligen, men de var ändå påfallande lika varandra. Hur i helvete var det möjligt att han inte tänkt på det förrän nu? Han kände med fingret längs hålens kanter, de var sträva och hackiga. Hur gamla kunde de vara, de här skallarna? Med tanke på de stora skeletteringskaren i källaren kunde de vara precis hur nya som helst, insåg han, nästan från igår. Eklund måste ha varit särskilt intresserad av trepanering, av att borra eller skära i skallar. Men varför?

Carl lät blicken svepa över hyllorna. Tvingade sig att verkligen ta in vad han såg. Hur många skallar fanns det egentligen i samlingen i det här rummet? Förmodligen kring ett femtiotal. Och lika många hjärnor. Kom de från samma personer? Hur många hade likadana skador som de döda männen haft? Han räknade dem och fick det till ett tjugotal skallar, även om hålen inte alltid satt på samma ställen. Hjärnorna kunde han inte riktigt bedöma. En del av dem såg konstiga ut. Ja, alla såg i och för sig konstiga ut. En ensam hjärna i en glasburk kan knappast göra något annat. Men en del verkade skadade som om någon försökt manipulera dem.

”Vet du vad det är man har gjort med de här hjärnorna?” frågade han Maria.

Hon reste sig och gick fram till honom, fortfarande lika blek som tidigare. Han såg på hennes ansikte att även hon reagerade på skallarna, att även hon såg likheterna.

”De som ser konstigast ut saknar framlober”, sa hon till slut med låg röst. ”Men varför man gjort så här vet jag inte, det verkar obegripligt.”

Carl kunde bara instämma, det verkade gå tvärtemot själva poängen med samlandet. Om det nu var samlande som det var frågan om. Det verkade mer och mer som om det var något annat. Vad hade de gjort egentligen, de här skallsamlarna? Huvudjägarna.

Maria gick tillbaka till travarna med listor och register på skrivbordet. Hon tycktes fundera en stund innan hon sa:

”Men det underligaste av allt är att en del av Forsbergs angivna dödsorsaker är sådant som man inte dör av.”

Carl ryckte till och stirrade på henne. Hade de tre offren dödat intagna och använt de båda institutionernas likfördelningssystem för att genomföra och dölja det? Hade de sett till att själva skaffa fram det undersökningsmaterial de ville ha, mördat? Kunde det vara så? I så fall hade Maria varit inne på rätt spår hela tiden, att det var hjärnorna och ett sjukt forskningsintresse som förenade offren. Men det förklarade inte varför någon mördat dem med samma metod som de själva använde. Fanns det som sagt kanske ytterligare en läkare som bestämt sig för att avsluta hanteringen på ett sätt som skulle hålla den egna ryggen fri? Eller var det trots allt frågan om något annat? Något som hade med Meuler att göra. Med andra, ”riktiga” motiv, som Maria uttryckt det.

Hon bläddrade bland pappren.

”Det finns många exempel. Minst tjugofyra stycken i den här listan, men det går inte att veta hur komplett den är. Dessutom visar den bara de senaste två åren. Det kan mycket väl finnas många, många fler. Framförallt rör det sig om psykiatriska diagnoser. Lyssna här. *Greta Jansson, hysterisk. Arvid Hansson, schizofreni. Linnéa Roos, epilepsi. Martin Wickman, depression. Johannes Lundblad, schizofreni* och så vidare. Men det kan väl inte vara verkliga dödsorsaker?”

”Vad sa du?”

”Att det knappast kan vara riktiga dödsorsaker. Det är bara psykiatriska diagnoser.”

”Nej, namnen.”

”*Greta Jansson, hysterisk. Arvid Hansson, schizofreni. Linnéa Roos, epilepsi. Martin Wickman, depression. Johannes Lundblad, schizofreni.* Här finns fler …”

”Nej, det räcker.”

Carl nästan slet listan ifrån henne. *Martin Wickman. Född i Berlin, Spandau, 14 februari 1892, död på Sankt Eriks sjukhus i Stockholm 20 augusti 1934. Dödsorsak depression, kroppen skickad till Uppsala för dissektion.* Martin Wickman. En av Diaboliaderna. Men så kunde det väl inte vara? Så fick det inte vara.

”Jag går över till Patologiska institutionen och försöker få tag på doktor Astrid Wik”, sa han som ett svepskäl för att gå iväg ensam. ”Det skulle vara intressant att veta om hon och professor Viktor Rantzius också ser några likheter mellan kranierna i prosektor Eklunds samling och såren i de mördade läkarnas huvuden. Hon har ju trots allt obducerat två av dem. Kanske blir det snart en tredje obduktion, Renström överlever sannolikt inte.”

”Ni borde inte gå ensam”, sa hon.

Han hade för ett ögonblick blivit så ställd av namnet och över vad det kunde betyda att han hade glömt hennes misstankar om doktor Wik och hennes oro över att ha ställt till med något. Det var ett misstag av honom att inte minnas. Det var inte så konstigt att hon blev orolig, och dessutom var hon redan ur balans av både chock och trötthet. Men han var tvungen att gå själv, han ville inte under några omständigheter ha henne med sig just nu. Oavsett om han hade rätt eller fel. Om han hade rätt ville han vara ensam med den han skulle träffa. Hade han fel hade han en förfärlig nyhet att berätta.

"Jag klarar mig nog, tror du inte det?" sa han högdraget i ett försök att irritera henne så mycket att hon skulle släppa det.

"Du ställde till det ordentligt igår, det räcker nu, inte sant?" lade han till för säkerhets skull. Det var elakt, det visste han, och kanske onödigt, men han var tvungen att se till att hon verkligen inte följde efter. Han hoppades kunna ställa allt till rätta senare, förklara varför han gjorde så här.

Hans hårda ord hade avsedd effekt. För Maria formligen exploderade. Hon blev röd i ansiktet, blängde argsint på honom och reste sig upp, med armarna demonstrativt i kors.

"Uppblåste, pompöse överklassidiot! Ert namn visar var ni kommer ifrån", skrek hon. "Jag är så fruktansvärt trött på er och era fasoner! Det är inte jag som slarvar bort utredningsmaterial! Det är inte jag som håller saker för mig själv!"

Hon skulle förmodligen tro att hon gått över gränsen när hon väl lugnade ned sig igen. Men om något, så blev han imponerad. Det var precis det här han hoppats på när han bett om att få just henne med sig. Att hon skulle visa sig vara någon som faktiskt vågade skrika åt honom. Men det sa han inte, det skulle ha varit kontraproduktivt att säga just nu. Så han vände bara på klacken och gick. Rocken lämnade han demonstrativt kvar på stolen.

onsdagen den 5 december

ANATOMISKA INSTITUTIONEN, UPPSALA

46

När kommissarie Carl Hell gått ut genom dörren torkade hon tårarna. Vad höll hon på med? Hur kunde hon få för sig att bete sig så här? Mot en överordnad. Just mot honom, dessutom. Det hade varit en lång dag. Nu satt hon här med en outhärdlig känslostorm av skuld, ilska, trötthet och skräck, som alltihop exploderat rakt i ansiktet på Hell. Skulle han förlåta henne för att hon skrikit åt honom på det där sättet? Även om han varit medvetet elak. Det gjorde henne extra besviken. För hon hade trott att han inte var på det viset, inte var som alla andra. Men det ursäktade inte hennes uppförande på något sätt. Man skrek inte på sin chef för att han var elak. Speciellt inte sedan hon fått så anmärkningsvärda möjligheter. Efter det här var det osannolikt att hon skulle få vara kvar vid polisen överhuvudtaget. Detta var slutet, och hon kände det som om hon stod med ena foten på fabriksgolvet redan.

Så här satt hon med sina sista arbetsuppgifter som polis i ett nattsvart Uppsala. Det var en så märklig stad, inte alls som Stockholm, utan stram och allvarlig. Helt utan det myller och liv som var en del av huvudstadens stadsbild, och absolut ingenting av dess spirande modernism. Nej, detta var traditionens stad, professorernas och doktorernas stad. Människorna som i verkligheten styrde landet, dolda bakom politikernas ryggar. Och studenternas stad, kanske. Ingen av dem var en grupp som hon kunde identifiera sig med. Det var som om hela Uppsala var byggt och planerat efter den devisen, att få den som kom hit att känna att de antingen var en del av den eller att de, som hon, inte var det. Namnen och anekdoterna som man borde kunna eller förstå, och som visade att man inte hörde hemma om man inte kände till dem. Sättet att tala som inneslöt eller uteslöt. Kläderna som så tydligt markerade positionen på samhällsstegen, mycket tydligare här än i Stockholm där variationen var större. Eller så tänkte hon mer på det här bara, eftersom hon var en främling.

Uppsala förstärkte hennes nedslagenhet. Kanske skulle doktor Fredrik Renström ha undsluppit om hon inte berättat för doktor Astrid Wik om deras planer? Hell hade fnyst åt hennes oro och kanske hade han rätt. Men å andra sidan måste väl även han ha fel ibland. Maria hoppades att han inte hade det den här gången, trots att hon skrikit så åt honom. Bara han inte sa något om hennes misstankar när han träffade doktor Wik. Och hon kunde bara hoppas på att han inte nämnde något om hennes utbrott. Hon ville inte att Wik skulle få reda på det, vad nu det spelade för roll. De skulle förmodligen aldrig träffas igen. Såvida hennes misstankar inte var rätt, förstås.

Aldrig hade hon väl lika starkt önskat att hon bara drömde och snart skulle vakna. Att de senaste två dagarna skulle visa sig vara en dröm och inget annat. Men detta var verkligheten, det visste hon, och hon skulle inte kunna träffa Hell igen utan att hennes vredesutbrott stod mellan dem. Kanske skrattade de åt henne just nu? Han och doktor Astrid Wik. Wik med sina röda läppar. Tanken bet sig kvar, även om hon egentligen hade svårt att tänka sig Hell stå och skratta alls.

Men oron ville inte släppa. Hell hade varit borta ganska länge nu, tänkte hon, lite för länge. Nästan en timme. Vad kunde han behöva prata med doktor Wik om så länge? Kanske drömde han också om henne? Kanske gjorde de något annat än pratade? Hon skämdes. Skulle hon blanda skamkänslorna med vansinniga fantasier nu också?

I detsamma uppenbarade sig doktor Wik i dörren. Det stod en stark doft av tobaksrök omkring henne. Håret var invirat i en tjock grön halsduk, men munnen var lika röd som alltid. Hon såg trött och kanske lite blekare ut än vanligt, men verkade ändå vara på gott humör.

”Hej”, sa hon, ”jag såg bilen och förstod att ni var här. Vad roligt att ses igen!”

”Bilen?” sa Maria förvånat. ”Har ni inte träffat kommissarie Hell? Han skulle gå och prata med er för ett bra tag sedan. Det är säkert en timme sedan han gick över till Patologiska institutionen, minst.”

”Nej, jag har inte varit på institutionen på hela dagen, jag har varit på Akademiska sjukhuset fram tills för en halvtimme sedan. För att undersöka en avliden patient, inte för att jag själv är sjuk alltså. Vi blir ofta konsulterade av dem och det var ett väldigt spännande fall den här gången”, sa hon glatt.

Maria kände sig olustig. Kunde det ha hänt Hell något? Borde hon gå och leta efter honom? Men den tanken fick henne att känna sig dum. Han var lång och stark och kunde garanterat ta hand om sig själv. Det hade han gjort väldigt klart för henne när hon skrek åt honom, det och vilken plats hon hade och borde hålla sig till. Men ändå? Ljög doktor Wik för henne? Låg Hell och väntade någonstans med ett hål i vardera tinningen? Väntade på att allt blod skulle rinna ur kroppen? Var Wik här för att lura med sig henne också? Eller var hennes misstankar grundlösa och orättvisa?

Men faktum kvarstod. Han hade inte kommit tillbaka. Nej, jag måste gå och se efter, tänkte hon. Strunt i riskerna och strunt i att det får mig att verka dum. Det kunde ändå inte bli värre än vad det redan var.

”Jag har tyvärr ett ärende”, sa hon och kämpade för att oron inte skulle märkas, ”men jag kan komma över till Patologiska institutionen senare och prata vidare.”

”Jag väntar på dig, i varje fall ett tag till”, sa doktor Wik med ett snett leende som kunde betyda vad som helst. Alltifrån att hon var glad åt att Maria kanske skulle komma förbi till att hon såg fram emot att borra hål i hennes huvud.

Så snart hon gått rev Maria till sig sin kappa. Hell hade på sitt vanliga nonchalanta sätt hängt sin rock över en av stolarna på prosektor Eklunds rum, och i ena rockfickan hade han tjänstepistolen, det visste hon, även om han aldrig hade visat henne den så hade hon sett den. Polismännen fick givetvis bära vapen, anmodades att göra det, men aldrig polissystrarna. Trots det smög hon ned pistolen i sin väska på vägen ut. För säkerhets skull. Eftersom hon redan hade brutit mot alla andra regler kunde hon lika gärna bryta mot en till.

onsdagen den 5 december

PATOLOGISKA INSTITUTIONEN, UPPSALA

47

"Ja, visst är det trevligt att ses. Vad roligt att du kunde avvara tiden", svarade Viktor och log mot M.

Han kunde kosta på sig att le mot M, den lille överviktige mannen som satt där framför honom, med sitt högröda ansikte och sin illasittande kostym. Som precis som han alltid gjort såg ut som om han när som helst skulle lyfta av sin uppblåsta självkänsla, som en luftballong eller en zeppelinare. M som trodde att han satt på hemligheter, och kände sig viktig av den makt det gav honom. Makten att såra, förstöra eller förgöra. Hemligheter som de där fotografierna till exempel, som M plågat Henrik med. Även om Henrik inte förstått vem det var. Stackars Henrik som oroat sig så för hans skull, som inte förstod att ingenting betydde något för honom längre, det fanns ingenting han var rädd för nu.

M hade dessutom mycket värre hemligheter än så. Väldigt mycket värre.

Hemligheter och makt kan användas för många syften, även goda. Men M använde dem för att tränga sig in i människors liv och tillintetgöra dem. Människor som var mycket bättre än honom. Som bara ville vara lyckliga, bara ville älska. Leva. Denne vidrige man som nu satt här och pöste. Men som ändå inte hade en aning om hur det hängde ihop. Som var så dum, som inte anade någonting.

Viktor hade läst alla de tre läkarnas papper och visste precis hur alltsammans hängde ihop. Han visste att det slutade med denne man. M. Som nästlat sig in bland dem som en orm, liksom han gjort inom politiken. Nästlat sig in och försökt skilja dem åt. Allt för att krossa dem, krossa kärleken och vänskapen. Iscensatt en sjuk hämnd för att de inte släppt in honom hela vägen och för att de var lyckliga. För att han var avundsjuk på att Martin dränktes i litterära priser medan hans egna skrifter blev utskrattade, drog på sig spefulla recensioner eller inga recensioner alls. För att Martin så ofta skrattat åt honom. En hämnd som M nu utnyttjat sin nyvunna makt för att utkräva. En förfärlig, ofattbar hämnd. Det skulle inte vara över förrän han förgjort dem alla. Else, Henrik och honom själv. Else skulle ha varit nästa på tur. Inlåst och utlämnad. Och därefter skulle många fler följa. M skulle bara fortsätta och fortsätta om ingen stoppade honom. Fortsätta bara för att det roade honom.

Martin hade aldrig gillat honom. Han hade direkt sett honom för vad han var. *M steht nicht für Mörder, sondern Mephistopheles*, M står inte för mördare utan för Mefistofeles, hade han viskat en gång. *Han är djävulen, förstår du inte det?* Men Viktor hade bara skrattat åt Martin den gången. Och de andra gångerna. Skrattat och sagt att visserligen var inte M den roligaste och mest spirituelle människa han träffat, men han var knappast i paritet med djävulen.

Men nu visste han. Visste precis hur M var. Hur rätt Martin haft när han dömde honom. Hur fel han själv haft när han avfärdade honom. Vad konsekvenserna av den missbedömningen blivit, av att han bortförklarade Martins skräck med depressiv paranoia, inte tog den på allvar. Nu visste han hur mycket M och hans svek kostat. Precis hur mycket. Den skulden skulle han få leva med för alltid.

Ingen kan älska någon mer än vad jag älskar dig, hade Martin viskat. Och så var det. För alltid. Ingen kunde ta den platsen. *Du fattas mig,* ville han viska tillbaka. *Utan dig kan jag inte leva, utan dig lever jag inte.*

Nu hade slutet kommit. Slutet på alltsammans. Hämnden skulle snart vara genomförd, rättvisa snart skipad. För Martins skull. För Elses skull. För Henriks skull. Och inte minst för hans egen skull. Det enda han ångrade var att han inte berättat något för Henrik, han visste att det skulle såra honom. Eller för Else, som på sätt och vis fått honom att börja. Han hade visserligen planerat det länge, men det var hennes tårar som fått honom att göra slag i saken. Tårarna hon inte velat visa, märkena på hennes hals, händelsen hon vägrat berätta om men som ändå varit så enkel att lista ut. Lite lugnande medel i hennes te och en snabb titt i hennes kalender så hade han förstått hur det hängde ihop.

Viktor hade förberett allt. Allt var redo. Britsen. Injektionssprutan. Redskapen. Talet. Till och med resväskan, om det mot förmodan skulle visa sig att det fanns en utväg efteråt. Han hade samlat ihop pappren och gömt undan dem hemma hos Else och Henrik. Kanske skulle någon av dem hitta pappren en dag, förstå och kanske rentav förlåta honom.

Allt var klart och den enfaldige M anade fortfarande ingenting där han satt och såg mallig ut. Det enda som fattades var ett lätt slag i huvudet, sedan var det bara att sätta igång. För sista gången. *Dann ist alles vorbei*, sedan är allt över, viskade han för sig själv. Viskade till den som inte längre kunde höra honom, men som ändå alltid var där. Men när han böjde sig ned för att ta upp batongen öppnades plötsligt dörren.

”Stör jag?” frågade kommissarie Carl Hell.

”Nej, ingen fara”, svarade M. ”Jag skulle precis gå. Men det var trevligt som sagt. Vi ses, Viktor!”

Och så gick han. Försvann. Han hade haft honom. Så nära! Det fick bara inte hända! Han kunde fortfarande hinna. Om han bara tog sig förbi Carl Hell först.

onsdagen den 5 december
PATOLOGISKA INSTITUTIONEN, UPPSALA

48

När Carl vaknade till igen visste han inte var han var. Trots att han öppnade ögonen kunde han inte se ordentligt, det var som om han såg allt genom grumliga röda moln. Han försökte igen. Blundade hårt och spärrade upp ögonen så mycket han kunde. Men dimman gav inte vika. Kanske satt den inte i ögonen utan någon annanstans. Kanske inuti hans huvud? Hade mörkret slutligen hunnit upp honom?

Han försökte lyfta händerna för att gnida sig i ögonen, men märkte att det inte gick. Det var som om de satt fast. Var de fastbundna, eller inbillade han sig? Varför blev han inte rädd för det i så fall? Han visste att han var rädd, hysteriskt rädd, för att sitta fast. Men det var som om det inte spelade någon roll längre. Mörkret var här nu. Mörkret hade kommit.

Han blinkade, men blicken vägrade fortfarande att klarna. Och huvudet värkte, värkte något alldeles fruktansvärt. Det var som om skallen skulle gå sönder eller redan hade gjort det. Och varför var det så svårt att andas? Det var som om lungorna slutat fungera.

Genom dimman såg han professor Viktor Rantzius ansikte. Nemo. Det förstod han nu. Sedan kom Maria springande. Men nu hade dimman blivit så tjock och ogenomtränglig att han inte kunde se något mer. Mörkret kom och tog honom. Den här gången föll han rakt ned i det, det svartaste mörkret någonsin, och han välkomnade det.

onsdagen den 5 december

PATOLOGISKA INSTITUTIONEN, UPPSALA

49

Maria rusade in i rummet men stelnade omedelbart till när hon såg Carl Hell sitta medvetslös i en stol. Professor Viktor Rantzius stod lutad över honom. På ett bord bredvid låg en batong, och när Maria såg den förstod hon allt.

”Gå bort från honom!” skrek hon och försökte låta så myndig och respektingivande som möjligt samtidigt som hon krampaktigt riktade Hells pistol mot honom.

Maria hoppades att professor Rantzius inte såg hur rädd hon var, inte förstod att hon kände sig svimfärdig och att suset i öronen blev allt starkare. Men förmodligen gjorde han det, läkare som han var och tränad i att läsa av människor, både levande och döda. Hjärtat dunkade som om det skulle gå sönder. Det hade börjat så fort hon kom in, så fort hon såg att Hell satt medvetslös i en stol.

Professor Rantzius höll om Hells handled, det såg ut som om han tog pulsen på honom. Men när han hörde hennes röst rätade han på ryggen och vände sig om. Han såg inte förvånad ut, utan det verkade som om han hade väntat på henne. Men han verkade bekymrad. Målinriktad, men bekymrad.

”Jag menade inte att skada honom. Inte honom. Jag förstår inte varför han inte vaknar till, jag slog inte särskilt hårt.”

”Gå bort från honom, sa jag! Nu!” skrek hon igen och hoppades att han verkligen skulle lyda. Hennes finger gled över avtryckaren. När hon kämpat för att polissystrarna skulle släppas in på polisskolan hade hon passat på att gå en skyttekurs, så hon visste hur man gjorde. Visste också att hon skulle skjuta om det behövdes, men hoppades slippa.

”Han mår inte bra”, svarade professor Rantzius utan att göra någon ansats till att flytta sig. ”Han måste få hjälp. Men jag förstår inte, inte alls. Det borde inte ha blivit så här, jag måste få undersöka honom.”

”Och slutföra det ni påbörjat?” frågade Maria.

”Jag menade inte att skada honom. Bara hindra honom. Köpa mig lite tid så att jag kunde göra det som måste göras. Men jag kunde inte lämna honom i det här skicket. Jag måste försöka rädda honom. Annars har de vunnit, oavsett.”

Maria såg på Hell. Det var som om själen lämnat honom. Hon brukade tycka att hans ögon var uttryckslösa, men skulle aldrig tänka så igen. För nu visste hon hur hans ansikte såg ut när det verkligen var uttryckslöst.

”Jag måste få undersöka honom”, sa professor Rantzius igen. ”Han borde inte ha förlorat medvetandet på det här sättet. Dessutom rinner det blod ur öronen på honom. Jag tänker undersöka honom och du får skjuta mig om du vill stoppa mig.”

Maria såg blodet hon med. Svartröda långsamma rännilar, de rann från öronen nedför halsen och färgade den vita skjortkragen röd. Hon höll fingret på revolverns avtryckare men hon pressade inte in den.

I detsamma kom doktor Astrid Wik in i rummet. Hon såg oförstående ut, den vanliga skarpheten verkade liksom utsuddad.

”Ring efter en ambulans!” skrek Maria åt henne. ”Och efter polis!”

Utan ett ord försvann doktor Wik ut ur rummet igen. Maria hoppades att hon inte var inblandad, utan att ambulansen och förstärkningen verkligen skulle dyka upp snart.

Professor Rantzius böjde sig fram över Hell. Vad skulle hon göra? Skulle hon lita på att han ville undersöka honom, ville hjälpa? Hans fingrar löpte över Hells huvud. Vad letade de efter? Hon såg hur han tittade i Hells ögon.

”Han mår inte bra, han måste till sjukhus. Eller rättare sagt, borde vara på ett sjukhus redan. Pupillerna är alldeles för stora. Han har en gammal huvudskada, se här. Jag begriper inte hur de kan ha låtit honom gå omkring i det här skicket”, sa han och förde undan Hells hår.

Maria såg ett ofattbart stort ärr som hon aldrig lagt märke till förut eftersom det dolts av det tjocka välkammade håret. Det såg nästan ut som ärret efter ett hugg. Rantzius drog sina fingrar över det. Maria undrade om han njöt av det, men det verkade inte så. Han såg inte alls ut som en galen sadistisk mördare, utan bara som en orolig läkare som försöker rädda en patient.

”Han har haft ett hål i kraniet här. Ett gammalt hål som läkt ihop”, sa professor Rantzius. ”Men skadan måste ha varit väldigt stor, skallbenet har öppnats här.”

”Och nu har ni skadat honom igen.”

”Jag ville honom inget illa, det var inte meningen. Ville bara hindra honom så att jag skulle kunna avsluta alltsammans. Men jag måste ha slagit upp den gamla skadan.”

”Och de andra?” undrade Maria. ”Hur är det med de andra? Skulle ni bara hindra dem också?”

”De andra är en helt annan sak”, sa professor Rantzius med plötslig skärpa i rösten. ”En helt annan sak.”

Han var tyst en stund, medan han undersökte Carl Hell på nytt. Tog fram ett stetoskop ur fickan på sin vita rock och lyssnade på hjärtslag och andning. Stetoskopet var ett lite oväntat instrument för en patolog, tänkte hon först, men sedan kom hon att tänka på curare och blev alldeles kall.

När professor Rantzius undersökt Hell färdigt fortsatte han:

”Det fanns en gång en person som jag älskade, älskade bortom sans och vett. Martin hette han. Han var så levande, så förödande levande. Han var mitt allt. Det är väldigt riskabelt att låta någon bli det, ens allt. Man blir alldeles för ömtålig. Martin blev så hyllad för det han skapade. Men ju mer hyllad han blev, desto skörare blev han. Sjönk allt djupare ned i mörkret, trots att hela Berlin låg för hans fötter. Drabbades allt oftare av depressioner och maniska raseriutbrott. Han lämnade mig under ett av sina raserianfall. I alla fall trodde jag att det var så. Att han lämnat mig. Men i själva verket hade han spärrats in. Blivit ledd till sinnessjukhuset av en bekant. En ondskefull förrädare, en djävul mitt ibland oss. Samme bekant som sa till mig att han inte hade en aning om var Martin var. Som till och med hjälpte mig att leta. Som såg till att han skrevs in under falskt namn, så att jag inte skulle kunna hitta honom och hjälpa honom. Ironiskt nog var det vad som räddade honom när nazisterna tog makten. Att de inte visste vem han var.

Professor Rantzius gjorde en paus och tog pulsen på Hell en gång till. Sedan fortsatte han prata, kanske behövde han få berätta alltsammans för någon.

”När Martin så småningom tog sig ut var det Berlin vi levt i borta. Han måste därifrån. Nazisterna visste mycket väl vem han var både till namnet och utseendet. Någon kunde när som helst känna igen honom och ange honom. Hans böcker hade bränts och hans namn fanns på deras listor. Så Martin försökte fly från Berlin och komma hit. Jag fick ett brev från honom. Hans medborgarskap hade de dragit in, något pass hade han inte och ingen adress jag kunde nå honom på. Jag vet inte hur han tänkte bära sig åt för att komma över gränsen, för han kom aldrig. Brevet var det sista livstecknet. Jag hörde aldrig mer av honom. Han var som försvunnen, som uppslukad av jorden."

Professor Rantzius var tyst en stund, han såg blek men samlad ut.

"Men en dag återsåg jag honom. På ett dissektionsbord, av en ren tillfällighet. Jag var där bara av en händelse, vi har ju ärenden till Anatomiska institutionen flera gånger i veckan. Och där låg han. Som ett stycke kött, naken och uppskuren. Prosektor Gustaf Eklund hade sågat upp hans huvud och tagit ut hans hjärna. Han höll min älskades hjärna i sina händer! Han tänkte preparera den för sin privata samling."

"Var det därför ni dödade honom?" nästan viskade Maria.

Professor Rantzius svarade inte utan gick istället fram till Hell igen. Böjde sig återigen över honom, lyssnade med stetoskopet, tog pulsen.

"Backa!" skrek Maria och spände fingret över avtryckaren, kände fingertoppen glida över dess räfflade yta.

"Vi kommer att förlora honom. Och det kommer att vara mitt fel. Blodtrycket stiger och pulsen sjunker. Andningen blir allt sämre. Ambulansen har inte kommit ännu, den kommer inte att hinna hit i tid. Jag vet hur lång tid det tar, de är alldeles för långsamma. Det blöder inuti hans huvud, det kommer att förgöra honom. Du måste låta mig hjälpa honom."

Maria kände paniken välla upp. Hon visste inte vad hon skulle ta sig till, visste inte vilka konsekvenser hennes handlande skulle få. Lät hon honom inte göra något skulle Hell dö. Lät hon honom göra något skulle han kanske försöka döda Hell.

”Vad ska ni göra?”

”Jag måste öppna kraniet. Ta bort trycket. Det är hans enda hopp. Annars kan du lika gärna skjuta honom med den där”, sa han och viftade med handen i riktning mot pistolen.

Professor Rantzius tog upp sin väska och plockade fram ett litet etui, och ur det ett litet instrument med ett stort handtag. Maria förstod ögonblickligen vad det var. Han bytte ut dess huvud mot ett mindre och spetsigt, steriliserade det snabbt och satte det sedan mot Hells huvud och vred till. Alltsammans gick ofattbart fort. Blod bubblade upp ur det lilla såret. Maria var övertygad om att det var slutet, att Hell var förlorad. Rantzius började försiktigt suga ut blodet med hjälp av ett mjukt rör. Medan han arbetade fortsatte han att berätta.

”Jag blev förtvivlad när jag såg Martin på dissektionsbordet. Livet tog slut. Jag dog där, den där dagen. Precis just där, precis just då. Jag förstod inte vad som hänt, hur han kunde vara död. Men jag dödade inte Eklund för det, naturligtvis inte. Jag är inte galen, det var hans arbete att ta hand om de kroppar som skickas till Anatomen, liksom det på sätt och vis är mitt ansvar att ta hand om dem som skickas hit. Nej, jag dödade honom när jag förstod vad det var som verkligen hänt, vad de verkligen gjort. Den dagen ville jag inget se, men tvingade ändå mig själv att titta närmare. Jag är ju själv läkare och specialist på rättsmedicin och klinisk patologi. Martin hade så underliga sår i huvudet, förstår ni. Och hjärnan så märkliga skador. Sår och skador som bara vissa typer av medicinska instrument kan åstadkomma. Men varför? Det finns ingen känd behandling som ger sådana resultat och inga olycksfall heller. Jag hade aldrig tidigare sett något liknande. Och hans handleder och anklar hade stora mörka blåmärken, som om han varit hårt fastspänd eller bunden. Jag började undersöka omständigheterna runt hans död. Till slut visste jag hela sanningen, och då kunde jag börja leva igen, för hämnd och rättvisa den här gången och inte för kärlek. För hämnd och rättvisa åt alla dem som Eklund och hans kumpaner experimenterat på och dödat."

Han tystnade och arbetade mer koncentrerat, Maria fick erkänna att det verkade som om han gjorde sitt yttersta för att rädda Hell. Sedan fortsatte han berätta.

"Ni vet att han var anatom, men besatt av hjärnan?" fortsatte han. "Prosektor Eklund. Liksom docent Erik Forsberg och doktor Fredrik Renström, de var också besatta av hjärnan. Och framförallt av tanken på internationell ära och berömmelse, på att genom enkel kirurgi bota sinnessjukdom och göra besvärliga människor följsamma. Idén var att skära av förbindelserna mellan olika delar av hjärnan, mellan frontalloberna och resten. En annan gren av den där renhetstanken som numera är så populär, den då man skär bort oönskade befolkningselement. Det var också ett försök att foga samman psykiatrin och anatomin. Den ultimata korrigeringen. Hela personligheten utbytt. Som mord fast utan död, en sterilisering av själen. Det finns en portugis som ligger i forskningsfronten på detta, som de såg som en stor konkurrent och som de hade bestämt sig för att försöka hinna före. Men det kunde givetvis bara ske genom empiriska studier, och då krävdes ett empiriskt underlag. Genom sina positioner kunde de skapa ett sådant. Forsberg hade tillgång till en massa människor. Men hans chef, professor Augustin Wallin, skulle aldrig tillåta det, han var av den gamla skolan som ville skydda de sjuka från samhället. Så de sökte andra allierade, människor som skulle kunna skydda dem om något gick fel. Om de upptäcktes. Och de fann en person. En som kunde göra det i utbyte mot att de hjälpte honom att bli av med personer ibland. Det var en praktisk överenskommelse, det spelade ingen roll för dem vart deras försöksmaterial kom ifrån. I övrigt valde de försökspersoner som ingen saknade eller frågade efter. Fattiga och ensamma. Forsberg utförde ingreppen och dolde dem med hjälp av att Renström manipulerade listorna. Lyckades operationen var allt väl, misslyckades den såg han till att via Renström få kroppen fördelad till Eklund som dissekerade den och preparerade hjärnan för sin jämförande forskning. En logisk kedja, där varje vetenskapligt steg fanns med. Och dessutom utan lösa trådar, ingen annan blandades in. Allt med hänsyn till vetenskapen, men utan någon till de olyckliga människor som kom i deras väg. Alla patienterna dog, men alla dog inte direkt. Jag kunde se på Martins sår att han levt i flera dagar, och att de rotat i hans hjärna flera gånger. Han måste ha varit fastspänd under tiden. Det är vad märkena kring hans handleder och anklar visade. Hur han försökt slita sig loss från remmarna som höll honom fast. Jag vill inte tänka på vilken smärta och fasa han upplevde."

Professor Rantzius var tyst en stund igen.

”Martin hade stoppats redan vid gränsen. Gränspolisen i Helsingborg ringde Stockholm för att höra vad de skulle göra. Och i Stockholm fanns en person som kopplas in vid speciella ärenden som relaterar till Tyskland, och den personen kände igen hans namn. En person som mycket väl visste vem han var och vad som skulle göras. Samme gode vän som lett honom till sinnessjukhuset i Berlin. En man som hade väntat länge på att få betala tillbaka, få hämnas. En person som hjälpt de här tre läkarna att rigga hela deras förfärliga experiment. M. Den siste som är kvar. M såg till att Martin kördes till Stockholm i bojor och sedan överlämnades till Forsberg på Sankt Eriks sjukhus. Som ett slaktdjur. Fullständigt hjälplös."

Maria kände att det rann tårar nedför hennes kinder. Tårar för professor Rantzius och mannen han älskat, för hans förlust, sorg och smärta. Tårar för Hell som såg blekare och mer livlös ut för varje minut. Och över blodet som fortsatte att bubbla fram ur hans huvud och färgade förbandet som Rantzius höll mot såret rött. Alldeles för rött. Tårar över alla de namnlösa och hjälplösa som kommit i de tre läkarnas väg, och över den gåtfulle M:s svek och ondska och grymhet. Tårar över hennes egen trötthet och uppgivenhet.

"Jag har sett hjärnorna på Eklunds rum. Ni har förmodligen också sett dem. Alla var inte gamle professor Clasons. Ganska många var nya, det är de med de märkliga skärsåren. Jag vet att Eklund, Forsberg och Renström inte hade en aning om vad de gjorde. De borrade hål. Alldeles för stora hål. Ibland körde de in en kniv och rotade, ibland injicerade de olika saker. På levande människor. Rakt in i deras hjärnor, rakt in i deras själar. Utan annan hänsyn än till den vetenskapliga kapplöpningen och sitt eget hopp om ära och berömmelse."

"Varför anmälde ni dem inte istället?"

"Anmäla dem? För vad? Vad tror du skulle ha hänt om jag gjort det? Ingenting! Vi är gudar, har du inte märkt det? I det moderna samhället är det vi och inte längre de gamla gudarna som styr över liv och död. Liksom M. Gudar. Martin var ingenting för dem, bara ett intressant undersökningsobjekt, ett ting som kunde hjälpa dem på traven. Eller för M:s del, någon han ville förgöra och skära bort. Martin hade inte en chans, inga lagar skulle ha skyddat honom. Så fort M hörde hans namn var han förlorad. Jag var tvungen att stoppa dem, och jag var tvungen att hämnas honom. Det var jag skyldig honom. Jag har inte gjort något mot dem som de inte har gjort mot någon annan. Och de skulle ha fortsatt att göra det så länge de kunnat. Det finns mycket i livet jag ångrar, alldeles för mycket, men inget av detta."

I detsamma kom ambulanspersonal inspringande med en bår mellan sig. De fick över Hell på båren. Hans ansikte var likblekt. Några poliser rusade in efter ambulanspersonalen. Rantzius gjorde inget motstånd, lade bara lugnt och stilla ned sina instrument och följde med dem. Maria blev ensam kvar. Hon var så trött, kroppen så tung. Armarna som varit hårt spända så länge hon hållit revolvern riktad mot Rantzius föll långsamt ned längs sidorna. Som i trans lade hon ifrån sig revolvern på bordet bredvid. Suset i öronen stängde ute alla andra ljud och det började kännas svårt att hålla sig upprätt. Det svartnade för hennes ögon och hon föll ned på knä.

lördagen den 8 december

AKADEMISKA SJUKHUSET, UPPSALA

50

Det första Carl tänkte på när han vaknade var huvudvärken. Molande, bultande, svidande. Det andra var att Maria satt och halvsov vid sjuksängen. Han hade anat att hon hade en mjuk sida under allt det där hårda. Precis som han själv. Även om hon dolde det nästan lika bra. Men var befann han sig? Och vad var det som hade hänt? Han lyfte handen mot huvudet och kände det stora bandaget.

Han kände igen henne, så han hade inte tappat minnet den här gången åtminstone. När hon märkte att han rörde sig vaknade hon till. För ett ögonblick såg hon förvirrad ut, som om hon inte riktigt visste var hon var, sedan sträckte hon på sig och masserade nacken. Den bruna pinnstolen var nog inte särskilt bekväm.

”Hur mår ni?” frågade hon försiktigt.

”Bra, lite ont i huvudet bara”, svarade han och försökte le. Han var inte säker på att det gick så bra. ”Hur länge har jag legat här? Och var är vi någonstans?”

”Det är lördag. Den 8 december. Vi är kvar i Uppsala, på Akademiska sjukhuset.”

Carl suckade. Uppsala. Det sista han hade ett klart minne av var professor Viktor Rantzius, med något i handen. Därefter fanns bara lösryckta bilder. En av dem föreställde Marias oroliga ansikte.

"Läkarna var rädda för att slaget hade förvärrat er gamla huvudskada. Att det skulle göra den mycket värre", sa Maria. "De opererade för säkerhets skull och har tydligen snyggat upp efter den gamla skadan också. Nu tror de att faran är över. De har till och med satt in en platta i ert skallben så att ni inte ska vara så ömtålig i fortsättningen."

"Jag vet inte om jag uppskattar tanken på att någon snyggat upp i min hjärna", sa Carl leende och hon log tillbaka. Det var nog första gången de log mot varandra.

Han hoppades att Maria förlåtit honom nu för allt det elaka han sagt sist de talades vid. Inte för att han förtjänade det, men ändå. Det verkade trots allt så.

"Ni har fått blommor. Det står bara *Puck* på kortet, inget annat. Finns det någon ni vill att jag ska ringa?" frågade hon.

Så Else visste i alla fall. Han undrade vad hon tänkte och kände nu. Hon och professor Rantzius var ju nära vänner. Men han kunde inte be Maria ringa henne. Han skakade på huvudet och det fick smärtan att skära som blixtar genom huvudet. Allting flimrade och han förlorade synen för en stund.

"Vad var det som hände, egentligen?" frågade han när han hämtat sig och kunde se hennes ansikte igen.

Sedan berättade Maria i detalj om allt som hänt. Det mesta hade han räknat ut själv. Att Rantzius slagit honom i huvudet, men oavsiktligt. Ja, inte oavsiktligt, men utan att vilja skada honom. Att det var Rantzius som var gärningsmannen, om hans goda skäl. Att de tre läkarna samvetslöst hade dödat många människor för att nå fram till en behandlingsmetod som skulle ge dem pengar och ära. Ett av offren var författaren och

Rantzius älskade Martin Wickman, som dött i ett vedervärdigt medicinskt experiment. Och att det fanns någon bakom dem som skyddade dem och styrde. Någon som Rantzius hade kallat M, något annat namn hade Maria inte lyckats få ur honom. Hon hade försökt besöka honom i häktet för att fråga mer, men hon hade inte blivit insläppt. Han fick inte ta emot besök, tydligen.

Det var den mystiske M som sett till att Wickman kommit i läkarnas väg, hade Rantzius berättat. Och Wickman var långt ifrån ensam. Det fanns många människor som M av olika anledningar betraktat som obekväma. Wickmans rysliga personporträtt i boken Carl hade läst, hans sista mästerverk, kunde inte vara annat än en träffande beskrivning av M. Tillsammans gav det Carl alla pusselbitar som behövdes. Utom till vaktmästare Evert Johanssons död. Även om det troligaste var att docent Erik Forsberg mördat honom skulle de aldrig få veta säkert. Frågan var vad som skulle hända nu.

”Det är en ohygglig värld som gör de ondskefulla till gudar och de goda till mördare”, sa Carl.

”Professor Rantzius gav er livet tillbaka, han räddade er. Vet ni det? Ni hade dött om han inte släppt ut blodet ur ert huvud.”

”Ja, men han tog det nästan först”, svarade han.

Men han menade det ömsint. Trots allt som hänt kände han förståelse för det som Rantzius gjort, stor förståelse. Och han tyckte om honom. Han visste någon annan som också gjorde det. Någon som skulle göra det rätta, såvida han inte missbedömt honom.

”Jag vill att du åker tillbaka till Stockholm och söker upp Henrik Meuler. Förlagsdirektören och politikern, du vet. Hälsa honom från mig att M står för Mefistofeles. Bara det.”

”M står för Mefistofeles”, upprepade Maria och såg på honom som om hon trodde att han förlorat förståndet på allvar. Men hon skulle överlämna budskapet, oavsett vad hon trodde om hans psykiska hälsa. Och oavsett hur stor respekt hon hade för riksdagsmän och förlagsdirektörer, det visste han. Trofast, även om han inte förtjänade det.

Carl var glad att det var Maria och inte han själv som fattat beslutet att gripa Rantzius. Eller gripa var kanske fel ord, för han hade i praktiken överlämnat sig själv genom att stanna kvar och rädda Carl. Han hade stannat istället för att utkräva sin hämnd, en hämnd som man måste säga var rättmätig. Vad de tre läkarna hade gjort var ofattbart vidrigt. Carl var inte säker på hur han själv skulle handlat om det varit upp till honom, så kanske var Rantzius beslut att slå ned honom överilat. För Carl visste att rättvisan sällan var blind. Inte när det gällde väletablerade forskare med förgreningar in i politiken i alla fall, inte om de hade beskyddare som M vars maktspel han träffat på i alltför många sammanhang i tjänsten genom åren. Kanske skulle han ha låtit Rantzius komma undan.

Carl visste vad som skulle hända nu. Visste att rättvisan skulle se till sina egna intressen. Rantzius skulle inte ens komma i närheten av en rättegång, hans hemligheter var alldeles för farliga. M skulle aldrig göra ett så uppenbart misstag. Carl var förvånad över att Rantzius fortfarande levde, men förmodligen skulle han inte göra det så länge till. M skulle hitta ett sätt. Och M skulle inte sluta där, så mycket hade han förstått. Frågan var om Maria också svävade i fara om M trodde att hon visste vem han var. Och hur många fler som gjorde det. Else och Henrik Meuler förmodligen, och troligen till och med han själv.

onsdagen den 12 december

DEN GYLDENE FREDEN, STOCKHOLM

51

Henrik försökte koncentrera sig på samtalet. Se oberörd och intresserad ut. Det gick ganska bra, det visste han. Samtidigt gick han sönder inuti. Gick mot en själslig död. För det var vad livet utan Viktor skulle vara. Viktor, som under mer än halva livet varit hans bror och förtrolige. Som han älskade lika mycket som han älskade Else eller sig själv. Som han inte kunde föreställa sig att leva utan. Samtidigt visste han inte om han någonsin skulle kunna förlåta honom. Inte för morden, utan för sveket. Sveken. Bristen på tillit. Att Viktor suttit i deras hem som ingenting. Talat med honom halva natten, samma natt som han varit och borrat hål i en människas huvud utan att med en min eller ett ord röja vad som hänt. Vad han gjort. Som försäkrat Henrik att han inte hade någonting att oroa sig för, samtidigt som han visste allt.

Henrik hade varit dum och blind som inte sett det. Varit så upptagen av prosektor Gustaf Eklunds giftiga ord och av att Else inte gått att nå den där natten. Han hade till och med åkt till hennes hotellrum och väntat när han inte orkat gå runt och leta i Uppsala längre. Prosektor Eklunds hus hade varit tomt, Anatomiska institutionen och Gustavianum likaså. Hos Viktor hade ingen öppnat. Han hade suttit där på hotellet förbi av oro, men hon hade inte kommit dit. Inte förrän han på morgonen hört hennes röst i telefonen som berättade att allt var bra, att hon var på arbetet och att allt var som vanligt, hade han gått därifrån. Hon hade inte sagt ett ord om natten. Inte ett enda ord. Inte han heller. Han hade gått därifrån och kört tillbaka till Stockholm. Hon hade nog aldrig ens märkt att han varit där. Och sedan det där med docent Erik Forsberg.

Henrik hade varit så upptagen av att det var Else han måste skydda, även om det innebar att han offrade sig själv, att han inte hade sett vem det egentligen var som han borde ha oroat sig för. Beskyddat. Det kändes som om han skulle kvävas, som om han inte fick luft. Han skulle aldrig bli densamme igen. Aldrig.

Nu satt de här, som något slags förbannad konspiration för att reda upp det hela. M, professor Göran Almqvist, docent Anders Hellberg och han själv. Skademinimering, som M hade uttryckt det. M, som var expert på att minimera skador. Som hade det som något slags inofficiellt politiskt uppdrag. M som betonat hur viktigt det var att han och Henrik var med i diskussionen, de som var Viktors vänner. Han hade sökt upp Henrik för att diskutera strategin före middagen. Se till att rättegång undviks, få in Viktor på sinnessjukhus istället. Odömd. Så kunde han komma ut igen när allt lugnat ned sig. Obefläckad, som om ingenting hänt. M trodde inte att det skulle vara så svårt att manipulera vare sig Medicinalstyrelsen eller genom dem politikerna att gå med på den linjen.

”Om det här kommer ut blir det en fruktansvärd skandal”, sa professor Almqvist olyckligt.

”Om det kommer ut?” frågade M småleende. ”Om? Det är redan ute, det förstår ni väl? Han är ju häktad. De tog honom på hans gärning, och han verkar ha berättat en del för den där polissystern också. Det är bara en tidsfråga innan pressen får reda på det här. Och då kommer historien att explodera."

"Men herregud! Han är ju känd i hela Europa. Han är en av våra främsta vetenskapsmän och ordförande i Medicinska Överkollegiet! Han var till och med påtänkt för Nobelpriset i medicin häromåret. Vi måste förhindra det, skandalen kommer att drabba hela Vetenskapssverige! För att inte tala om ohyggligheterna de döda läkarna gjort om nu den där unga polissystern verkligen uppfattade saken rätt. Våra vetenskapsmän kommer aldrig att kunna visa sig utanför landsgränserna igen. Kommer något av detta ut kommer ingen av medborgarna någonsin att lita på läkarkåren heller. Det är katastrofalt!" utbrast professor Almqvist.

"Går det hela till rättegång är det försent. Erkänner Rantzius är sanningen ute. Då kan ni inte stoppa det hela. Det kommer att brisera i ansiktet på er, på hela landet", sa M.

"Men, ni menar väl inte … Vi kan ju ändå inte … Vi är ju inga barbarer!" inflikade docent Hellberg förskräckt.

"Nej, absolut inte. Vad tror ni att jag antyder, egentligen?" sa M och lät sårad. "Men sanningen är som bekant formbar, och det handlar om att hitta bästa möjliga lösning på det här. Jag har redan låtit föra Rantzius till sjukhus. För närvarande befinner han sig neddrogad på Uppsala hospital. Så fort som möjligt kan vi föra över honom hit till Stockholm. Diagnosen är ännu inte bestämd. Vad tycker ni, har ni några preferenser? Psykiskt sammanbrott? Depression? Med hans forskningsinriktning och arbetsbelastning är det ju inget konstigt. Ingen skulle ifrågasätta den diagnosen. Inte när det gäller någon som tillbringar dagarna med att skära upp döda kroppar och leta efter sjukdomar. Vi ser till att han hålls inlåst resten av livet. På Långbro, förslagsvis. Eller varför inte på Beckomberga direkt? Det är ju modernast och ligger dessutom på betryggande avstånd från Stockholm. Vi skyller morden på någon annan, den där vaktmästaren till exempel. Han är ju ändå död. Manipulerar datumen lite bara. Sprider ut att rättmedicinarna misstog sig, vi manipulerar pressen, vad som helst. Ingen kommer att minnas sanningen om några veckor ändå. Problemet löst."

Viktor på hospital. Drogad och borta. Viktor vars tankar alltid var skarpa som knivar, Viktor som älskade friheten. Friheten och vetenskapen. Kanske allra mest vetenskapen. Som var den mest intelligenta och rakryggade människa Henrik någonsin träffat. Och den enda verkligt nära vän han haft.

En minnesbild, hans första minne av honom. Båda nya i Uppsala, just inskrivna vid universitetet och med hela livet framför sig. Viktor, ännu utan glasögon och med håret fortfarande brunt. Leende och lycklig över att han äntligen fick syssla med vetenskap, trots att han varit tvungen att arbeta som hjälpreda på sin institution för att ha råd. Viktor som alltid hade älskat vetenskapen med en besatthet som bara kunde mätas med hans kärlek till Martin. Inte som Henrik själv, som sett sina studier som ett nödvändigt ont. Eller som hans far sagt: I vår familj doktorerar vi, det är bara att bita ihop, du kan göra vad du vill med resten av livet sedan. Viktor som älskade att begrava sig i forskningens frågor, besatt av att besvara dem. Hur skulle det gå för honom att sitta inlåst? Instängd? Henrik förmådde inte tänka på det.

En annan minnesbild. Viktor och Martin i Berlin. Lyckliga, skrattande, kyssandes, med armarna om varandra. Som uppförde sig som vilket förälskat par som helst, fullständigt obekymrade över vad folk tänkte och tyckte. Som båda två var så befriande i sin lycka. Som borde ha fått fortsätta ha det så, som hade förtjänat att få vara lyckliga.

Efter middagen lämnade han och M restaurangen tillsammans. Natten var svart, nästan ogenomtränglig omkring dem. Det var den mörkaste tiden på hela året. Tidigt nästa morgon skulle kanske något av de där Luciatågen som man börjat med på sistone lysa upp gatorna. Men det var långt tills dess. Än så länge härskade mörkret. Det kändes som om de verkligen var avskurna från världen, han och M tillsammans.

De gick Österlånggatan upp mot Slottet under tystnad. Det fanns liksom inget mer att säga. I höjd med Slottsbacken sa M någonting om vädret, men Henrik muttrade bara till svar. Han hade svårt att fokusera tankarna. Han hade inga ord kvar. Kanske skulle de aldrig komma tillbaka.

Den provisoriska pontonbron över Stockholms ström låg alldeles öde i mörkret. I alla fall verkade det så, för den försvann liksom in i natten. På andra sidan vattnet syntes de svaga ljusen från gatlyktor och fönster vid Kungsträdgården, men de hade ingen chans mot mörkret.

Det blev kallare ju längre ut på bron de kom. Strömmen under dem brusade, trots kylan låg det ännu ingen is på vattnet.

”Jag kommer aldrig att komma över det här”, sa Henrik plötsligt till M. ”Aldrig.”

M verkade bli glad över hans plötsliga öppenhjärtighet, över att han släppte fram känslorna.

”Nej, det är ofattbart, helt enkelt ofattbart”, svarade M innerligt. ”Jag trodde inte att det var möjligt när jag hörde det. Viktor av alla människor. När alltsammans verkligen sjunker in kommer han att må otroligt dåligt. Vi måste försöka hjälpa honom så mycket vi kan. Jag har hört talas om en oerhört effektiv ny metod som kan göra underverk för förtvivlade människor. Ett minimalt snitt i hjärnan tydligen, och sedan är de botade. Alla deras bekymmer försvunna. Det skulle kanske kunna vara värt ett försök? Det är väl det minsta vi kan göra för honom. Kanske skulle det till och med gå att ordna inom någon vecka. Med våra kontakter kan vi enkelt få en specialist influgen från utlandet. Så kan vi åtminstone skänka honom sinnesfrid. För gammal vänskaps skull."

"Kanske det", svarade Henrik bara.

De gick ett stycke till under tystnad, de måste ha kommit ungefär halvvägs över bron. Den rörde sig svagt i takt med vattnets rörelser. Strömmens vattenspegel under dem var alldeles svart i mörkret. Lika svart som vattnet i Spree varit den där nyårsnatten för snart två år sedan då Viktor varit så bottenlöst olycklig att han försökt kasta sig i det iskalla vattnet. När Martin lämnat honom. Försvunnit. Och Viktors alltid så omänskligt balanserade yta rämnade. Som någon som levt i en orkan så länge att han lärt sig stå upprätt i den och det plötsligt slutar blåsa. Henrik hade fått slita ned honom från broräcket och hålla fast honom med all sin kraft för att hindra honom. För att ha honom kvar.

"Minns du den där sista eftermiddagen i Tiergarten? När jag fick servitrisen att fotografera oss allesammans med min nya Leica? Den sista bilden av oss allihop tillsammans?" sa Henrik till slut.

Bilden som han aldrig mer skulle kunna titta på, det gjorde för ont, bilden som påminde om vad han förlorat. Som visade hur livet hade kunnat vara om saker och ting varit annorlunda. Som visade livet, till skillnad mot denna icke-tillvaro.

”Naturligtvis minns jag. Det var en av de bästa dagarna”, svarade M.

”Vad bra. Jag är glad att du minns. Verkligen. Att du förstår hur viktigt det var. Hur viktigt det fortfarande är. Då förstår du varför jag gör så här.”

Revolverkulan träffade M mitt i pannan. Henrik skulle aldrig glömma det förvånade och ganska dumma uttrycket i hans ansikte när han snubblade bakåt och trillade rakt ned i Strömmens svarta vatten.

När den unga polissystern kommit upp till hans kontor och stammande framfört sitt meddelande hade Henrik till slut förstått allt. Förstått och förbannat sig själv för att han inte sett det för längesedan, innan det var försent. Alla tecken hade funnits där. När hon gett sig av hade Henrik gått raka vägen hem och letat igenom rummet som Viktor sovit i. Han kände honom så väl att han förstod att det måste finnas något där, att Viktor inte skulle lämna honom utan en förklaring. Till slut hade han hittat de undangömda pappren som Viktor måste ha tagit från någon av läkarna och fått veta allt.

Jag var tvungen, tänkte han när han lät revolvern följa M i djupet. För såväl kärlekens som rättvisans skull. Det fanns saker som man inte kunde tolerera. Det hade inte M förstått. När man träder över en viss moralisk gräns får man vara beredd på att vad som helst kan hända. Att man själv kan bli den oönskade.

Slutord

Vid mitten av 1990-talet återupptäcktes en stor mängd mänskliga kvarlevor, bland annat mer än tvåtusen kranier, i förråd vid Uppsala universitet. De hade magasinerats några decennier tidigare när Anatomiska institutionens samling slutligen blev omodern och förpassad till vetenskapshistorien. Kranierna hade samlats in under sent 1800- och tidigt 1900-tal. Katalogen *Museum Anatomicum Upsaliense* som finns på Museum Gustavianum visar att de flesta tycks komma från Uppsala och Stockholmsområdet.

Hos mig födde den gamla anatomisamlingen idén att skriva en kriminalhistoria som utspelar sig i den miljö där man samlat in och ställt ut dessa kvarlevor tillsammans med hjärnor i glasburkar och andra konserverade biologiska preparat. Jag ville också skildra 1930-talets syn på psykiska sjukdomar och den steriliseringslag som då klubbades igenom och som kom att skörda så många offer. Men även om de flesta av institutionerna som förekommer i berättelsen, som Karolinska institutet, Anatomiska institutionen, Rasbiologiska institutet och Medicinalstyrelsen funnits och finns på riktigt, är *Medan mörkret faller* ett skönlitterärt verk med fiktiva karaktärer och uppdiktad intrig. De platser, det samhällsklimat och de större historiska skeenden som utgör berättelsens bakgrund är visserligen verkliga, men mordhistorien är påhittad av mig.

Insamlandet och katalogiserandet visar på en mörk del av det moderna Sveriges historia då rätten till den egna kroppen efter döden kunde övergå till samhället och där kranier kunde samlas in som vetenskapliga souvenirer i främmande länder. Men Anatomiska institutionen i Uppsala var under sin samtid knappast ensam om att samla på mänskliga kvarlevor. Tvärtom skedde detsamma vid liknande institutioner över stora delar av världen. På många håll började de anatomiska samlingarna under mitten av 1900-talet att upplevas som obehagliga och omoderna, och gömdes undan.

Det finns inga tecken på att någon brottslighet av den typ som denna berättelse handlar om skulle ha förekommit i samband med verksamheten på varken Anatomiska institutionen i Uppsala, på Karolinska institutet eller någon liknande institution i Sverige. En hel del av den tidens anatomiska forskning strider dock mot den medicinska etik som råder nu. Utan att döma den tidens vetenskapsmän, som verkade i enlighet med sin tids regelverk och moral, kan vi gott komma ihåg att de etiska hänsyn vi idag tar för givna kommer ur något helt annat.

Jag vill rikta ett varmt tack till Fredrik Svanberg som delat med sig av sina resultat från forskningsprojektet *Museum Anatomicum och samlandets sociala dynamik* som handlar om de anatomiska samlingarna.

Ett stort och varmt tack också till Anna Furumark som läst, stöttat och kommenterat texten under arbetets gång. Tack även till Dirk Noack, Francine Lihammer Wind och Fredrik Lihammer som läst äldre versioner av manuset och till Lotta Boss som läst slutmanuset.

Stort tack även till redaktörerna Åsa Björck och Petra König, samt till Lena Amurén, förläggare vid Historiska Media.

Anna Lihammer
Stockholm i december 2013